铁路新职人员岗位培训系列教材

无损检测员（钢轨探伤）

中国铁路上海局集团有限公司　编

中国铁道出版社有限公司

2025年·北　京

内 容 简 介

本书为铁路新职人员岗位培训系列教材之一，根据《铁路特有工种技能培训规范》和岗位作业标准编写。全书共六章，包括无损检测概述、超声波探伤物理基础、钢轨母材超声波探伤、钢轨焊缝超声波探伤、道岔钢轨探伤、手工检查等。本书为单轨探伤仪测试、焊缝探伤仪测试制作了 11 个讲解视频，涵盖单轨探伤仪探伤灵敏度测试，单轨探伤仪灵敏度余量及信噪比测试，焊缝探伤仪探头标定、探伤灵敏度、DAC 曲线制作、探伤能力校验等知识点，读者可通过扫描书中二维码查看学习。

本书适用于无损检测员（钢轨探伤）的岗前资格性培训和岗位适应性培训，也可供相关专业管理人员使用。

图书在版编目（CIP）数据

无损检测员. 钢轨探伤 / 中国铁路上海局集团有限公司编. — 北京 ：中国铁道出版社有限公司，2024.12(2025.2 重印). —（铁路新职人员岗位培训系列教材）. — ISBN 978-7-113-31809-3

Ⅰ. U213.4

中国国家版本馆 CIP 数据核字第 2024TA5747 号

书　　名： 无损检测员（钢轨探伤）
WUSUNJIANCEYUAN(GANGGUI TANSHANG)

作　　者： 中国铁路上海局集团有限公司

责任编辑： 郝　琳　　　**编辑部电话：**（010）51873656

封面设计： 郑春鹏

责任校对： 刘　畅

责任印制： 高春晓

出版发行： 中国铁道出版社有限公司（100054，北京市西城区右安门西街 8 号）

网　　址： https://www.tdpress.com

印　　刷： 北京盛通印刷股份有限公司

版　　次： 2024 年 12 月第 1 版　2025 年 2 月第 2 次印刷

开　　本： 787 mm×1 092 mm　1/16　**印张：** 12.75　**字数：** 298 千

书　　号： ISBN 978-7-113-31809-3

定　　价： 54.00 元

前言

人才是中国式现代化的基础性、战略性支撑，是铁路六个现代化体系建设的重要基础保障，新职人员是铁路技能人才队伍的新生力量。随着我国铁路事业快速发展，路网规模持续扩大、技术装备不断更新、职工队伍大规模新老交替，对铁路专业技能人才，尤其是新职人员的知识结构、技能结构提出了更高的要求。为提高职工岗位技能源头培训质量，提升职工队伍素质，保障运输安全生产，推动铁路高质量发展和现代化建设取得新成效，根据国铁集团《铁路特有工种技能培训规范》和岗位作业标准，中国铁路上海局集团有限公司组织编写“铁路新职人员岗位培训系列教材”。

本套教材严格落实铁路主要行车工种岗位资格性培训准入制度，紧密结合现场各工种岗位作业实际及职工培训中的重点，充分依据现行基本规章和作业标准，内容反映各专业新技术、新设备、新工艺、新规章制度变化，重点突出非正常情况下应急处置、作业标准和流程、安全规定、关键作业项点等。

本套教材的最大特点为“理实一体”，以岗位需求为导向，以提升职业素养和岗位技能为核心，将理论知识和实作技能融会贯通，融为一体。理论知识部分，遵循铁路专业学科的知识体系，由浅入深，既包含入门必备的基础知识，也针对专业知识逐步展开，使铁路新职人员较快掌握。实作技能部分，以提升技能操作水平为目标，紧密围绕岗位技能需求，突出必知必会内容，涵盖基本技能和专业技能。为便于教学和使用，每章后面配有复习思考题。

本套教材由中国铁路上海局集团有限公司教材编审委员会组织，集团公司领导高度重视，职工培训部牵头，运输、客运、货运、机务、车辆、工务、电务、供电等各专业部门，分别组建以首席、特级技师、工匠、技能大师等为主体的编写团队进行编写，适用于新职人员岗前资格性培训，也可用作日常岗位适应性培训教材，亦可作为普通高等学校铁路专业参考教材。本套教材在编写过程中得到了相关运输站段的大力支持,在此一并表示感谢!

本书为“铁路新职人员岗位培训系列教材”之一,共六章,主要包括无损检测概述、超声波探伤物理基础、钢轨母材超声波探伤、钢轨焊缝超声波探伤、道岔钢轨探伤和手工检查等内容,并附有4个附录。

本书难免有不足之处,恳请广大读者提出宝贵意见,便于日后修订完善。

编委会

2024年11月

目录

配套视频资源索引

第一章　无损检测概述

本章主要介绍无损检测及常用无损检测方法。通过学习应了解无损检测的基本概念和无损检测在质量控制、安全评估、改进产品的设计制造工艺、降低制造成本等方面的重要作用，熟练掌握五种常规无损检测方法的原理、特点、适用范围和局限性。

第一节　无损检测简介

一、无损检测的定义

无损检测(non-destructive testing，简称 NDT)是一种重要的非破坏性检测技术，是在不损害或不影响被检测对象使用性能的前提下，利用材料内部结构异常或缺陷存在引起的声、光、电、磁等反应的变化，借助现代化的技术和设备器材，对试件内部及表面的结构、性质、状态及缺陷的类型、性质、数量、形状、位置、尺寸、分布及其变化进行检查和测试的方法。

二、无损检测的作用

无损检测是现代工业发展中不可或缺的技术手段，已经广泛深入到产品的设计、制造、使用等各个方面，能够确保产品的质量和可靠性。在产品的研发、生产和使用过程中，无损检测可以对其进行全面的质量监控，及时发现和处理潜在的质量问题，从而降低安全风险，提高产品的整体性能。与传统的破坏性检测相比，无损检测不需要对被检测物体进行破坏性试验，因此可以避免资源的浪费，并降低生产成本和时间成本。其作用主要有：

1. 无损探伤。对产品质量作出评价，无论是铸件、锻件、焊接件、钣金件或机加工件以及非金属结构都能应用无损检测技术探测其表面或内部缺陷，并进行定位定量分析。

2. 材料检测。用无损检测技术测定材料的物理性能和组织结构，能判断材料的品种和热处理状态，进行材料分选。

3. 几何度量。产品的几何尺寸、涂层和镀层厚度、表面腐蚀状态、硬化层深度和应力密度都能通过无损检测技术测定，根据测定结果利用断裂理论确定是否进行修补和报废处理，对产品进行寿命评定。

4. 现场监视。对在役设备或生产中的产品进行现场或动态检测，将产品中的缺陷变化信息连续地提供给运行和生产部门实行监视。在高温、高压、高速或高负载的运行条件下尤其需要无损检测，例如压力容器和钢轨的探伤等。

三、无损检测的特点

1. 不破坏被检对象。

2. 可实现 100％的检验。

3. 发现缺陷并作出评价,从而评定被检对象的质量。

4. 可对缺陷形成原因及发展规律作出判断,促进有关部门改进生产工艺和产品质量。

5. 对关键部件和运行中的关键部位作定期检查,甚至长期监控以保证运行安全,防止事故发生。

四、无损检测的发展

无损检测的发展经历了漫长的历程,并随着科技的不断进步而持续发展。

1. 起源:无损检测技术的起源可以追溯到19世纪末,当时科学家们开始研究材料的物理和化学性质。随着材料科学和物理学的发展,人们逐渐认识到无损检测技术在工业和科研领域中的重要性。

2. 早期应用:20世纪初,一些简单的无损检测技术,如目视检测、敲击检测等逐渐广泛应用。这些技术虽然简单,但为后续无损检测技术的发展奠定了基础。

3. 快速发展:20世纪中叶至21世纪初,无损检测技术经历了快速发展。在这一时期,射线检测、超声波检测、磁粉检测、涡流检测和渗透检测等一些基本的无损检测方法开始得到广泛应用。这些方法具有较高的检测精度和灵敏度,能够对材料内部的微观结构和缺陷进行检测。同时,随着计算机技术的发展,数字化成像技术也被引入无损检测领域,使得检测结果更加直观和准确。

4. 未来发展趋势:未来无损检测技术将更加智能化和自动化。随着人工智能的快速发展,无损检测技术可以通过人工智能算法和模式识别技术,对大量的数据进行处理和分析,从而更准确地判断和预测被测物体的状态。此外,无损检测技术也将更多地结合无线通信、云计算等技术,实现远程监测和实时数据传输,提高检测的效率和灵活性。

总的来说,无损检测技术在不断地发展和完善。随着科学技术的不断发展,无损检测技术将会越来越成熟和完善,继续为工业生产和科研领域提供重要的技术支持。

五、无损检测的应用

从应用角度来说,无损检测主要有以下三种应用方法:

1. 用于生产过程中的质量控制,即应用于产品的质量管理。它可以剔除每道生产工序中的不合格产品,并把检测结果反馈到生产工艺中去,指导和改进生产,监督产品的质量。

2. 用于成品的质量控制,即用于出厂前的成品检验和用户进行的验收检验。其主要功能为检验产品是否达到设计性能,能否安全使用。

3. 用于产品使用过程中的监测,即维护检验。它是用户在使用产品或设备的过程中,经常地或定期地检查产品是否出现危险性缺陷而采用的无损检测方法,有时也称为在役探伤。这种检测可以做到防患于未然,对消灭灾害性事故起着重要的作用。

第二节 常用无损检测方法

无损检测的方法种类有很多,现在普遍认为可分为六大类70余种,实际应用较普遍的五种常规方法是:射线检测(RT)、磁粉检测(MT)、渗透检测(PT)、涡流检测(ET)和超声检测(UT)。除了这五种常规检测方法外,还有激光全息照相、红外监测、声振检测、微波检测、同位素射线示踪等非常规检测手段。

一、射线检测(RT)

射线检测是利用 X 射线、γ 射线和中子射线易于穿透物体,但在穿透物体过程中受到吸收和散射而衰减的性质,在感光材料上获得与材料内部结构和缺陷相对应的黑度不同的图像,从而检测出物体内部缺陷的种类、大小、分布状况并作出评价,如图 1-1 所示。

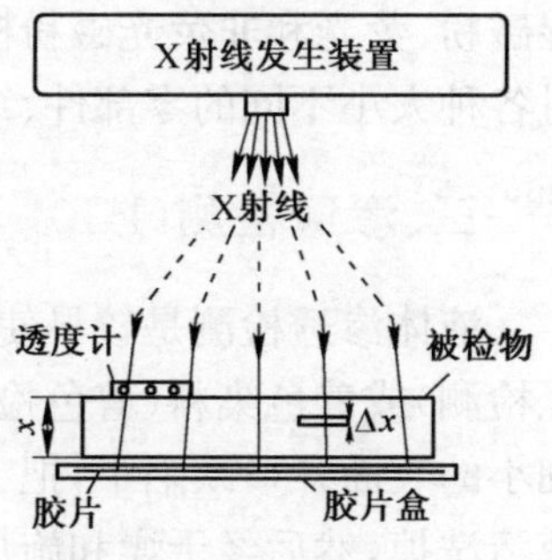

图 1-1　缺陷的射线照相

射线检测可以直观显示缺陷形象,能比较容易地对缺陷的尺寸和性质进行判断。如用计算机辅助断层扫描(CT)法可以知道缺陷的断面情况,便于分析处理;用底片记录法则可作为原始资料长期保存;用图像处理技术可使评定分析自动化。射线检测对物体既不破坏也不存在污染,对控制和提高产品制造质量起到了保证作用,因此在现代工业中射线检测已成为一种必不可少的无损检测方法,但射线对人体有害,在检测中必须妥善防护。此外,相对于其他几种无损检测方法而言,射线检测的成本费用较高。

二、磁粉检测(MT)

磁粉检测是应用较早的一种无损检测方法,它具有设备简单、操作方便、速度快、观察缺陷直观和检测灵敏度较高等优点,在工业生产中应用极为普遍。

磁粉检测是利用导磁金属在磁场中(或将其通以电流以产生磁场)被磁化,并通过显示介质来检测缺陷特性的一种方法。把一根中间有横向裂纹的强磁性材料试件进行磁化后,可以认为磁化的材料是许多小磁铁的集合体,在没有缺陷的连续部分,由于小磁铁的 N、S 磁极互相抵消,而不呈现出磁极,但在裂纹等缺陷处,由于磁性的不连续将呈现磁极,在缺陷附近的磁力线绕过空间出现在外面,此即缺陷漏磁。缺陷附近所产生的磁场作为缺陷的漏磁场,其强度取决于缺陷的尺寸、位置及试件的磁化强度等,当把磁粉分散落在试件上时,裂纹处会吸附磁粉,称为缺陷磁粉痕迹,由此可以发现缺陷的部位,如图 1-2 所示。

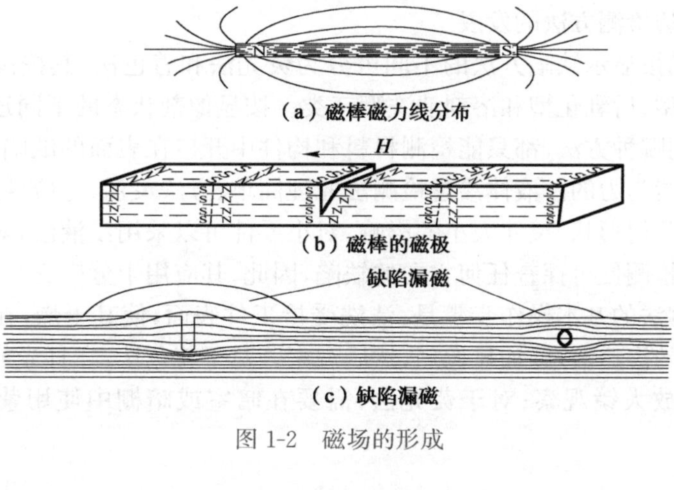

图 1-2　磁场的形成

磁粉检测仅适用于检测铁磁性材料及其合金的表面或近表面的缺陷,对裂纹、发纹、折叠、夹层和未焊透等缺陷极为灵敏。一般说来,采用交流电磁化可以检测表面下 2 mm 以内的缺陷,采用直流电磁化可以检测表面下 6 mm 以内的缺陷。其检测灵敏度高低受试件表面光洁度、缺陷形状和取向、磁化方法和范围等影响。磁粉检测能确定缺陷的位置、大小和形状,但较难确定缺陷的深度。磁粉检测的方法可分为连续法和剩磁法两种,包括干磁粉、湿磁粉、荧光和非荧光磁粉检测方法。磁粉检测设备有固定式、移动式和手提式三种类型,对各种大小不同的零部件、结构件、装置和设备都可以进行检测。

三、渗透检测(PT)

液体渗透检测是较早使用的非破坏性检测方法之一。渗透检测是将溶有荧光染料(荧光检测)或着色染料(着色检测)的渗透液施加在试件表面。渗透液由于毛细作用能渗入到细小的表面开口缺陷中,把工件表面多余的渗透液清洗干净,但不得把已渗入缺陷内的渗透液清洗掉,然后经干燥和施加显像剂后,在黑光或白光下观察,缺陷处可分别发出黄绿色荧光或呈现红色,从而能够用肉眼检查出试件表面的开口缺陷。渗透检测的基本操作步骤如图 1-3 所示。

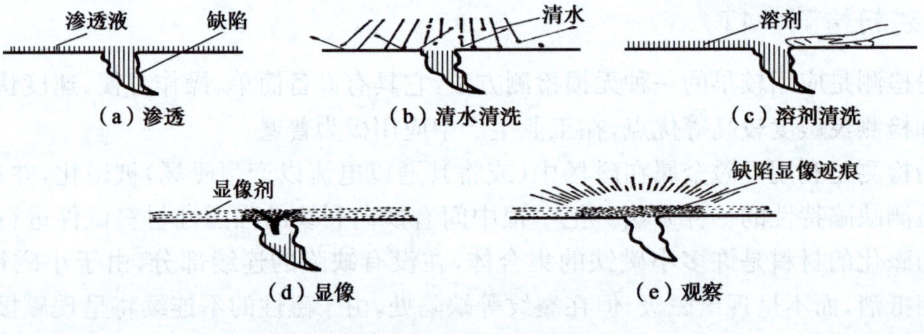

图 1-3 渗透检测的基本操作过程

由于早期使用的液体渗透检测方法灵敏度不高,一直没有得到广泛的应用。航空工业的发展以及非磁性材料,如铝、镁、钛合金等被大量使用,对无损检测方法提出了更高的要求,从而促进了渗透检测方法的发展。

液体渗透检测按显示缺陷方法的不同可分为荧光法和着色法,其按渗透液清洗方法的不同,各分为水洗型、后乳化型和溶剂清洗型三类。按显像剂状态的不同还可分干粉法和湿粉法等。无论使用哪种方法,都只能检测材料和构件中开口在表面的缺陷,对隐藏于内部的缺陷,渗透法是无能为力的。液体渗透检测法原理简单、方法灵活、适应性强,可以检测各种材料,且不受工件几何形状、尺寸大小的影响,对小零件可以采用浸液法,对大设备可采用刷涂或喷涂法,一次检测便可探查任何方向的缺陷,因此,其应用十分广泛。

液体渗透检测法的基本操作步骤是:清洗受检工件表面,使其干燥,在受检表面上施加渗透液,除去多余的渗透液,施加显像剂,然后观察。对于着色法,在日光或灯光下用肉眼或借助 10 倍以下的放大镜观察;对于荧光法,需要在暗室或暗棚中使用紫外线灯照射进行观察。

液体渗透检测法对表面裂纹有很高的检测灵敏度。它的缺点是操作工艺程序比较繁杂,不能发现非开口于表面的皮下缺陷、内部缺陷和夹渣,检测缺陷的重复性较差。

四、涡流检测(ET)

涡流检测建立在电磁感应基础上,利用在交变磁场作用下不同材料会产生不同振幅和相位的涡流来检测铁磁性和非铁磁性材料的物理性能、缺陷和结构情况的差异。

涡流检测的原理是将通有交流电的激励线圈靠近某一导电试件,由于电磁感应作用,进入试件的交变磁场可在试件中感生出方向与激励磁场相垂直的、呈旋涡状流动的电流(涡流),此涡流产生磁场会影响原磁场的变化,从而引起线圈阻抗的变化。通过对线圈阻抗变化的测量,可得知试件中产生的涡流状况,从而获悉与试件有关的一些参量。当试件内有缺陷时,涡流因流动途径的变化,使涡流磁场也相应变化,经试验线圈检出异常磁场的变化量,可获得缺陷的信息,如图 1-4 所示。

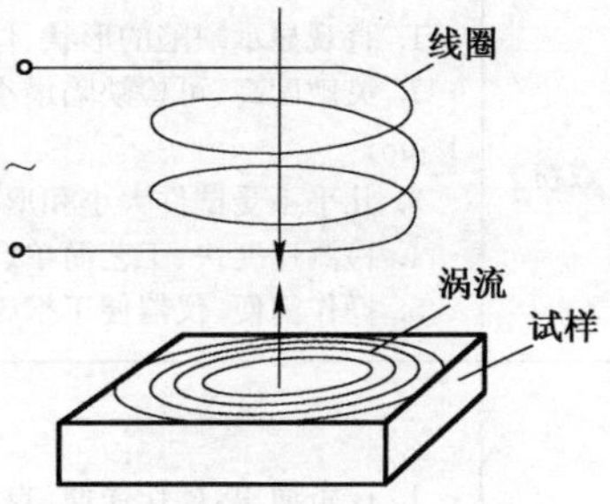

图 1-4　涡流的产生

由于涡流是交流电,具有集肤效应,只能检测金属材料、构件表面和近表面的缺陷。在检测时并不要求探头与工件接触,这为实现高速自动化检测提供了条件。由于涡流检测是一种间接的测量方法,影响涡流变化的因素有很多,因此必须仔细研究仪器指示值与工件结构特征之间的关系。涡流检测可以一次测量多种参数,例如,管材的涡流检测不仅可以检测缺陷的特征,还可以测量管材的内径、外径、壁厚和偏心率等。

五、超声检测(UT)

采用超声波研究物体内部结构的方法开始于 1930 年,到 1944 年和 1946 年,分别在美国和英国成功研制出脉冲反射式超声波探伤仪。20 世纪 50 年代,超声检测广泛进入工业检测领域;20 世纪 60 年代,德国等国研制出高灵敏度和高分辨率的超声波仪器,有效地解决了焊缝超声检测问题,使超声检测的应用进一步扩大。

超声检测的原理是利用超声波入射被检工件,通过声束遇有缺陷时产生反射回波,或者穿透波被衰减来判断工件内部缺陷的有无、位置和大小。超声检测可检测金属材料、部分非金属材料的表面和内部缺陷,如检测锻件中的白点、裂纹、夹渣、分层;非金属材料中的气泡、分层和黏合层中的黏合不良;焊缝中裂纹、未焊透、夹渣气孔以及管棒和锻件中与表面成一定角度的缺陷。因此,它被广泛地应用于无损检测以及超声测厚等工作中,是五大常规无损检测中应用最广泛的一种检测方法。鉴于超声检测在工务钢轨探伤中的实际应用,有关探伤原理及其检测方法将在后续章节中作重点介绍。

几种探伤方法的比较见表 1-1。在实际应用中,射线检测和超声检测适合于内部缺陷探测,而磁粉、渗透、涡流探伤则适合于表面缺陷探测,它们各有优缺点,选择哪一种检测方法进行无损检测,必须结合缺陷具体情况合理配合使用,才会收到更好的效果。

表 1-1　五种常规无损检测方法比较

检测方法	项目		
	优　点	缺　点	适用范围
射线	1. 适用于几乎所有材料； 2. 检测结果（底片）显示直观、便于分析； 3. 检测结果可以长期保存； 4. 检测技术和检测工作质量可以监测	1. 检测成本较高； 2. 对裂纹类缺陷有方向性限制； 3. 需考虑安全防护问题（如 X、γ 射线的传播）	检测铸件及焊接件等构件内部缺陷，特别是体积型缺陷（即具有一定空间分布的缺陷）
磁粉	1. 直观显示缺陷的形状、位置、大小； 2. 灵敏度高，可检缺陷最小宽度约为 1 μm； 3. 几乎不受试件大小和形状的限制； 4. 检测速度快、工艺简单、费用低廉； 5. 操作简便、仪器便于携带	1. 只能用于铁磁性材料； 2. 只能发现表面和近表面缺陷； 3. 对缺陷方向性敏感； 4. 能确定缺陷的位置和表面长度，但不能确定缺陷的深度	检测铸件、锻件、焊缝和机械加工零件等铁磁性材料的表面和近表面缺陷（如裂纹）
渗透	1. 设备简单，操作简便，投资小； 2. 效率高（对复杂试件也只需一次检测）； 3. 适用范围广（对表面缺陷，一般不受试件材料种类及其外形轮廓限制）	1. 只能检测开口于表面的缺陷，且不能显示缺陷深度及缺陷内部的形状和尺寸； 2. 无法或难以检测多孔的材料，检测结果受试件表面粗糙度影响； 3. 难以定量控制检测操作程序，多凭检测人员经验、认真程度和视力的敏锐程度	用于检测有色和黑色金属的铸件、锻件、粉末冶金件、焊接件以及各种陶瓷、塑料、玻璃制品的裂纹、气孔、分层、缩孔、疏松、折叠及其他开口于表面的缺陷
涡流	1. 适于自动化检测（可直接以电信号输出）； 2. 非接触式检测，无需耦合剂且速度快； 3. 适用范围较广（既可检测缺陷也可检测材质、形状与尺寸的变化等）	1. 只限用于导电材料； 2. 对形状复杂试件及表面下较深部位的缺陷检测有困难，检测结果尚不直观，判断缺陷性质、大小及形状尚难	用于检测钢铁、有色金属等导电材料所制成的试件，不适于玻璃、石头和合成树脂等非金属材料
超声波	1. 适于内部缺陷检测，检测范围大、灵敏度高、效率高、操作简单； 2. 适用广泛、使用灵活、费用低廉	1. 检测结果显示不直观，难以对缺陷作精确定性和定量； 2. 一般需用耦合剂，对试件形状的复杂性有一定限制	可用于检测金属、非金属及复合材料的铸件、锻件、焊件与板材

复习思考题

1. 什么是无损检测？
2. 无损检测的作用是什么？
3. 无损检测有哪三种应用方法？
4. 常用的无损检测方法有哪些？
5. 渗透检测的基本操作步骤是什么？
6. 超声波探伤的优缺点有哪些？

第二章 超声波探伤物理基础

本章主要介绍超声波一般知识、超声波的传播特性及超声波远场规则反射体的反射规律。通过学习应了解声学中波的叠加、干涉和衍射等概念,熟悉超声波反射、折射定律和波型转换等传播特性,掌握超声波远场规则反射体的反射规律,提升专业理论储备,为学习钢轨探伤实作技能做好准备。

第一节 超声波一般知识

一、波的定义、产生和传播

1. 机械振动和机械波的定义

物体或质点在其平衡位置附近作有规律地往复运动,称为机械振动。通常把声源振动在介质(如空气等)中的传播过程称为波动,简称波。波是物质的一种运动形式,可分为电磁波和机械波两类。

电磁波是交变电场和磁场在空间的传播过程,是以波动的形式传播的电磁场,如无线电波、红外线、X 射线等,一定频率范围的电磁波可以被人眼所看见,称之为可见光,简称光。

机械波是指机械振动在弹性介质中的传播过程,如水波、声波等。人们日常所听到的各种声音,是由于各种声源的振动通过空气等弹性介质传播到耳膜引起的耳膜振动,牵动听觉神经,产生听觉,但并不是任何频率的机械振动都能引起听觉,只有当频率在一定范围内的振动才能引起听觉。人们把能引起听觉的机械振动称为声波,频率大致在 20 Hz～20 kHz(即 20 000 Hz,1 kHz = 1 000 Hz)。频率低于 20 Hz 的机械波称为次声波,频率高于 20 kHz 的机械波,其频率远超人耳可以听到的声波,称为超声波(用于探伤的超声波频率范围为 0.2～25 MHz,其中最常用的频段为 0.5～10 MHz)。

2. 机械波的产生和传播

为了简单说明机械波的产生和传播,现以绳波为例进行介绍,其他形式的机械波同理,如图 2-1 所示。

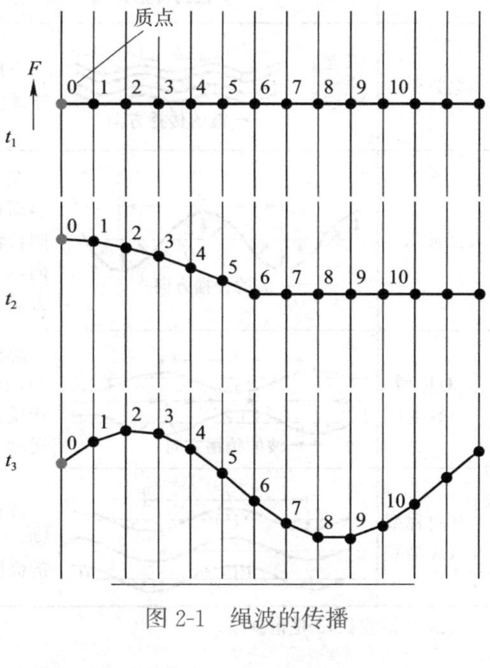

图 2-1 绳波的传播

假设在一根绳子上取若干质点,分别用"0～10"来表示,当抖动绳子的外力 F 作用于质点 0 时，就会带动质点 1 振动，只是质点 1 的振动比前者落后。这样，前一个质点的振动带动后一个质点的振动，依次带动下去，振动也就向远处传播，从而形成了绳波。如果在绳子上任取一点系上红布条，还可以发现红布条只是在原位上下振动，并没有随波前进。

由此可见，产生机械波需要两个必要条件：第一，有作机械振动的振源；第二，有能传递机械振动的弹性介质。振源是机械波形成的必要条件，可以认为是第一个开始振动的质点，振源开始振动后，介质中的其他质点以振源的频率做受迫振动，振源的频率等于波的频率。仅有振源而没有介质时，机械波不会产生，例如，真空中的闹钟无法发出声音。

质点本身并不随着机械波的传播而前进，而是按照与振源相同的振动频率在平衡位置上振动，并将能量传递给周围的质点。因此，机械波的传播不是物质的传播，而是振动状态和能量的传播。

超声波探伤作业中，超声探头中压电晶片振动是产生超声波的振源。原则上凡是能将其他形式能量转换成超声振动方式能量的方法都可以产生超声波，如机械方法、热效应法、磁伸缩法和电磁声法，在超声波探伤中应用最广的是利用某些压电材料（如石英等）的压电效应，来实现超声波的发生和接收。

二、超声波的类型

1. 按质点的振动方向分类

根据波动传播时介质质点的振动方向与波的传播方向不同，可将超声波分为纵波（压缩波、疏密波）、横波（剪切波、切变波）、表面波（瑞利波）和兰姆波等，它们的比较见表 2-1。

表 2-1 几种波的比较

波的类型	简　图	质点振动特点	传播介质	应　用
纵波 L	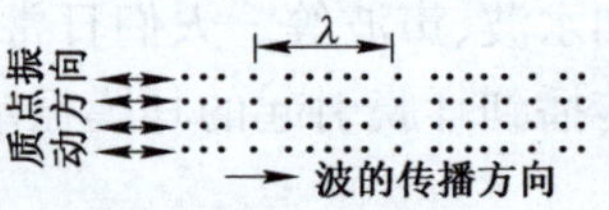	介质质点振动方向平行于波的传播方向	固体、液体和气体	钢板、锻件探伤等
横波 S	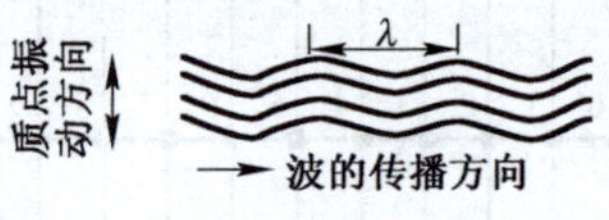	介质质点振动方向垂直于波的传播方向	固体	焊缝、钢管探伤等
表面波 R	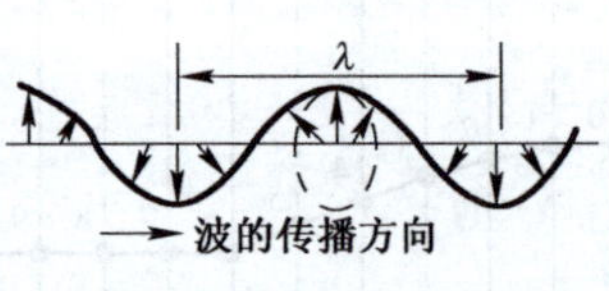	在介质表面传播时介质表面质点作椭圆运动，椭圆长轴垂直于波的传播方向，短轴平行于波的传播方向	固体	钢板、锻件、钢管探伤等
兰姆波 对称型（S型）	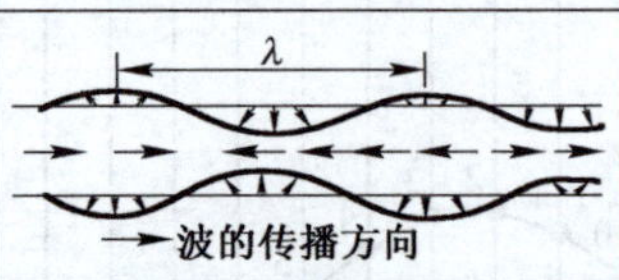	薄板中心质点作纵向运动，上下表面质点作相位相反并对称于中心的椭圆运动	固体（厚度与波长相当的薄板）	薄板、薄壁钢管（$\delta<6$ mm）
兰姆波 非对称型（A型）	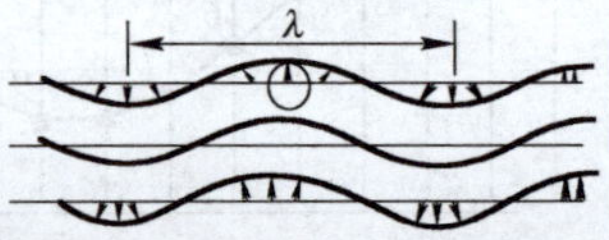	薄板中心质点作横向运动，上下表面作相位相同的椭圆运动	固体（厚度与波长相当的薄板）	薄板、薄壁钢管（$\delta<6$ mm）

注：λ 是指波长，δ 是指壁厚。

2. 按振动持续时间分类

根据振源振动持续时间的长短，超声波可分为连续波和脉冲波两种，如图 2-2 所示。连续波是指振源持续不断地振动所辐射的波，其常用于穿透法探伤和共振法测厚。脉冲波指振源振动持续时间很短（微秒级，1 $\mu s=10^{-6}$ s）、间歇辐射的波。脉冲波在超声波探伤中应用广泛。

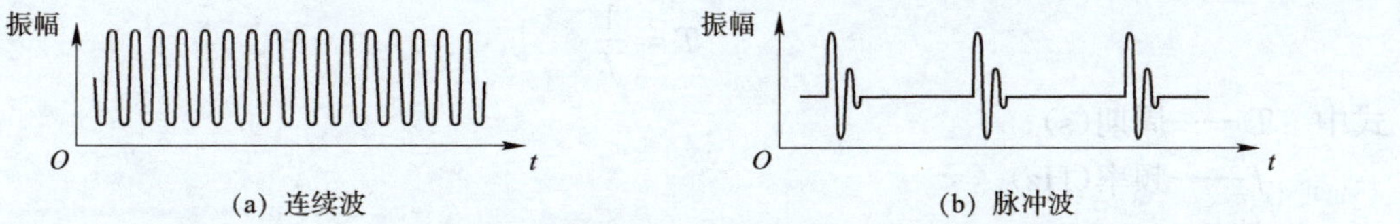

图 2-2　连续波与脉冲波

3. 按波的形状分类

波形是根据波阵面的形状来区分的，所谓波阵面，是指同一时刻介质中振动相位相同的所有质点所连成的面，其中，某一时刻波动所到达的空间各点所连成的面称为波前（波前是最前面的波阵面），任一时刻，波前只有一个。一般把波的传播方向称为波线。根据波阵面形状的不同，波又可以分为平面波、柱面波和球面波三种（图 2-3），它们的特性见表 2-2。

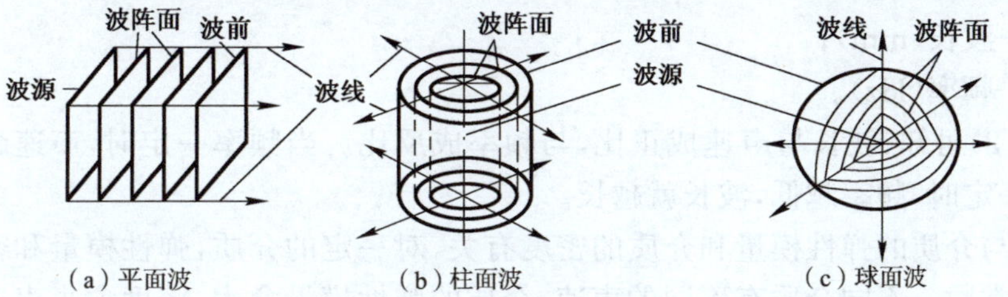

图 2-3　超声波波形

表 2-2　不同波形分类及特性

波的形式	特　性
平面波	1. 无限大平面（即波长与声源尺寸相比可忽略不计）作谐振动时，在各向同性的弹性介质中传播的波； 2. 如不考虑介质吸收波的能量，声压不随与声源的距离而变化
球面波	1. 声源为点状球体，波阵面是以声源为中心的球面； 2. 声强与距声源距离的平方成反比
柱面波	1. 声源为一无限长的线状直柱，波阵面是同轴圆柱面； 2. 声强与距声源的距离成反比

三、超声波的基本参数

1. 振幅

振幅是指振动质点偏离平衡位置的最大距离。

2. 频率

频率是指单位时间（通常指 1 s，以下同）内围绕平衡位置完成全振动的次数，单位为

Hz。其数值与波动频率相等。所谓波动频率是指波动过程中任一给定质点在单位时间内通过完整波的个数。

3. 周期

周期是指振动质点完成一次全振动所需要的时间,单位为秒(s)。机械波的频率和周期只与振源有关,与传播介质无关。周期与频率的关系式为

$$T=\frac{1}{f} \tag{2-1}$$

式中 T——周期(s);

f——频率(Hz)。

4. 波长

波长是指同一波线上相邻两振动相位相同的质点间的距离,单位为毫米(mm)或米(m)。振源或介质中任一质点完成一次全振动,波正好前进一个波长的距离。

5. 声速

声速是指声波在弹性介质中,单位时间内所传播的距离,也可称为波速,单位为米/秒(m/s)或千米/秒(km/s)。声速、波长和频率之间的关系式为

$$c=\lambda f \tag{2-2}$$

式中 c——声速(m/s);

λ——波长(mm);

f——频率(Hz)。

由式(2-2)可知,波长与声速成正比,与频率成反比。当频率一定时,声速越高,波长就越长;声速一定时,频率越低,波长就越长。

声速 c 与介质的弹性模量和介质的密度有关,对一定的介质,弹性模量和密度为常数,故声速也是常数。不同介质有不同的声速,介质的弹性模量愈大,密度愈小声速愈大,对液体介质来说,当介质温度变化时,其容变弹性模量和密度会发生变化,因而声速也随着变化,一般固体介质中的声速随介质温度升高而降低。几乎除水以外的所有液体,当温度升高时,容变弹性模量减小,声速降低,唯独水例外,温度在 74 ℃时声速达最大值,当温度低于 74 ℃时,声速随温度升高而增加,当温度高于 74 ℃时,声速随温度升高而降低。

另外,超声波波型不同时,介质弹性变形形式不同,声速也不一样。一般来说,在同一种固体(由于液体和气体介质只能传播纵波,因而其声速不存在波型问题)材料中,纵波声速 c_L 大于横波声速 c_S,横波声速 c_S 又大于表面波声速 c_R。常用材料的声速和波长见表 2-3。

表 2-3 一些常用材料的声速和波长

材料	声速/(km/s)		纵波波长/mm	
	纵波	横波	2 MHz	2.5 MHz
钢	5.9	3.23	2.95	2.36
有机玻璃	2.73	1.43	1.37	1.09
尼龙 1010	2.4	—	1.2	0.96
水	1.48	—	0.74	0.59
油	1.4	—	0.70	0.56
空气	0.34	—	0.17	0.14

四、超声波探伤的优、缺点

1. 超声波探伤的优点

(1)指向性好,超声波波长很短,像光波一样,可以定向发射,因而能方便、准确地对缺陷定位。

(2)穿透能力强,超声波能量高,且在大多数介质中传播时能量损失小,在一些金属材料中传播时,其穿透能力可达数米。

(3)检测灵敏度高,一个存在于钢中的空气分层厚度为 10^{-6} mm,反射率可超过 21%,当分层厚度在 10^{-5} mm 以上时,反射率可超过 94%。

(4)适用面广,可用于金属、非金属、复合材料等多种材料制件的检测;采用多种波型以及各种探头作不同方向的探测,能探出工件内部和表面各种取向的缺陷。

(5)高效低价,检测速度快,费用低,在较短的时间内就可以完成对工件的检测,仅耗损少量电能和耦合剂。

2. 超声波探伤的缺点

(1)检测结果受人为影响,对工件中缺陷的发现与评价,主要取决于探伤人员对仪器的调节和判断。

(2)探测面状态影响检测,探测表面要求制备,不良的探测面影响伤损检测灵敏度。

(3)工件状态影响检测结果,工件形状过于复杂,材料晶粒和组织不均匀对探伤结果均有一定的影响。

(4)定量精度差,探测出缺陷的当量或延伸度与实际缺陷大小均有一定的误差。

第二节　超声波的传播特性

一、超声波的叠加、干涉和衍射

1. 波的叠加原理

当几列波在同一介质中传播并相遇时,如果在空间某处相遇,则相遇处质点的振动是各列波引起的分振动的合成,任一时刻该质点的位移是各列波引起的分位移的矢量和。相遇后的各列波仍保持它们原来的频率、波长、振动方向等特性不变,并按照各自原来的传播方向继续前进,好像在各自的传播过程中没有遇到其他波一样,这就是波的叠加原理,又称波的独立性原理。

波的叠加现象可以从许多现实情况观察到,如乐队合奏或几个人谈话,人们可以分辨各种乐器和每个人的声音,这些都可以说明波传播的独立性。

2. 波的干涉

两列频率和振动方向相同、相位差恒定的波相遇时,介质中某些地方的振动互相加强,而另一些地方振动始终互相减弱或完全抵消的现象称为波的干涉现象,产生干涉现象的波称为相干波。相干波的振源称为相干振源。

波的叠加原理是波的干涉现象的基础,波的干涉是波动的重要特性。两相干波的波程差等于波长的整数倍时,二者互相加强,合成振幅最大。两相干波的波程差等于半波长的奇数倍时,两者互相抵消,合成振幅最小。

两列振幅相同的相干波,在同一直线上沿相反方向传播时互相叠加而成的波称为驻波,是波动干涉的特例。产生驻波是超声探头中压电晶片的设计依据,即晶片厚度一般为$\lambda/2$。

3. 惠更斯-菲涅耳原理与波的衍射

(1)惠更斯-菲涅耳原理

惠更斯-菲涅耳原理是一种用于研究波传播的分析方法,它结合了荷兰物理学者克里斯蒂安·惠更斯和法国物理学者奥古斯丁·菲涅尔的理论。

1690年,惠更斯在创立光的波动学时首先提出,行进中的波阵面上任一点都可看作是新的次波源,而这些次波的包络则形成了后续时刻的波前。这个原理能够解释波的直线传播、反射和折射现象,但对于衍射现象的解释不够准确。

1815年,菲涅耳在惠更斯原理的基础上进行了补充,提出了子波相干叠加的概念,并给出了关于位相和振幅的定量描述。根据惠更斯-菲涅耳原理,从同一波面上各点发出的子波在传播到空间某一点时,各个子波之间会互相叠加产生干涉现象,如图2-4所示。

用点振动源波阵面的包络来解释波动现象的惠更斯-菲涅耳原理,是介于几何声学和波动理论之间的方法,是一种工程上实用的方法,这对讨论超声场、超声波指向性及缺陷声压反射率计算和波的传播问题,具有重要的指导意义。

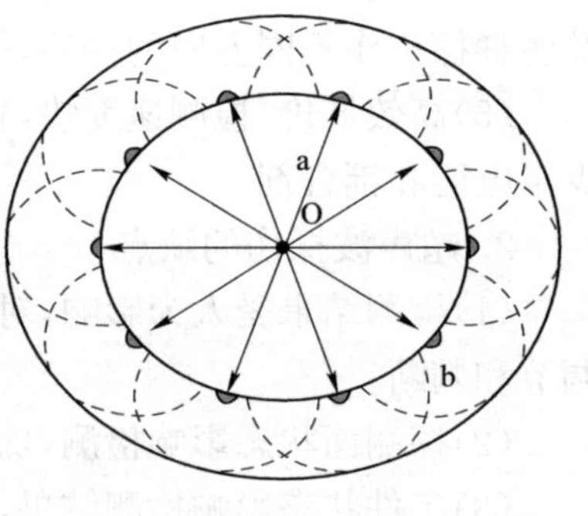

O—振源;a—波线;b—质点;c—波前。

图2-4 惠更斯-菲涅耳原理用于声学的原理示意

(2)波的衍射

波在传播过程中遇到障碍物时能绕过其边缘并继续前进的现象称为波的衍射或绕射。超声波在传播过程中遇到障碍物时,一方面产生反射和折射,另一方面产生绕射,如图2-5所示,超声波在介质中传播时,如遇缺陷,根据惠更斯-菲涅耳原理,缺陷边缘可以看作是新的子波源,使波的传播方向改变,从而使缺陷背后的声影区缩小,反射波降低。波的绕射和障碍物的尺寸D及波长λ的相对大小有关。如果障碍物尺寸D远小于超声波波长λ,则超声波传播时几乎只绕射而无反射,缺陷回波很低,容易漏检,由于绕射使反射回波减弱,因此一般认为超声波探伤所能探测到的最小缺陷尺寸为$\lambda/2$ 。当障碍物尺寸D远大于超声波波长λ,反射强而绕射弱,声波几乎全反射。

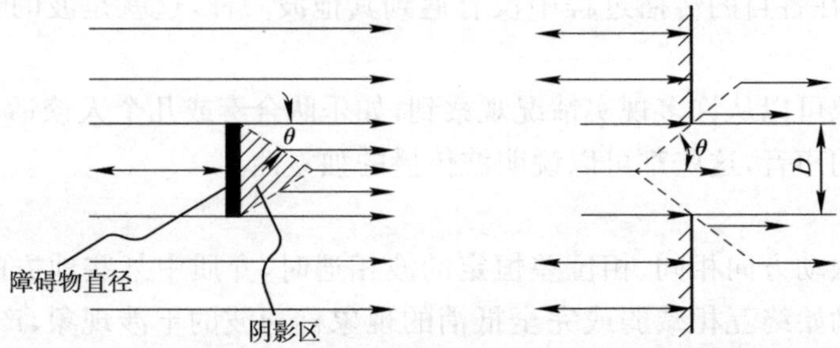

(a)障碍绕射　　(b)小孔绕射

图2-5 波的衍射

波的衍射对检测既有利又不利。由于波的绕射和衍射，使超声波产生晶粒绕射顺利地在介质中传播，并通过衍射波检测缺陷，这是有利的，衍射时差法(TOFD)正是利用这一原理。但同时由于波的绕射，使一些小缺陷回波显著下降，以致造成漏检，这又是不利的。

二、超声场及其特征值

1. 超声场概述

通常把充满超声波的空间或超声振动所涉及的介质部分称为超声场。圆盘声源辐射的纵波声场轴线上的声压分布规律如图 2-6 所示。

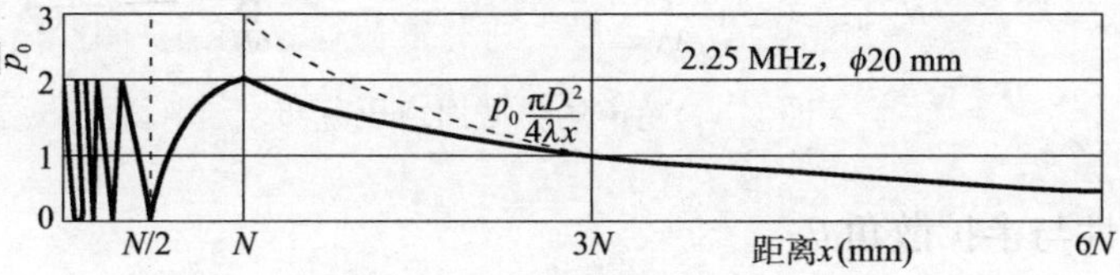

图 2-6 圆盘声源声束轴线上的声压分布

由图 2-6 可知，振源附近的轴线上声压上下起伏变化，存在若干个极大极小值。距振源的距离愈近，声压极大极小值的点就愈密。声学上把由子波的干涉在振源附近的轴线上产生一系列声压极大极小值的区域称为超声场的近场区，又称菲涅耳区。振源轴线上最后一个声压极大值至振源的距离称为近场区长度，用 N 表示。近场区长度可以按式(2-3)进行计算。

$$N=\frac{D^2-\lambda^2}{4\lambda}\approx\frac{D^2}{4\lambda} \tag{2-3}$$

式中 D——圆形压电晶片的直径(mm)；

λ——超声波波长(mm)。

对方形晶片，若边长为 a，则其等效晶片直径 $D=\frac{2a}{\sqrt{\pi}}$。

实际探伤中，有时近场区分布于两种不同的介质中，这时近场区长度计算与均匀单一介质不同，如图 2-7 所示，超声波先通过介质Ⅰ，然后进入介质Ⅱ，设介质Ⅰ的厚度为 L，则介质Ⅱ的剩余近场区长度 N 为

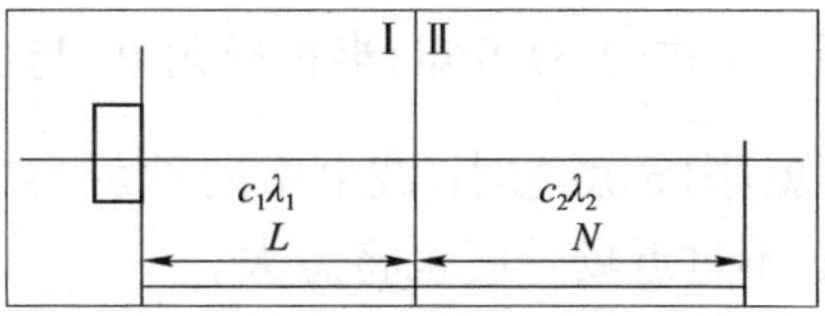

图 2-7 超声场纵截面声压分布

$$N=N_2-L\frac{c_1}{c_2}=\frac{D^2}{4\lambda_2}-L\frac{c_1}{c_2} \tag{2-4}$$

式中 N_2——近场区全部在介质Ⅱ中的近场区长度(mm)；

λ_2——介质Ⅱ中的波长(mm)；

c_1，c_2——介质Ⅰ、Ⅱ中的波速(m/s)。

由于近场区存在声压极大极小值，处于声压极大值处的较小缺陷可能回波较高，而处于声压极小值处的较大缺陷可能回波较低，这样就可能引起误判，所以超声波探伤中总是尽量避开这一区域。

至振源的距离大于近场区长度($x>N$)的区域称为远场区，又称夫琅禾费区。在远场区中，轴线上的声压随距离增加而单调减少，在距离 $x>3N$ 时，圆盘源声束轴线上的声压与球

面波的声压相差已甚小,如图 2-6 所示。

以上讨论的是振源轴线上的声压分布情况,对超声场中不同截面上的声压来说,其分布规律如图 2-8 所示,在 $x=0.5N$ 的截面中心声压为 0,中心附近的声压较高,而 $x\geqslant N$ 的各截面中心声压最高,偏离中心的声压逐渐降低。

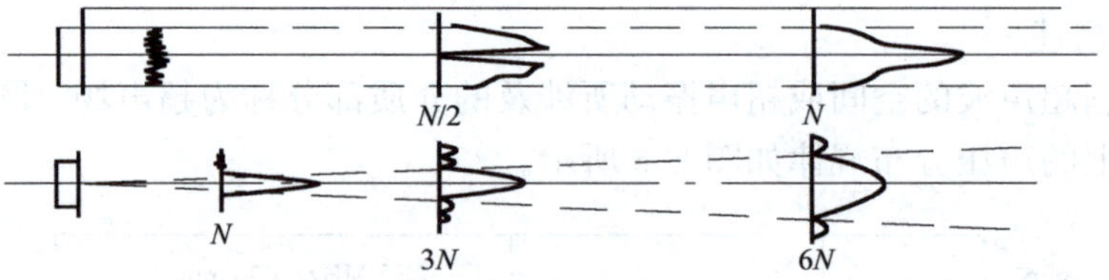

图 2-8　超声场纵截面声压分布

2. 声束指向性与半扩散角 θ_0

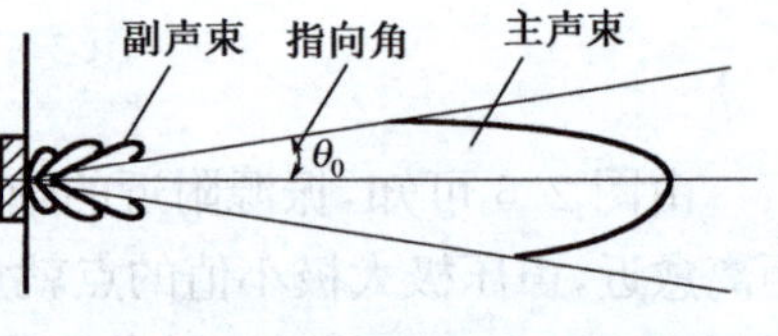

图 2-9　超声场主声束和副声束

探头发出的超声波能量集中在一定区域并向一个方向辐射的现象称为声束指向性,其优劣常用半扩散角 θ_0 表示,如图 2-9 所示。半扩散角是指超声波定向辐射的锥角之半,即声束轴线与边缘之间的夹角,又称指向角。超声波的能量主要集中在 $2\theta_0$ 以内的锥形区域内,此区域称为主声束,主声束边缘声压为零。

主声束旁侧的声束为副声束,副声束能量低,传播距离小。对圆盘声源辐射的纵波声场,其声束半扩散角 θ_0 按式(2-5)计算。

$$\theta_0=\arcsin 1.22\frac{\lambda}{D}\approx 70\frac{\lambda}{D} \tag{2-5}$$

式中　D ——圆形压电晶片的直径(mm);

λ ——超声波波长(mm)。

由式(2-5)可知,半扩散角 θ_0 与 $\frac{\lambda}{D}$ 比值有关,相同条件下,若晶片直径 D 愈大或波长 λ 愈短,则 θ_0 就愈小,波束指向性就愈好,超声波能量集中,探伤灵敏度高,分辨力好,定位精确,不过近场长度也将愈大。

需要指出的是,上述分析主要建立在圆盘声源辐射的纵波声场基础上,对于横波发射声场,其近场区长度和半扩散角计算相对更复杂一些,可以参考相关书籍。

3. 超声场的特征值

(1)声压

超声场中某一点某一时刻所具有的压强 P_1 与该点没有超声波存在时的静态压强 P_0 之差称为该点的声压,单位为帕斯卡(Pa,1 Pa=1 N/m^2)。通常超声场中某一点的声压是一个随时间按正弦函数周期变化的量,其幅值与介质密度、声速和频率成正比。由于超声波的频率很高,远大于声波的频率,故超声波的声压也远大于声波的声压。

钢轨超声波探伤仪显示的信号幅值的本质就是声压 P,示波屏上的波高与声压成正比,所以就缺陷而论,声压值反映缺陷的大小。

(2)声阻抗

介质中某一点的声压与该点的振动速度之比称为声阻抗，单位为 kg/(m^2·s)，数值上声阻抗等于介质密度 ρ 与声速 c 的乘积，即 $Z=\frac{P}{v}=\rho\cdot c$，它表示超声场中介质对质点振动的阻碍作用。这类似于电学中的欧姆定律 $I=U/R$，电压一定，电阻增加，电流减小。

声阻抗是表征介质声学性质的重要物理量。超声波在两种介质组成的界面上的反射和透射情况与两种介质的声阻抗密切相关。

材料的声阻抗与温度有关，一般材料的声阻抗随温度升高而降低，这是因为声阻抗 $Z=\rho\cdot c$，而大多数材料的密度 ρ 和声速 c 随温度增加而减小。

由于固体、液体和气体三者的声速和密度相差很大，因此，它们的声阻抗大不相同，即使在同一固体介质中，由于纵波、横波和表面波的声速不同，因此它们的声阻抗也不一样。

(3)声强

单位时间内，垂直通过单位面积的声能量称为声强，单位为 W/cm^2 或 erg/(cm^2·s)。对于平面余弦波，其平均声强 I 为

$$I=\frac{1}{2}\rho cA^2\omega^2=\frac{1}{2}Zv^2=\frac{P^2}{2Z} \tag{2-6}$$

式中　ρ ——介质的密度(kg/m^3)；

c ——波速(m/s)；

A ——振幅(m)；

Z ——声阻抗[kg/(m^2·s)]；

v ——质点的振动速度(m/s)；

P ——声压(Pa)。

由式(2-6)可知：

(1)超声波传播过程中，能量是一层接一层地传播出去的，质点除受弹性力外，还受到质点间摩擦力，机械能守恒的条件是系统只受到重力或弹性力作用，因此这不符合机械能守恒。

(2)由于超声波的声强与频率的平方成正比，而超声波的频率远大于可引起听觉的声波，因此超声波的声强也远大于听觉的声强，这是超声波能用于检测的重要原因。

(3)在同一介质中，超声波的声强与声压的平方成正比。

4. 贝尔和分贝的应用

由于声强的变化范围非常大，数量级可以相差很多，如人耳可闻的最弱声强(称为标准声强)为 $I_1=10^{-16}$ W/cm^2，而人耳可忍受的声强达 $I_2=10^{-4}$ W/cm^2，两者相差 10^{12} 倍，显然不便于比较和计算。因此常用两个声波声强之比的常用对数值来表示两者的关系，称为声强级，单位为贝尔(B)，即

$$L_I=\lg\left(\frac{I_2}{I_1}\right) \tag{2-7}$$

式中　I ——声强(W/cm^2)。

在实际应用中，贝尔这个单位太大，因而常取其十分之一，即分贝(dB)来作为单位，即

$$\Delta=10\lg\left(\frac{I_2}{I_1}\right)=20\lg\left(\frac{P_2}{P_1}\right) \tag{2-8}$$

式中 I——声强（W/cm^2）；

P——声压（Pa）。

对于放大线性良好的超声波探伤仪，示波屏上波高与声压成正比，即

$$\Delta = 20\ \lg\frac{P_2}{P_1} = 20\ \lg\frac{H_2}{H_1} \tag{2-9}$$

式中 P——声压（Pa）；

H——波高。

当 $H_2/H_1=1$ 时，$\Delta=0$，说明两波高相等时，二者的分贝差为零；当 $H_2/H_1=2$ 时，$\Delta=6$ dB，说明 H_2 为 H_1 的 2 倍时，H_2 比 H_1 高 6 dB。当 $H_2/H_1=1/2$ 时，$\Delta=-6$ dB，说明 H_2 为 H_1 的 1/2 时，H_2 比 H_1 低 6 dB。

用分贝值表示回波幅度的相互关系，不仅可以简化运算，而且在确定基准波高以后，可直接用仪器衰减器的读数表示缺陷波相对波高。因此，分贝概念的引用对超声检测有很重要的实用价值。

三、超声波的反射、折射和波型转换

超声波从一种介质传播到另一种介质时，在两种介质的分界面上，部分能量反射回原介质内，称反射波，另有部分能量透过界面进入另一种介质，称透射波。界面上这种声能（声压、声强）的分配和传播方向的变化都遵循一定的规律。

1. 超声波垂直入射时的反射和透射

当超声波从声阻抗为 Z_1 的介质垂直入射到声阻抗为 Z_2 的介质，且界面为足够大的单一光滑平界面时，其反射和透射规律见表 2-4。

表 2-4 平面波垂直入射到单一平界面的反射与透射规律

项　目	概　念	表 达 式	反射、透射示意简图
声压反射率 r	界面上反射波声压 P_r 与入射波声压 P_0 之比	$r=\frac{P_r}{P_0}=\frac{Z_2-Z_1}{Z_1+Z_2}$	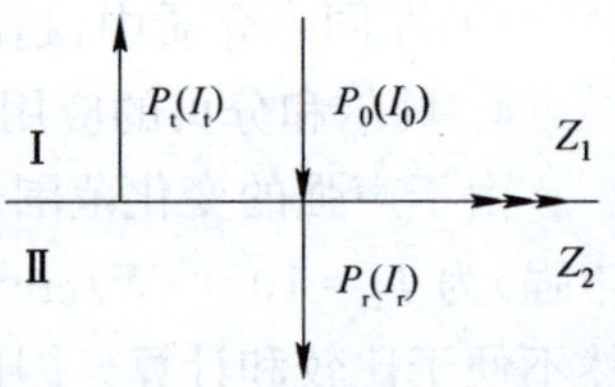
声压透射率 t	界面上透射波声压 P_t 与入射波声压 P_0 之比	$t=\frac{P_t}{P_0}=\frac{2Z_2}{Z_2+Z_1}$	
声强反射率 R	界面上反射波声强与 I_r 与入射波声强 I_0 之比	$R=\frac{I_r}{I_0}=r^2=\left(\frac{Z_2-Z_1}{Z_1+Z_2}\right)^2$	
声强透射率 T_I	界面上透射波声强 I_t 与入射波声强 I_0 之比	$T_I=\frac{I_t}{I_0}=\frac{4Z_1Z_2}{(Z_1+Z_2)^2}$	
声压往复透射率 T_P	透射声波无损失（如固/气界面产生全反射）地反射返回到接收处的声压 P_a 与入射波声压 P_0 之比	$T_P=\frac{P_a}{P_0}=\frac{P_t}{P_0}\cdot\frac{P_a}{P_t}=\frac{4Z_1Z_2}{(Z_1+Z_2)^2}$	

超声波垂直入射到平界面上时，声压或声强的分配比例仅与界面两侧介质的声阻抗有关。表中公式不仅适用于纵波入射，也适用横波入射（但必须注意在固/液与固/气界面上，横波将全反射）。当 $Z_1 \gg Z_2$ 时，如钢/空气界面，计算可得：$r\approx-1$，$t\approx0$，$R\approx1$，$T\approx0$。显

然，此时声压几乎全反射而无透射。因此，实际探伤中，探头和工件间如不施加耦合剂，则形成固(晶片)/气界面，超声波将无法进入工件。当 $Z_1 \approx Z_2$ 时，即界面两侧的声阻抗近似相等，如普通碳钢焊缝的母材与焊接金属之间的声阻抗相差很小，一般约为1%，这时可以得到 $r \approx 0, t \approx 1$。显然，这种情况下，声压几乎全透射，无反射。因此，在焊缝探伤中，若母材与焊接金属结合面没有任何缺陷，就不会产生界面回波。

2. 超声波倾斜入射时的反射、折射和波型转换

当超声波倾斜入射到异质界面时，除产生反射、折射(透射)现象以外，还往往伴随着波型转换现象，即产生与入射波不同类型的反射波和折射波。这种现象只发生在斜入射且介质为固体(因为液、气体介质中只能传播纵波)的场合，并与界面两侧介质的状态有关，具体规律见表2-5。

表2-5　超声波斜入射时的反射、折射和波型转换

波型	图　示	规律(表达式)	说　明
一般情形	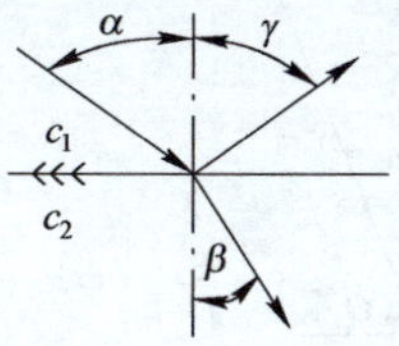	$\frac{\sin\alpha}{c_1}=\frac{\sin\gamma}{c_1}=\frac{\sin\beta}{c_2}$	1. 指不考虑有波型转换的入射情况。 2. α,γ,β——波的入射角、反射角和折射角； c_1,c_2——超声波分别在两种介质中的传播速度。 3. 该表达式为超声波倾斜入射时的反射和折射定律，又称斯涅尔定律
纵波入射	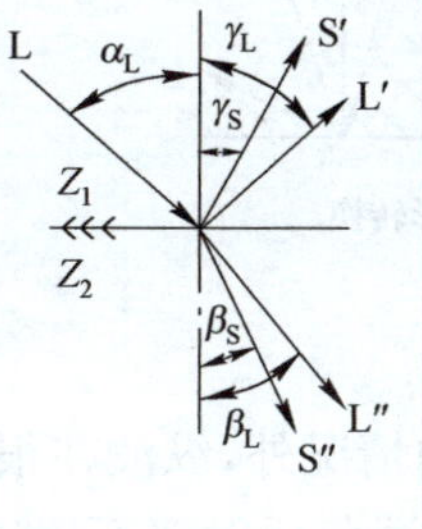	$\frac{\sin\alpha_L}{c_{L1}}=\frac{\sin\gamma_L}{c_{L1}}$ $=\frac{\sin\gamma_S}{c_{S1}}$ $=\frac{\sin\beta_L}{c_{L2}}$ $=\frac{\sin\beta_S}{c_{S2}}$	1. 以固-固界面分析，两种介质中都有波形转换，即经界面反射和折射后，不仅仍有纵波，还出现了横波。 2. c_{L1},c_{L2}——两介质中的纵波声速； c_{S1},c_{S2}——两介质中的横波声速； γ_L,γ_S——纵、横波反射角； β_L,β_S——纵、横波折射角； α_L——纵波入射角。 3. 若 $c_{L2}>c_{L1}$，则 $\beta_L=90°$时对应的纵波入射角称为第一临界角，用 α_{I} 表示。若 $c_{S2}>c_{L1}$，则 $\beta_S=90°$时对应的纵波入射角称为第二临界角，用 α_{II} 表示
横波入射	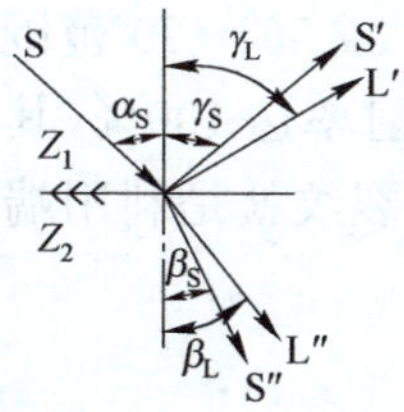	$\frac{\sin\alpha_S}{c_{S1}}=\frac{\sin\gamma_L}{c_{L1}}=\frac{\sin\gamma_S}{c_{S1}}$ $=\frac{\sin\beta_L}{c_{L2}}=\frac{\sin\beta_S}{c_{S2}}$	1. 以固-固界面分析，两种介质中都有波型转换，即经界面反射和折射后，不仅仍有横波，而且出现了纵波。 2. α_S——横波入射角。 3. 当 $\gamma_L=90°$时，对应的横波入射角称为第三临界角，用 α_{III} 表示

由表2-5通过计算可知：

$$\alpha_{\text{I}}=\arcsin\frac{c_{L1}}{c_{L2}};\alpha_{\text{II}}=\arcsin\frac{c_{L1}}{c_{S2}};\alpha_{\text{III}}=\arcsin\frac{c_{S1}}{c_{L1}} \tag{2-10}$$

式中　c——声速(m/s)。

若第一介质中的纵波入射角 $\alpha_L<\alpha_{\text{I}}$，则第二介质中既存在折射横波，又存在折射纵波。若 $\alpha_L=\alpha_{\text{I}}\sim\alpha_{\text{II}}$，则第二介质中只存在折射横波，不存在折射纵波，这就是常用横波探头的设

计原理和依据。若 $\alpha_L > \alpha_{II}$，则第二介质中既无折射纵波，也无折射横波，但这时在第二介质表面形成表面波，这就是常用表面波探头的设计原理和依据。只有当第一介质为固体时，才会有第三临界角。

必须指出的是，超声波倾斜入射到界面上时，各种类型的反射波和折射波的声压反射率和透射率，不仅与界面两侧的声阻抗有关，而且与入射波的类型以及入射角大小有关。由于其计算非常复杂，此处不予讨论。

四、超声波在特殊部位的反射

1. 端角内的反射

超声波在两个相互垂直平面构成的直角内反射称为端角反射，如图 2-10 所示。每次反射过程都遵循超声波的反射定律，反射波与入射波波型相同时，以平行于入射方向返回，反射率的大小与入射角和入射波型有关。

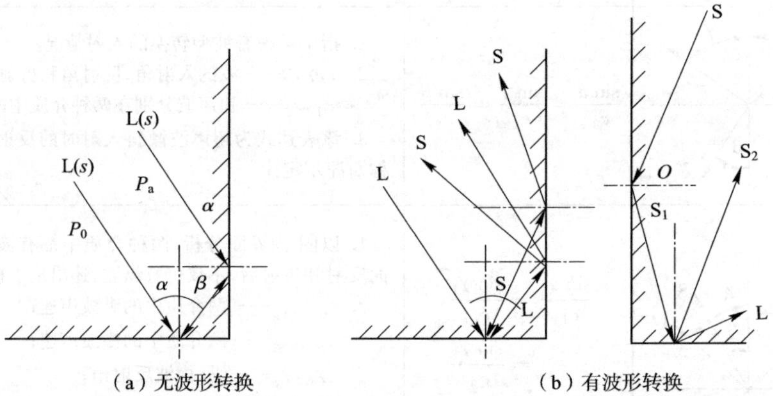

图 2-10 端角反射示意

纵波入射时，除入射角很小(0°附近)或入射角很大(90°附近)的情况外，纵波在很大范围内声压反射率均很低[图 2-11(a)]，当纵波入射角为 15°～75°之间，端角反射率不超过 20%，这是由于纵波在端角平面上两次反射，分离出很强的横波，这类横波不能沿与入射方向平行途径返回，使纵波的端角反射率很低；横波入射时，入射角在 20°～34 或 56°～70°范围内声压反射率为最低[图 2-11(b)]，当横波入射角为 35°～55°之间，端角反射率达 100%，其原因是横波入射角均超过第三临界角。钢轨探伤中 37°探头检测轨底横向裂纹就是利用端角反射特性来实现。

2. 工件侧壁的反射

对截面宽度 n 或直径 d 与探头晶片尺寸相当的长直工件进行轴向纵波测时，探头扩散声束中的一部分边缘声束等于以很大的纵波入射角 α_L 斜入射工件侧壁平面，并产生纵波和变形横波 S_1(图 2-12)，其中横波 S_1 穿越工件成为另一侧壁平面上的入射横波，其中一部分经波型转换后成为变形纵波 L_2 和横波 S_2，L_2 经底面反射后被探头接收。若工件足够长，则变形横波可能在工件厚度方向上作多次横穿，它们的波型转换情况与第一次横穿时类同。因为横波声速比纵波声速慢，这样经变形横波转换后探头接收到的回波显然滞后于单纯纵波传播至底返面的回波，滞后时间与变形横波横穿工件厚度的次数成正比。这些比正常纵波底面回波滞后的变形波称为迟到回波。钢中迟到回波的滞后声程 $\Delta S=0.76nd$，铝中迟到回波的滞后声程 $\Delta S=0.88nd$。

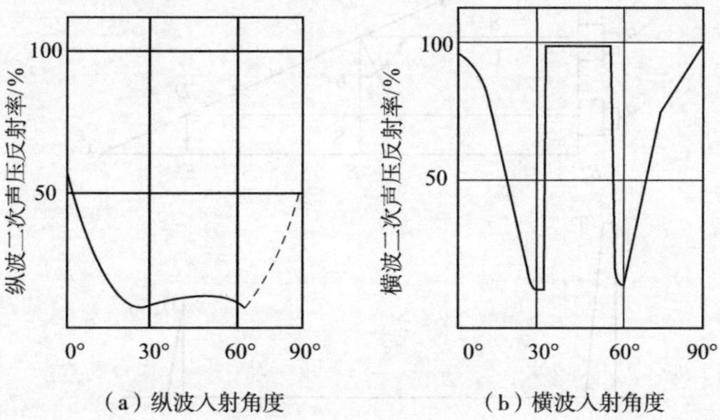

图 2-11　端角反射率

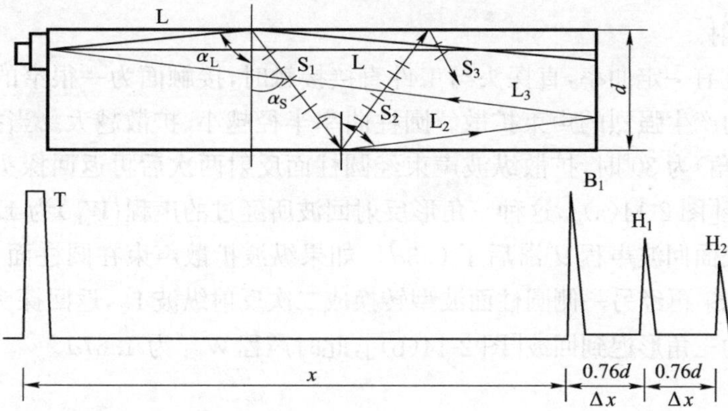

图 2-12　迟到波

位于工件侧壁附近的小缺陷，用与侧壁平行的声束很难检测，这是因为存在着工件侧壁干扰现象的缘故。这一干扰现象往往由经侧壁反射后的纵波（或横波）与不经反射的直射纵波之间的干涉引起的，其结果是干扰了直射声波的返回声压，使探测灵敏度下降。在脉冲反射式探伤中，一般脉冲持续时间所对应的声程不大于 4λ，故只要侧壁反射声束路程大于直射纵波声束路程 4λ，侧壁干扰即可避免。因此，对于侧壁附近探头轴线上的小缺陷，避免侧壁干扰的条件应满足：

$$2W-h>4\lambda \tag{2-11}$$

式中　W——入射点至侧壁反射点的距离（mm）；

h——缺陷至探测面的距离（mm）；

λ——波长（mm）。

3. 61°反射

当探头置于直角三角形工件上（图 2-13），若纵波入射角 α 与横波反射角 β 的关系为 $\alpha+\beta=90°$，则会在示波屏上出现位置特定的反射波。根据反射定律和三角函数关系计算，钢的入射角 α 为 61°，所以这种反射称为 61°反射。对于结构较复杂的钢工件，为了有效地检测某些区域中的缺陷，特加工 61°的斜面，利用 61°反射来检测，从而获得较高的检测灵敏度。

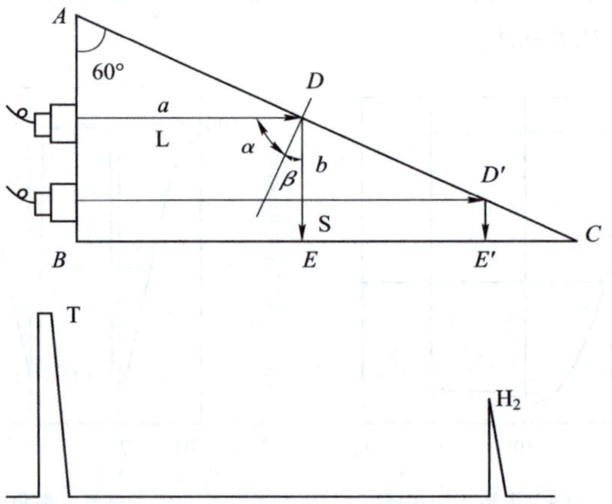

图 2-13　61°反射

4. 圆柱内的反射

由于圆柱形工件有一定曲率,直探头与工件直接接触时,接触面为一很窄的条形区域,从而在圆柱的横截面内产生强烈的声束扩散。圆柱曲率半径越小,扩散越大。当扩散声束与探头声轴线夹角(指向角)为 30°时,扩散纵波声束经圆柱面反射两次后再返回探头接收,形成等边三角形的声束路径[图 2-14(a)],这种三角形反射回波所经过的声程(W_L)为 1.3d,即反射声程比直射声束所得底面回波声程 d 滞后了 0.3d。如果纵波扩散声束在圆柱面上发生波型转换,且一次反射横波 S_1 再经另一侧圆柱面波型转换成二次反射纵波 L_2,返回探头接收,形成不等边(有变形横波)的三角形迟到回波[图 2-14(b)],此时声程 W_{LS} 为 1.67d。

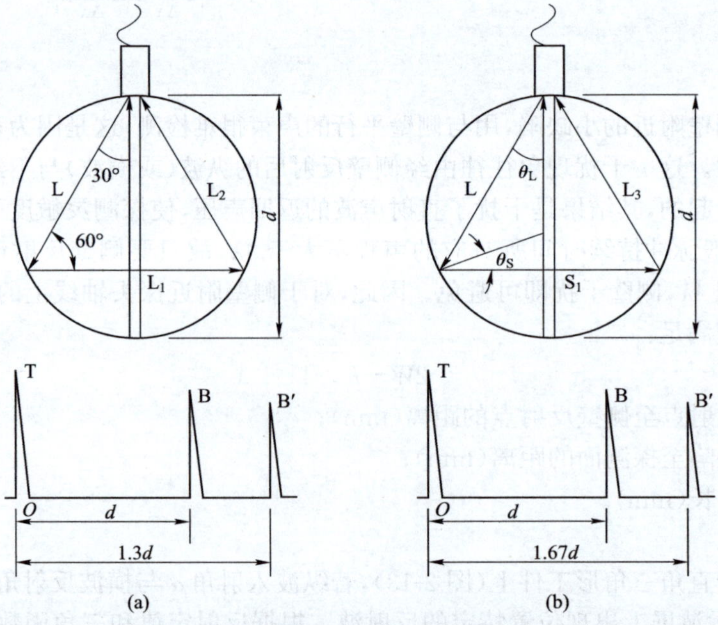

图 2-14　圆柱体中的三角形回波

5. 平面波入射至凹、凸界面上的反射波

平面波入射至凹、凸界面上时，波束与曲面上各入射点的法线成不同的夹角，如图 2-15 所示。入射角为 0°的声束沿原方向返回，其余声束的反射则随着距声轴距离的增大，反射角逐渐增大。当曲面为凹面时，反射波发生聚焦；曲面为凸面时，反射波向四周发散。平面波入射于球面上产生球面反射波，在柱面上则产生柱面反射波。

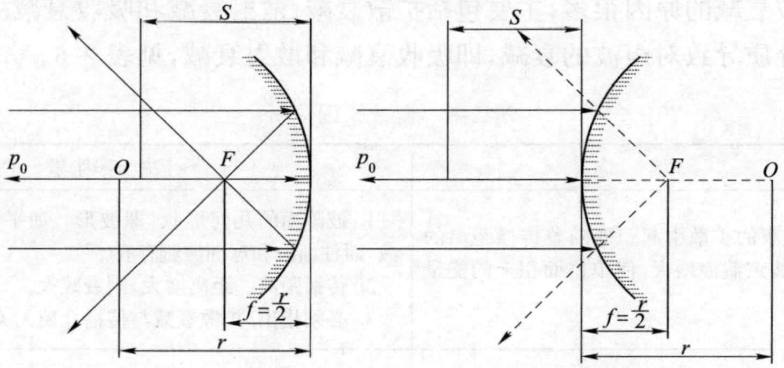

图 2-15　平面波入射至凹、凸界面上的折射波

6. 平面波入射至凹、凸界面上的折射波

平面波入射至凹、凸界面时，其折射波会发生聚焦或发散，折射波的聚焦或发散不仅与曲面的凹凸有关，而且与界面两侧介质的声速有关，如图 2-16 所示。对于凹面，$c_1<c_2$ 时聚焦[图 2-16(a)]，$c_1>c_2$ 时发散[图 2-16(b)]；对于凸面时，$c_1<c_2$ 时发散[图 2-16(c)]，$c_1>c_2$ 时聚焦[图 2-16(d)]。

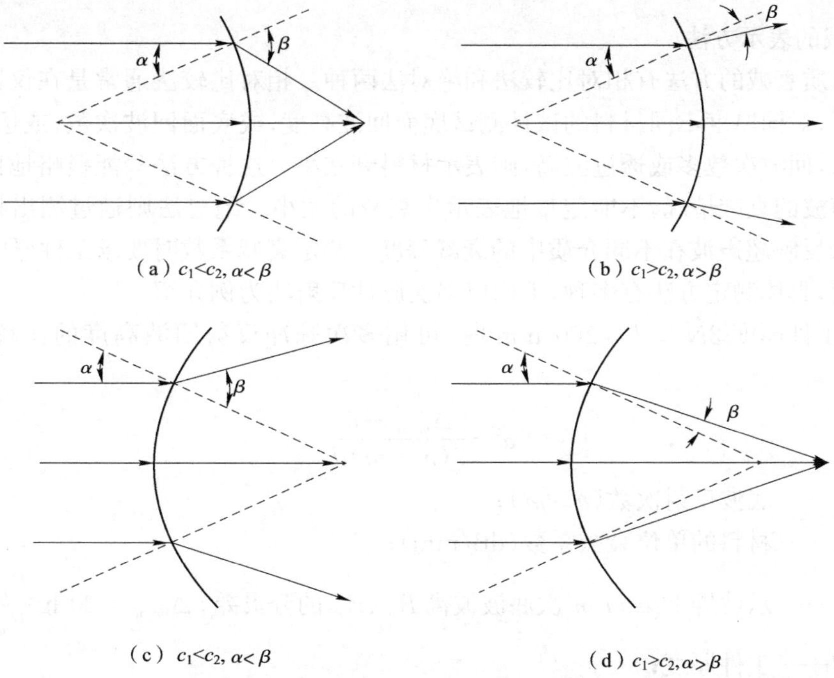

图 2-16　平面波入射至凹、凸界面上的折射波

五、超声波的衰减

超声波在介质中传播时,随着传播距离的增加,超声波的能量逐渐减弱的现象称为超声波的衰减。

1. 衰减的原因

引起超声波衰减的原因很多,主要包括扩散衰减、散射衰减和吸收衰减。但探伤中所谓的衰减仅指由介质导致对声波的衰减,即吸收衰减和散射衰减,见表 2-6。

表 2-6 衰减原因分析

衰减原因	概　念	决定因素
扩散衰减	由波束的扩散引起。即随着传播距离的增加,波束截面增大,使单位面积上的能量减少	1. 波阵面的几何形状,即波形。如平面波不存在扩散衰减,而柱面波和球面波则存在。 2. 传播距离。距离增大,则衰减大。 3. 必须指出,扩散衰减与传播介质无关
散射衰减	由散射引起的衰减。所谓散射是指波传播时遇到声阻抗不同的异质界面(如粗大晶粒的界面)从而产生反射、折射和波型转换的现象	1. 材料内部组织。如铸件中的铁素体和石墨颗粒、材质晶粒粗大等都可成为散射源。 2. 入射波波长。若晶粒或缺陷的尺寸与波长相当,则散射特别严重。 3. 异质界面的不平度。表面若不光洁,则散射较大
吸收衰减	介质质点振动时因克服相互间内摩擦(即黏滞性)造成声能损耗而引起的衰减。这部分损耗被转换成热能向周围传播	对于固体介质,吸收衰减相对于散射衰减可忽略不计,但对液体介质来说,吸收衰减则是主要的

2. 衰减的表示方法

表示材质衰减的方法有相对比较法和绝对法两种。相对比较法通常是在仪器灵敏度相同的情况下,对同厚度不同材料的试件测试底面回波高度,或底面回波次数,或透过波高度。底面回波高,回波次数多或透过波高,则表示材料衰减小。这种方法只能概略地比较在不同材料中超声波的衰减情况,不能定量地表示出衰减的大小。绝对法则通过测出材料的衰减系数 α 值来反映超声波在不同介质中的衰减程度。测定衰减系数时要求工件厚度 d 大于两倍近场长度,具体测定方法有多种,下面以多次脉冲反射法为例介绍。

(1)当工件厚度 $2N<d\leqslant 200$ mm 时,可用多次脉冲反射回波高度的比较来测定 α,即

$$\alpha=\frac{\Delta_{m-n}-\delta}{2(n-m)d} \tag{2-12}$$

式中 m,n——底波反射次数($n>m$);

α——材料的单位衰减系数(dB/mm);

Δ_{m-n}——示波屏上第 m、n 次底波波高 B_m、B_n 的分贝差,$\Delta_{m-n}=20\lg\dfrac{B_m}{B_n}$;

d——工件厚度;

δ——表面反射损失,$\delta=20\lg\dfrac{n}{m}$。

(2)工件厚度 $d>200$ mm 时，采用多次反射可能超出仪器的测定范围，所以可用底面的第一次和第二次回波的分贝差来计算衰减系数，即

$$\alpha=\frac{20\lg\frac{B_1}{B_2}-20\lg\frac{2}{1}}{2(2-1)d}=\frac{20\lg\frac{B_1}{B_2}-6}{2d}\quad \text{dB/mm} \tag{2-13}$$

第三节　超声波远场规则反射体的反射规律

一、超声波远场规则反射体的反射规律

(一)各种规则反射体的反射及其反射声压

如前所述，在远场区中，声束轴线上的声压变化随距离的增加呈单调下降，远场中的入射声压 P 基本可按球面波的声压变化规律计算，即

$$P=P_0\frac{\pi D^2}{4\lambda X}=P_0\frac{A}{\lambda X} \tag{2-14}$$

式中　D——晶片直径(mm)；

A——晶片面积(mm²)；

λ——波长(mm)；

X——离声源的距离(mm)。

如果为方晶片，可直接用面积代入，从而简化了运算。

1. 大平面(底面)的反射(图 2-17)

远场中的大平底 B，离声源距离为 X_B，则大平底上的入射声压为

$$P=P_0\frac{\pi D^2}{4\lambda X_B} \tag{2-15}$$

若把大平底看作镜面反射，则反射到晶片的声压 P_B，相当于传播 $2X_B$ 声程，则为入射声压的一半，则大平底上的反射声压为

$$P_B=P\cdot\frac{1}{2}=P_0\frac{XD^2}{4\lambda X_B}\cdot\frac{1}{2} \tag{2-16}$$

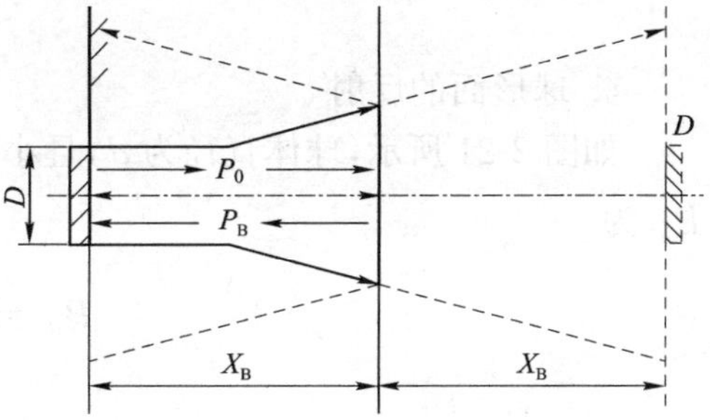

图 2-17　大平底面的反射

2. 圆形(平底孔底面)或方形平面的反射(图 2-18)

离探头晶片距离 X 处，有一直径为 ϕ 的平底孔($\phi<D$)，则入射声压为

$$P=\frac{\pi D^2}{4\lambda X_\phi} \tag{2-17}$$

把平底孔看作为一个直径为 ϕ 的新声源，则入射声压 P 就是新声源的起始声压，所以晶片上接受到的平底孔声压 P_ϕ 为

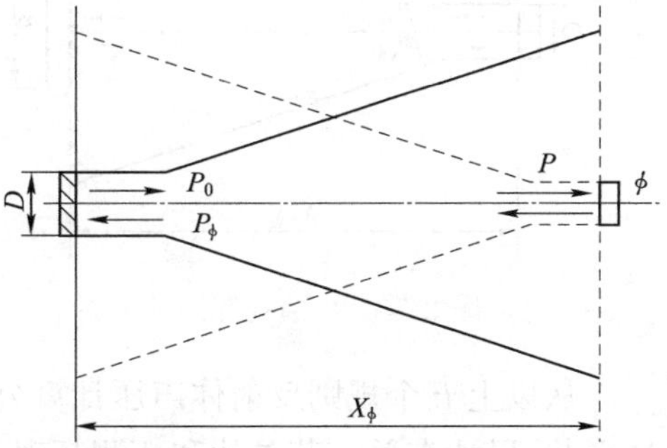

图 2-18　平底孔底面的反射

$$P_{\phi}=P_0\frac{\pi D^2}{4\lambda X_{\phi}}\cdot\frac{\pi\phi^2}{4\lambda X_{\phi}}=P_0\frac{A\cdot A_{\phi}}{\lambda^2 X_{\phi}^2} \tag{2-18}$$

式中 A_{ϕ}——平底孔面积,对于方形或其他平面,按其面积代入即可。

3. 圆柱面的反射

若圆柱体直径为 ϕ,长度为 L,晶片至反射体距离为 X_{ϕ},当 $\phi/\lambda\geqslant 2$ 时,则有两种情况:

(1)长横孔(图 2-19)

当圆柱体直径 $\phi_{长}$ 的长度大于声束直径时,其入射声压 P 为

$$P=\frac{\pi D^2}{4\lambda X_{\phi长}} \tag{2-19}$$

反射声压 $P_{\phi长}$ 为

$$P_{\phi长}=P_0\frac{\pi D^2}{4\lambda X_{\phi长}}\cdot\frac{1}{2}\sqrt{\frac{\phi_{长}}{2X_{\phi长}}} \tag{2-20}$$

长横孔的反射波具有柱面波的性质,因此其反射声压的后一部分与孔径平方根成正比,与声程平方根成反比。

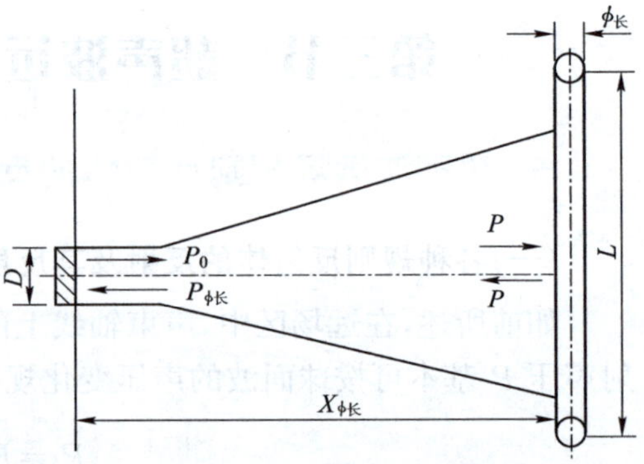

图 2-19 长横孔侧面的反射

(2)短横孔(图 2-20)

当圆柱体直径 $\phi_{短}$ 的长度 L 小于声束直径时,反射声压 $P_{\phi短}$ 为

$$P_{\phi短}=P_0\frac{\pi D^2}{4\lambda X_{\phi短}}\cdot\frac{L}{2X_{\phi短}}\sqrt{\frac{\phi_{短}}{\lambda}} \tag{2-21}$$

4. 球形面的反射

如图 2-21 所示,球体直径为 d,且小于声束直径,球面前沿离晶片距离 X_d,则反射声压 P_d 为

$$P_d=P_0\frac{\pi D^2}{4\lambda X_d}\cdot\frac{d}{4X_d} \tag{2-22}$$

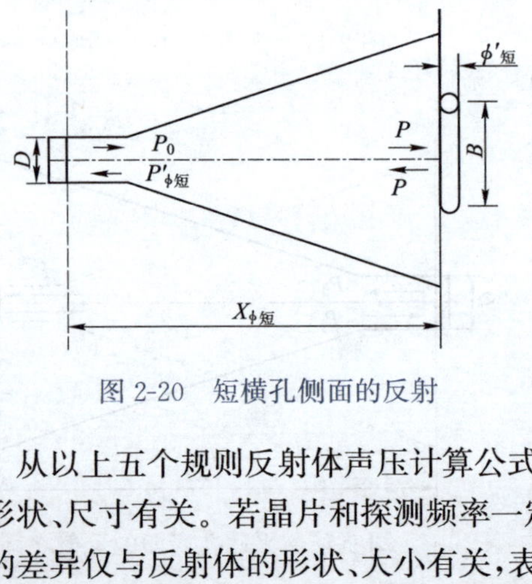

图 2-20 短横孔侧面的反射

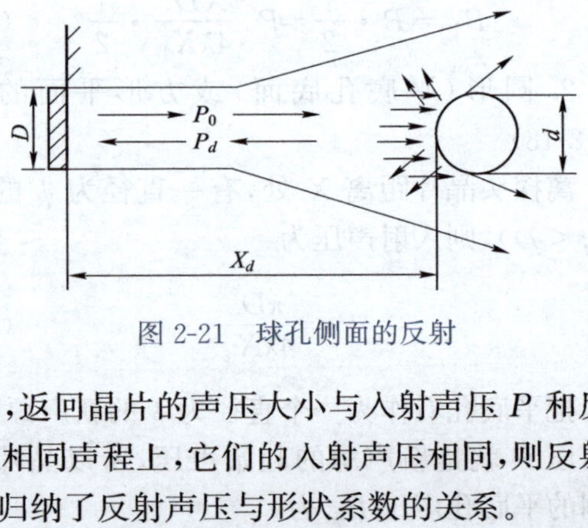

图 2-21 球孔侧面的反射

从以上五个规则反射体声压计算公式可知,返回晶片的声压大小与入射声压 P 和反射体形状、尺寸有关。若晶片和探测频率一定,在相同声程上,它们的入射声压相同,则反射声压的差异仅与反射体的形状、大小有关,表 2-7 归纳了反射声压与形状系数的关系。

表 2-7　规则反射体的反射声压和形状系数

反射体种类	入射声压	形状系数	反射声压
大平底 B	$P=P_0\frac{\pi D^2}{4\lambda X}$	$\frac{1}{2}$	$P_B=P\cdot\frac{1}{2}$
平底孔 ϕ		$\frac{\pi\phi^2}{4\lambda X}$	$P_\phi=P\cdot\frac{\pi\phi^2}{4\lambda X}$
长横孔 $\phi_长$		$\frac{1}{2}\sqrt{\frac{\phi_长}{2X}}$	$P_\phi=P\cdot\frac{1}{2}\sqrt{\frac{\phi_长}{2X}}$
短横孔 $\phi_短$		$\frac{L}{2X}\sqrt{\frac{\phi_短}{\lambda}}$	$P_{\phi短}=P\cdot\frac{L}{2X}\sqrt{\frac{\phi_短}{\lambda}}$
球孔 d		$\frac{d}{4X}$	$P_d=P\cdot\frac{d}{4X}$

注：表中“X”为反射体离声源的距离。

二、缺陷相对声压反射率及其应用

在实际探伤中为了计算缺陷的当量，常用缺陷反射声压 P_f 与基准反射体声压 P_A 之比，简称缺陷相对反射率，用符号 γ 或 γ^I 表示，即

$$\gamma(\gamma^I)=\frac{P_f}{P_A} \tag{2-23}$$

式中　γ——声压反射率；

　　　P——声压(Pa)。

式中，γ 用于缺陷和基准反射体同声程（$X_f=X_A$），γ^I 用于缺陷和反射体不同声程（$X_f\neq X_A$）。P_A 为基准反射体声压，可以是大平底声压 P_B，也可以用不同孔型的规则反射体声压。P_f 为缺陷反射体声压，一般为未知数。

为了计算方便，通常把缺陷当作规则反射体。如锻件探伤中以平底孔，焊缝探伤中以横通孔。根据各种规则形状缺陷反射声压和相对的基准反射体或工件底面的反射声压，计算缺陷相对声压反射率及其当量。常用的几种规则形状缺陷的相对声压反射率见表 2-8。

表 2-8　常用的几种规则形状缺陷的相对声压反射率

缺陷孔形	缺陷相对反射率			
	缺陷相对于大平底的声压反射率		缺陷相对于基准孔声压反射率的 dB 数及其当量计算	
	$X_B=X_f$	$X_B\neq X_f$	$X_A\neq X_f$	
平底孔	$\gamma_\phi=\frac{P_\phi}{P_B}=\frac{\pi\phi_f^2}{2\lambda X_f}$	$\gamma_\phi^I=\frac{P_\phi}{P_B}=\frac{X_B}{X_f^2}\cdot\frac{\pi\phi_f^2}{2\lambda}$	$\Delta=20\lg\frac{P_\phi}{P_A}=40\lg\frac{\phi_f X_A}{\phi_A X_f}$	$\phi_f=\phi_A\cdot\frac{X_f}{X_A}\cdot10^{\frac{\Delta}{40}}$
长横孔	$\gamma_{\phi长}=\frac{P_{\phi长}}{P_B}=\sqrt{\frac{\phi_{f长}}{2X_{f长}}}$	$\gamma_{\phi长}^I=\frac{P_{\phi长}}{P_B}=\frac{X_B}{X_{f长}}\cdot\sqrt{\frac{\phi_{f长}}{2X_f}}$	$\Delta=20\lg\frac{P_{\phi长}}{P_{A长}}=10\lg\frac{\phi_{f长}X_A^3}{\phi_{A长}X_f^3}$	$\phi_{f长}=\phi_{A长}\cdot\left(\frac{X_f}{X_A}\right)^3\cdot10^{\frac{\Delta}{10}}$
短横孔	$\gamma_{\phi短}=\frac{P_{\phi短}}{P_B}=\frac{L}{X_{f短}}\cdot\sqrt{\frac{\phi_{f短}}{\lambda}}$	$\gamma_{\phi短}^I=\frac{P_{\phi短}}{P_B}=\frac{X_B L}{X_{f短}^2}\cdot\sqrt{\frac{\phi_{f短}}{\lambda}}$	$\Delta=20\lg\frac{P_{\phi短}}{P_A}=10\lg\frac{\phi_{f短}\,L_f^2X_A^4}{\phi_{A短}\,L_A^2X_f^4}$	$\phi_{f短}=\phi_{A短}\frac{L_A^2X_f^4}{L_f^2X_A^4}\cdot10^{\frac{\Delta}{10}}$
球　孔	$\gamma_d=\frac{P_d}{P_B}=\frac{d}{2X_f}$	$\gamma_d^I=\frac{P_d}{P_B}=\frac{X_B d}{2X_f^2}$	$\Delta=20\lg\frac{P_d}{P_A}=20\lg\frac{d_f X_A^2}{d_A X_f^2}$	$d_f=d_A\cdot\left(\frac{X_f}{X_A}\right)^2\cdot10^{\frac{\Delta}{20}}$

缺陷相对声压反射率及其分贝差,除用来确定缺陷当量大小外,还可进行孔形换算、计算灵敏度调节量和制作 AVG 曲线图。

1. 调节探伤灵敏度

【例题】 用频率为 2.5 MHz,ϕ20 mm 直探头,探测厚度 300 mm 的锻件,要求直径≥ϕ3 mm 的缺陷不漏检,试求利用工件大平底,如何调节探伤灵敏度?若改用材料与工件相同的 200 mm,深 ϕ2 mm,平底孔试块,如何调节探伤灵敏度?(不计表面耦合差)

【解】 (1)已知 $X_\phi=300$ mm,$\phi=3$ mm,$X_B=300$ mm,所以利用工件底面调节灵敏度的变化量为

$$\Delta=20\lg\frac{P_\phi}{P_B}=20\lg\frac{\pi\phi^2}{2\lambda X}=20\lg\frac{\pi\cdot 3^2}{2\times\frac{5.9}{2.5}\times 300}\ \text{dB}=-34\ \text{dB}$$

调整时将工件底面回波为基准高度后,再增益 34 dB,即达到要求。

(2)已知 $X_A=200$ mm,$\phi_A=2$ mm,$X_\phi=300$ mm,$\phi=3$ mm,此时灵敏度调节量为

$$\Delta=20\lg\frac{P_\phi}{P_A}=40\lg\frac{\phi\cdot X_A}{\phi_A\cdot X_\phi}=40\lg\frac{3\times 200}{2\times 300}\ \text{dB}=0\ \text{dB}$$

这表示 $200/\phi_2$ 与 $300/\phi_3$ 的灵敏度一样调节时,只要将试块上深 200 mm,ϕ2 mm 的平底孔反射波调至基准高度,即满足要求。

2. 缺陷当量计算和孔型换算

【例题】 用 2 MHz、ϕ14 mm 直探头探测厚度为 350 mm 锻件,发现距探测面 200 mm 处有一缺陷,其回波高度比标准试块深 150 mm 处 ϕ2 mm 平底孔回波高 11 dB,求缺陷的平底孔当量;该缺陷相当于多大的长横孔直径?

【解】 (1)已知 $X_A=150$ mm,$\phi_A=2$ mm,缺陷声程 $X_\phi=200$ mm,$\Delta=11$ dB

$$\phi=\phi_A\times\frac{X_\phi}{X_A}\times 10^{\frac{\Delta}{40}}=2\times\frac{200}{150}\times 10^{\frac{11}{40}}\ \text{mm}=5\ \text{mm}$$

(2)此缺陷的平底孔当量为 5 mm,若换算成长横孔,虽然孔形不同,但对于同一个缺陷它们的声压(或声压反射率)相等,所以

$$\frac{\pi\phi^2}{2\lambda X_\phi}=\sqrt{\frac{\phi}{2X_\phi}}$$

$$\phi=\left(\frac{\pi\phi^2}{2\lambda X_\phi}\right)^2\cdot 2X_\phi=\left[\frac{\pi\cdot 5^2}{2\times\frac{5.9}{2}\times 200}\right]^2\times 2\times 200\ \text{mm}=1.8\ \text{mm}$$

此缺陷相当于 1.8 mm 直径的长横孔,同时表明,在上述条件下 5 mm 平底孔与 1.8 mm 长横孔的反射声压相等。

复习思考题

1. 超声波的波形有哪几种?什么是超声波的指向性和指向角?

2. 当纵波入射角逐渐增大时，透入第二介质的波型有什么变化？

3. 试计算声波在钢/水界面的声压反射率和声压通过率。[钢 $Z_1=4.5\times10$ kg/(m^2 · s)，水 $Z_2=1.5\times10$ kg/(m^2 · s)]

4. 一台垂直线性好的探伤仪，荧光屏上波幅从100%处降至20%时，应衰减多少 dB？

5. 用入射角 30^0 的有机玻璃制作的斜探头，一次波探测钢工件时，测得某缺陷声程为141 mm，求缺陷入射点的水平距离。(有机玻璃 $c_L=2\ 730$ m/s，钢 $c_S=3\ 200$ m/s)

6. 计算直径为20 mm，频率为2.5 MHz的直探头在钢中的近场长度和半扩散角。(钢 $c_L=5900$ m/s)

7. 一个经校正好的超声探测系统，在深度150 mm，直径为2 mm平底孔上得到80 mm的波高显示，在检测试件时，深度200 mm处得到20 mm波高缺陷回波显示，则缺陷的当量平底孔直径是多少？

8. 有一钢工件厚200 mm，已知第五次底面回波与第二次底面回波差12 dB，试求材质衰减系数。

第三章　钢轨母材超声波探伤

本章主要介绍钢轨基础知识、钢轨伤损、钢轨母材超声波探伤方法、钢轨母材探伤设备及作业标准。通过学习应了解钢轨的制造、分类及标识等基础知识，熟悉钢轨伤损分类及产生原因，掌握钢轨母材超声波探伤方法并能独立操作单轨探伤仪进行探伤作业、完成仪器的日常保养与测试任务。

第一节　钢轨知识

钢轨是轨道结构的重要部件，它的主要作用是支持并引导机车车辆按规定的方向运行，将来自车轮的荷载和冲击传递于轨枕和扣件之上；在自动闭塞区段，钢轨又成为轨道电路中的一部分，起到信号电流的传输作用；在电气化区段，钢轨还起到电力机车牵引电流的回流导线作用。钢轨直接承受机车、车辆荷载的作用，它的制造性能直接关系到铁路运输的安全、平稳和畅通。

一、钢轨的制造

1. 钢轨制造的工艺流程

目前，世界上主要采用长流程工艺和短流程工艺生产钢轨。

(1)长流程工艺是以矿石为原料，经高炉、转炉冶炼，再经炉外精炼、真空脱气、连铸机铸成一定尺寸的钢坯等 14 道工序来完成钢轨的制造，见表 3-1。

(2)短流程工艺是以废钢为主要原料，经电炉粗炼，LF 炉精炼，VD 炉脱气后送连铸机铸成所需尺寸的钢坯。其后部工艺与长流程工艺第 5～14 道工序相同。

随着连铸技术的进步，自动化检测和控制技术的结合，钢轨生产工艺采用连铸异形坯，直接送万能轧机轧制，使钢轨制造工艺流程更短，生产效率和钢轨质量会更高。

表 3-1　钢轨生产的长流程工艺

工　序	项　目	内　　容
1	冶炼	通过高炉和转炉冶炼出铁水
2	精炼	吹氧化钙(CaO)粉进行铁水预脱硫(S)，吹氧(O)降低磷(P)和其他夹杂物
3	脱气	真空脱气处理控制钢中含氢(H)量，调整成分，降低非金属夹杂物含量
4	浇铸	用模铸法或连铸法铸成一定尺寸的钢锭或钢坯
5	加热	将钢锭或钢坯加热到轧制温度 1 320 ℃
6	开坯	形成钢轨雏形(仅用于钢锭)
7	轧制	通过万能轧机，经粗轧、中轧、精轧成钢轨成品
8	打印	用轮式打印机在热状态下，在钢轨轨腰打上炉罐号等

续上表

工　序	项　目	内　　容
9	锯切	成品钢轨在热状态下按要求锯成一定长度的钢轨
10	冷却	在步进式冷床上按要求降低钢轨温度达到 50 ℃左右
11	矫直	在矫直机上进行矫直。矫直方法有压力矫直、辊式矫直、拉伸矫直
12	探伤	用涡流探伤方法检测钢轨表面缺陷，用超声波探伤方法检测钢轨内部缺陷
13	检测	使用线性扫描相机和激光测距仪，对成品钢轨进行外观尺寸检查
14	加工	根据要求对钢轨进行铣头和钻孔

3. 钢轨的化学成分

钢轨的组织与性能，主要取决于它的化学成分。合适的化学成分是保证钢轨质量，提高钢轨的机械性能的主要因素之一，而钢材冶金过程中难以除去的有害元素，又对钢材性能产生不良的影响。钢轨中除铁以外的主要化学元素和作用见表 3-2。

表 3-2　钢轨中除铁以外的主要化学元素和作用

序号	元　素	作用和含量
1	碳(C)	可以提高钢轨的强度、硬度和耐磨性。国产钢轨含碳量在 0.65%～0.82%，但钢中含碳量偏高，钢质变脆，其塑性指数会显著降低，同时，还会增加钢中产生白点的机会
2	硅(Si)	易与氧(O)化合，能起到除去钢中气泡的作用。钢中含有适量的硅，能提高钢的硬度和耐磨性。国产钢轨钢含硅量一般为 0.15%～0.9%，但含量过多，会使钢质硬而脆，容易在焊缝中产生气孔、杂质
3	锰(Mn)	属有益元素，可提高钢的强度和耐磨性，增加钢的韧性。它可以除去钢内有害氧化铁和硫化夹杂物，其锰含量一般控制在 0.6%～1.54%之间，含锰量超过 1.2%的钢称为中锰钢，它的抗磨性很高
4	铜(Cu)	属有益元素，钢中含有少量的铜化合物，可提高钢的抗疲劳和耐腐蚀性能。国产钢轨含铜量一般在 0.1%～0.4%之间。如果含铜轨的轧制工艺不良，在钢轨表面会产生鱼鳞状态开裂

为了进一步改善钢轨钢的机械性能，冶金部门开发微合金轨，即在碳素钢中加入铬(Cr)可提高钢的强度、硬度、耐磨性、淬透性和耐磨蚀性；加入钒(V)可提高钢的强度、耐磨性和淬透性，改善钢的塑性和韧性；加入钛(Ti)可细化钢的晶粒，提高强度，改善韧性；加入稀土可细化有害的非金属杂质的粒径，改善钢的耐磨性和韧性。

4. 钢轨的机械性能

钢轨必须为车轮提供连续、平顺和阻力最小的滚动表面，又为机车提供最大的黏着牵引力，因而要求钢轨顶面具有相应的摩擦系数，能产生一定的摩擦力；钢轨受到车轮碾压会产生弯曲，为抵抗弯曲，钢轨应具有相当的强度。但因钢轨是承受冲击的受力体，为了减轻车轮对钢轨的冲击作用，减少机车、车辆走行部分及钢轨的裂损，钢轨又必须具有一定的可挠性；为使钢轨不致被巨大压力压溃或迅速磨耗，钢轨应具有足够的硬度。但硬度太高时，钢轨又容易被车轮的动力冲击所折断，因此，钢轨又应具有一定的断裂韧性。此外，钢轨还应具有较强的抗剥离性和抗疲劳性，一定的耐腐蚀性以及良好的可焊性等。

金属材料抵抗载荷作用的能力称为金属材料的机械性能，通常包括强度、塑性、硬度、韧性和疲劳等。

(1)强度

钢轨在载荷作用下，抵抗变形和破坏的能力。常以抗拉强度、屈服强度等指标来表示。

抗拉强度是指金属材料抵抗拉伸载荷作用而不至破坏的最大应力，用 σ_b 表示；屈服强度是指金属材料在载荷不增加的情况下，仍能产生明显塑性变形时的应力，用 σ_s 表示，单位为 MPa。

(2)塑性

金属材料在载荷作用下，产生显著的变形而不致破坏，并在载荷取消后，仍能保持变形后的形状能力。常以伸长率和断面收缩率等指标来表示。伸长率是试样拉断后，标定长度的伸长量与原始标定长度之比值的百分点，用 δ 表示；断面收缩率是试样断口面积的缩减量与原截面积之比值的百分数，用 ψ 表示。

(3)硬度

金属材料抵抗另一种更硬物体(材料)压入其表面的能力。根据测定方法的不同，可分为布氏硬度(HB)和洛氏硬度(HRC)等。

实践证明，硬度和强度之间有一定对应关系，可以根据布氏硬度值近似地换算出该材料的抗拉强度值，如低碳钢 $\sigma_b \approx 0.36$ HB，高碳钢 $\sigma_b \approx 0.34$ HB。

(4)韧性

金属材料抵抗冲击载荷作用而不致破坏的能力。金属材料韧性的好坏，可通过冲击试验测定，用冲击韧性值 α_k 表示，单位为 kJ/m^2。

(5)疲劳

在交变载荷的作用下，材料发生断裂的现象。金属材料抵抗疲劳的能力，用疲劳强度来衡量。疲劳强度是金属材料在无数次重复的交变载荷作用下，而不致破坏的最大应力，用 σ_{-1} 表示，单位为 MPa。

二、钢轨的分类及标识

1. 钢轨的分类

(1)按钢种分为碳素轨、合金轨和热处理轨。碳素轨主要以碳(C)、锰(Mn)两元素来提高强度、改善韧性，如 U71Mn、U74。合金轨是以碳素轨为基础，添加适量合金元素钒(V)、钛(Ti)、铬(Cr)、钼(Mo)等，来提高钢轨的强度和韧性，如 PD_1、PD_3。热处理轨主要是碳素轨通过加热和控制冷却，来改善其金相结构，从而获得高强度和高韧性，如 PD_2。目前国内使用得最多的钢轨是 60 kg/m 钢轨的 U71Mn。

(2)按钢轨的重量分为 43 kg/m 钢轨、50 kg/m 钢轨、60 kg/m 钢轨和 75 kg/m 钢轨。

(3)按力学性能分为普通轨、高强轨、耐磨轨。普通轨是指抗拉强度不小于 800 MPa 的钢轨；高强轨是指抗张强度不小于 900 MPa 的钢轨；耐磨轨是指抗拉强度不小于 1100 MPa 的钢轨。

(4)按钢轨长度分为 12.5 m、25 m、75 m 和 100 m 四种。

2. 钢轨的标识

钢轨标识是表示生产厂、出厂时间、钢轨材质、生产过程等内容的符号，了解和掌握钢轨标志的内涵，可为今后有针对性地进行钢轨探伤、判断伤损形成原因和发展方向提供依据。

钢轨标志一般轧制于钢轨一侧轨腰上，有两种类型，一种是辊轧凸字，字体凸出于轨腰表面；另一种为热轧凹字，字体凹陷在轨腰表面以下。国产钢轨生产厂家名称、代号(辊轧凸字)见表 3-3。

表 3-3　国产钢轨生产厂家名称、代号(辊轧凸字)

序号	厂　名	厂　标	主要生产钢种
1	攀枝花钢铁公司	PZH	U71Mn、PD_1、PD_2、PD_3、PG_4
2	鞍山钢铁公司		AP_1、U71Mn、U75V
3	武汉钢铁公司		WP_1、WP_2
4	包头钢铁公司		P75、U74

三、钢轨的截面尺寸

钢轨断面为左右对称的工字型，从上往下为轨头、轨腰和轨底三部分，如图 3-1 所示。不同型号的钢轨，其断面尺寸和螺孔位置各不相同，见表 3-4。AT 钢轨的截面尺寸如图 3-2 所示。

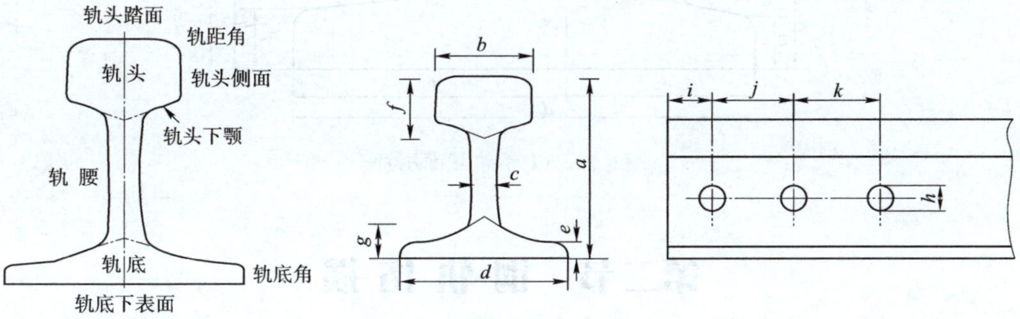

图 3-1　钢轨横、纵截面示意

表 3-4　主要类型钢轨断面尺寸表　　　　单位:mm

项　目		钢轨类型/(kg/m)			
		43	50	60	75
1	钢轨高度 a	140	152	176	192
2	轨头宽度 b	70	70	73	75
3	轨腰厚度 c	14.5	15.5	16.5	20
4	轨底宽度 d	114	132	150	150
5	轨底边缘厚度 e	11	10.5	12	13.5
6	轨头内高 f	42	42	48.5	107.5
7	轨底内高 g	27	27	30.5	32.3
8	螺栓孔直径 h	29	31	31	31

续上表

项目		钢轨类型/(kg/m)			
		43	50	60	75
9	轨端至1孔中心距 i	56	66	76	96
10	1孔至2孔中心距 j	110	150	140	220
11	2孔至3孔中心距 k	160	140	140	130

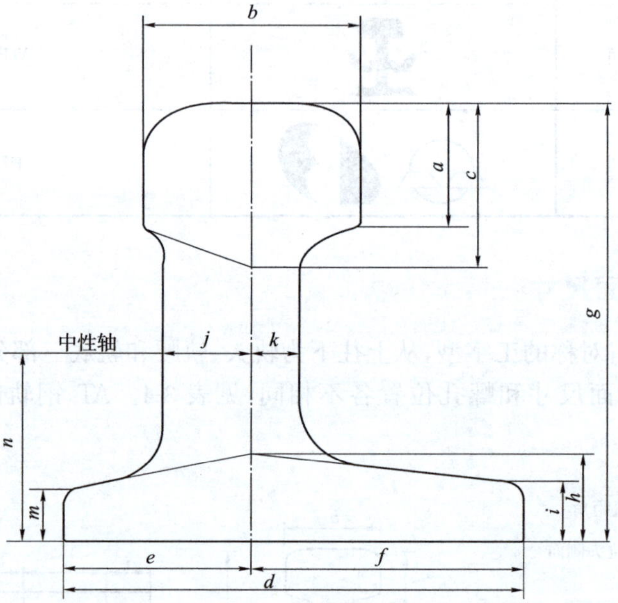

图 3-2 AT 钢轨截面示意

第二节 钢轨伤损

一、钢轨伤损定义、分类及产生原因

(一)钢轨伤损定义

钢轨伤损是指钢轨在使用过程中发生的折断、裂纹及其他影响和限制钢轨使用性能的各种状态。

1. 钢轨折断是指发生下列情况之一者:

(1)钢轨全截面断裂。

(2)裂纹贯通整个轨头截面。

(3)裂纹贯通整个轨底截面。

(4)允许速度不大于 160 km/h 区段钢轨顶面上有长度大于 50 mm 且深度大于 10 mm 的掉块,允许速度大于 160 km/h 区段钢轨顶面上有长度大于 30 mm 且深度大于 5 mm 的掉块。

断裂分两种形式:钢轨折断后在断口上能观察到较明显的疲劳断口时称为疲劳断裂;钢轨折断后在断口上没有明显的疲劳断口时称为脆性断裂。

2. 钢轨裂纹是指钢轨表面或内部的部分金属发生分离。

3. 钢轨其他伤损是指除裂纹、折断以外，影响钢轨使用性能的磨耗、压溃、压陷（或凹陷）、波浪磨耗、弯曲变形、表面缺陷、外伤腐蚀等伤损。

4. 可将钢轨伤损根据轻重程度分为轻伤、重伤、折断三类。

（二）常见钢轨伤损分类、产生的原因

钢轨伤损从超声波钢轨探伤专业上可分为钢轨核伤、钢轨接头伤损、钢轨纵向水平和垂直裂纹、钢轨轨底裂纹、钢轨焊缝伤损五大类（钢轨焊缝伤损见第四章）。

1. 钢轨核伤

钢轨核伤从超声波探伤专业上称为轨头横向裂纹。钢轨核伤产生的原因是由制造或使用过程中的缺陷，在机车荷载作用下生产应力集中，疲劳源不断扩展而成。随着核伤直径增大，钢轨承载能力急剧下降，在高速重载的使用环境下极易发生钢轨折断，因此，它是钢轨伤损中危害最大之一。

（1）材质缺陷形成的核伤

钢轨在制造过程中，由于冶金缺陷和钢锭切除不够，钢锭内部存在非金属夹杂、白点、翻皮、偏析和缩孔残余等缺陷，经辊轧后成片状存在于轨头中，在列车载荷的重复作用下，这些缺陷生产的疲劳源逐步扩展，形成有危害的核伤。这类核伤断面具有平坦光亮的表面，通常为白核，当白核发展到轨面与空气接触氧化后形成黑核。如果疲劳源系白点引起，则同一炉罐号的钢轨都可能有白点存在。有多处白点的钢轨在使用过程中极易形成多处横向疲劳裂纹，致使钢轨突然折断为几段至几十段，每段钢轨断口横向裂纹的形貌基本一致，只是裂纹面积大小不同，对行车安全危害极大。白点形成的核伤形貌如图 3-3 所示，缩孔形成的核伤形貌如图 3-4 所示。

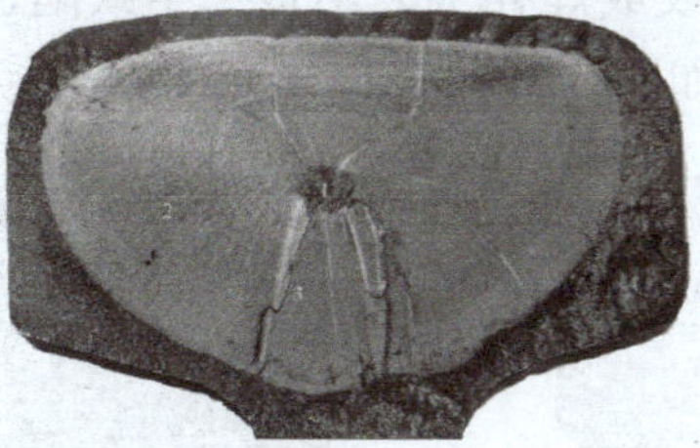

图 3-3　白点形成的核伤形貌

图 3-4　缩孔形成的核伤形貌

（2）接触疲劳形成的核伤

大运量重载区段，由于车轮与钢轨间接触应力过大，在列车荷载多次作用下，先生成轨头顶面剥离或其他表面伤损，然后发展成核伤。一般核源位于轨头内侧上角距顶面和侧面 5～15 mm 的范围内，如图 3-5 所示。

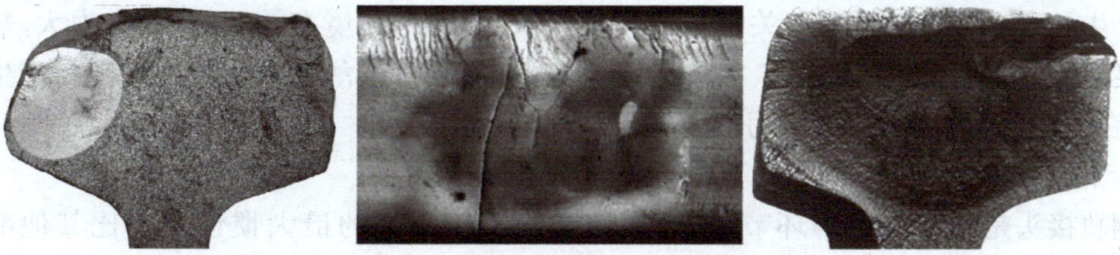

图 3-5　表面接触疲劳形成的核伤

(3)侧面磨耗严重形成的核伤

目前部分客车与货车运行速度相差较大,曲线地段超高设置无法满足各种车速的要求,因此,造成钢轨偏载现象,使钢轨承载量上升。曲线上股钢轨侧面磨耗严重,轮缘对轨颚的挤压,以及水平推力与挠曲应力的复合作用,使下颚尖端产生微裂纹,成为疲劳源,在列车往复作用下,裂纹扩展形成核伤,如图 3-6 所示。

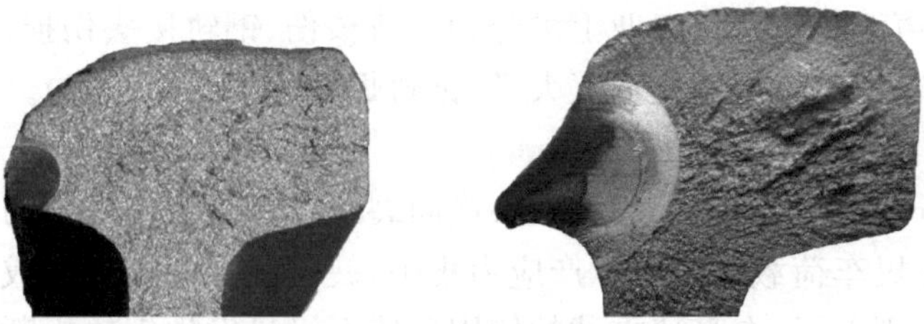

图 3-6 侧面磨耗严重下颚尖端微裂纹形成的核伤

(4)鱼鳞破损形成的核伤

在车流密度高,行车速度快的重载区段,由于列车在复线中单向运行,小半径曲上股轨头内侧表面经常发生鱼鳞状破损,如图 3-7 所示。它不同于一般的轨头金属碎裂和剥离,常以裂纹尖端为疲劳源,逐步形成核伤,其特点是发展快,疲劳周期从 1.7×10^{8} ~5.6×10^{8} t 不等,一般为 3×10^{8} t 左右,且呈多面核状,如图 3-7 所示。

(5)擦伤(焊补)形成的核伤

机车起动或爬坡时车轮空转,以及机车制动滑行车轮与钢轨间剧烈摩擦产生高温,使轨顶面金属组织变硬、变脆,在列车荷载作用下,形成网状裂纹,并向下发展成为核伤,当焊补轨面擦伤和掉块时,因焊面未打磨干净,留有微裂纹或焊补工艺不良产生缺陷,这些缺陷在机车荷载作用下,极有可能在焊补层下形成核伤,如图 3-8 所示。

图 3-7 鱼鳞状破损形成的核伤

图 3-8 焊补不良形成的核伤

除上述原因外,轨腰纵向裂纹向轨头延伸、钢轨淬火工艺不良导致轨头碎裂和钢轨制造时产生的重皮等缺陷,在机车荷载作用下,裂纹端部都是疲劳源,很容易形成核伤。钢轨核伤的产生和发展不仅与材质有关,而且与钢轨所处的使用环境有关,凡受冲击力大,轨面状态不良地段的钢轨,如曲线上股、大坡道地段、钢轨小腰和道岔基本轨等处最容易产生疲劳核伤,在钢轨探伤中这些地段应引起重视。

2. 钢轨接头伤损

钢轨接头是线路的薄弱环节,车轮作用在钢轨接头上的最大惯性力要比其他部位大 60%左右。钢轨接头的主要伤损是螺孔裂纹,其次是下颚裂纹和马鞍形磨耗等。

(1)螺孔裂纹产生原因

①钻孔不当。

钢轨轨腰在钻螺孔后，强度被削弱，螺孔周边产生较高的局部应力；螺孔钻制不良，螺孔周边有毛边缺口或钢轨锈蚀，螺孔周边有锈蚀缺口；螺孔钻制位置不对，有高度误差，这些缺陷都会使螺孔周边生产应力集中，而形成螺孔裂纹。

②冲击力过大。

在有缝线路中，机车车轮越过钢轨轨缝时，对迎端轨产生较大的冲击力，从钢轨接头受力状态(图 3-9)，可看出 P_1、P_2 大于静态力 P_3，因此，接头区钢轨本已因钻螺孔强度被削弱，又承受更大的冲击荷载力，致使裂纹发生率上升。

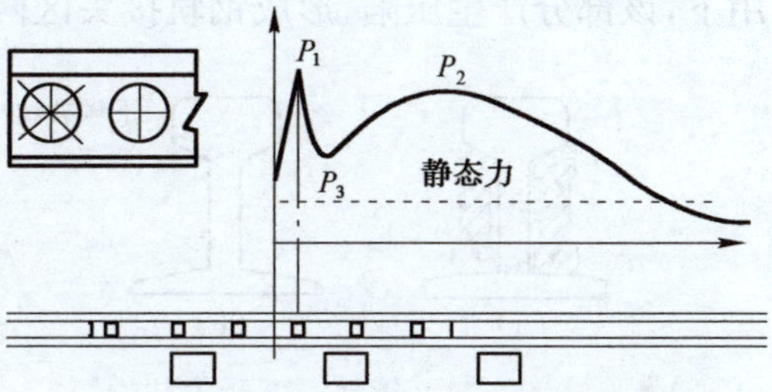

图 3-9　钢轨接头受力状态

③养护不良。

由于钢轨接头养护工作不到位，造成道床板结、低扣接头、轨枕空吊、高低错牙，接头螺栓扭力不够或线路爬行，产生大轨缝等，这些不良的接头状态都会增加机车对接头的冲击力，见表 3-5。充分说明养护不良使螺孔承载力加大，螺孔裂纹产生率也随之增大。

表 3-5　各种条件下螺孔拉应力增量

螺孔位置	接头状态					
	高低错牙 1 mm	低接头 >2 mm	鞍形磨耗 0.75 mm	鞍形磨耗 1 mm	道床板结	钢筋混凝土枕与木枕(板结状态)
第一孔	40%	30%			81.5%	102%
第二孔			4.3%	17.1%		

可以看出，第一螺孔的荷载力处于最高值区域，裂纹的产生与受力成正比关系，因此，第一螺孔的裂纹比其他螺孔产生裂纹的比例更高。从统计资料上显示，第一螺孔裂纹占螺孔裂纹的 78%，尤其是岔后引轨、复线区段迎着列车运行方向轨端的第一螺孔裂纹发生频率更高，而且在第一螺孔上不同象限螺孔裂纹的发生率相差很大，Ⅰ、Ⅲ象限螺孔发生率最高，占总数的 60.1%，如图 3-10 所示。

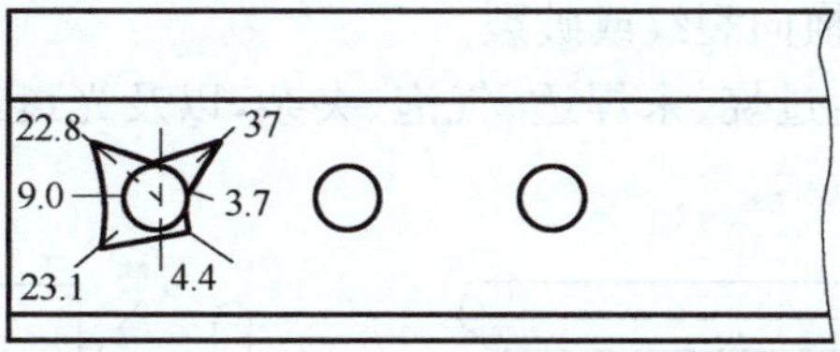

图 3-10　第一螺孔各象限产生螺孔裂纹概率(单位：%)

(2)轨头下颚裂纹形成的原因

接头钢轨下颚裂纹的形成，主要是长期受到过大的偏载、水平推力以及轨头挠曲应力的复合作用；其次是钢轨接头采用斜坡支承夹板，使钢轨下颚承受向上拉力，如图 3-11(a)所示；

再加上养护作业不良,以及机车车辆的蛇行运动产生的横向作用力等多方面因素同时作用的结果。由于外侧应力大于内侧应力,因此,下颚裂纹往往具有从外向内逐步扩展的特点,如图 3-11(b)所示。

(3)马鞍形磨耗形成的原因

钢轨轨端接头淬火工艺不良,淬火区与非淬火区之间硬度过渡不均匀,在列车荷载多次作用下,该部分产生压陷,形成钢轨接头区两侧凸、中间凹下的马鞍形,如图 3-12 所示。

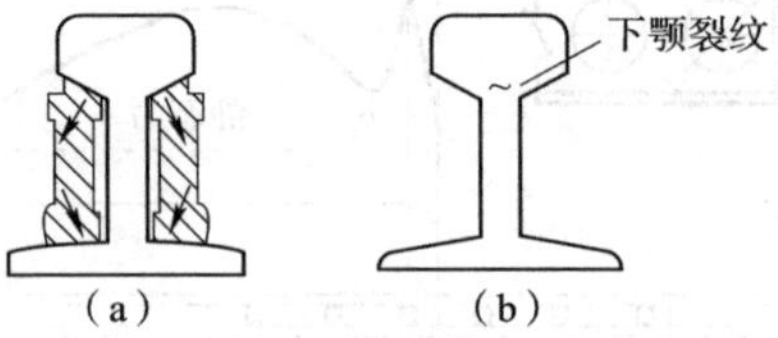

图 3-11 钢轨下颚受力与裂纹

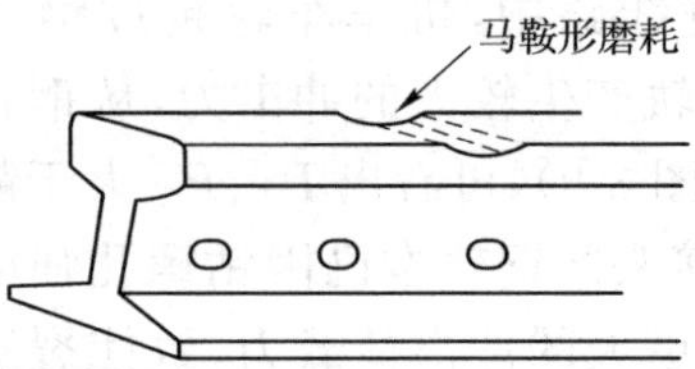

图 3-12 马鞍形磨耗

3. 钢轨纵向水平和垂直裂纹

由于钢轨制造工艺不良,没有切除钢锭中带有严重偏析、缩孔、夹杂等缺陷,在钢锭轧制成钢轨后,缺陷成片状遗留在轨头、轨腰、轨底中,与钢轨纵向平行,呈水平或垂直状态出现,如图 3-13 所示。纵向垂直的裂纹经机车长时荷载作用后,会向外鼓起成为鼓泡裂纹。无缝线路区段,曲线地段钢轨长期受到过大的偏载,在钢轨颚部或轨腰上会产生水平裂纹,如图 3-14 所示。

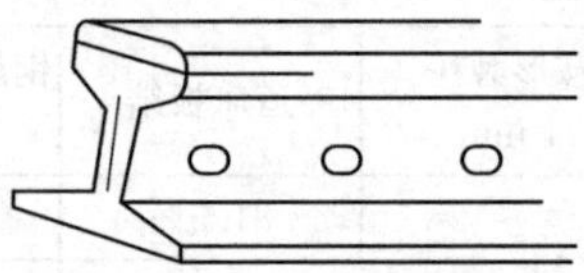
图 3-13 钢轨水平和纵向裂纹

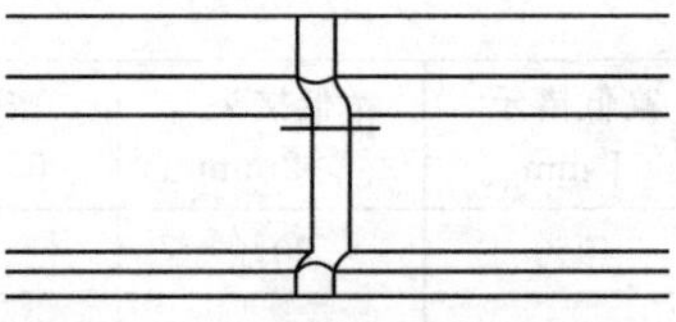
图 3-14 焊接接头下颚水平裂纹

4. 钢轨轨底裂纹

轨底裂纹的形成原因有以下四种:

(1)轨腰垂直纵向裂纹向下发展成轨底裂纹,如图 3-15(a)所示。

(2)轨底锈坑或划痕发展形成的轨底横向裂纹,如图 3-15(b)所示。

(3)在制造钢轨时,轨底存在轧制缺陷或因轨底与垫板轨枕间不密贴,使用中轨底局部产生过大的应力,造成轨底横向裂纹或破裂。

(4)焊接工艺不良,产生过烧、未焊透、气泡、夹杂,以及光斑或灰斑等内部缺陷,造成轨底横向裂纹,如图 3-15(c)所示。

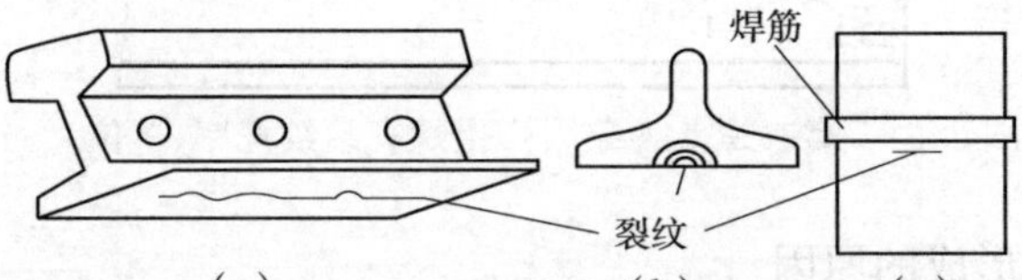

图 3-15 钢轨轨底裂纹

二、钢轨伤损分类编号规则

根据《钢轨伤损分类》(TB/T 1778—2010)将钢轨伤损分类编号采用五位数字表示，第一位数字表示伤损在钢轨长度上的起始位置，第二位数字表示伤损在钢轨横截面上的起始位置，第三位数字表示伤损状态，第四位数字表示对伤损状态的细化，第五位数字表示伤损程度。

第三节 钢轨母材超声波探伤方法

一、0°探头探伤方法

0°探头(即直探头)是依据穿透原理兼有反射功能的探伤方法。探头置于钢轨顶面中心，发射声束从轨面至轨底，能探测的区域为轨腰投影范围内，如图 3-16 所示。穿透式探伤时，由一个晶片发射的纵波从轨头经轨腰到轨底，被轨底面反射后，由另一个晶片接收，为使轨底波不报警，仪器均用反报警小方门罩住轨底波(图 3-17)，如果钢轨内有纵向裂纹和斜裂纹，超声波在传播过程中改变方向，使探头接收不到轨底反射波而产生失底波报警现象；反射式探伤时，当遇有水平裂纹，超声波在裂纹面上反射并被探头接收，荧光屏上显示回波并产生报警。根据水平裂纹距轨面的深度，在基线上显示水平裂纹回波。因此，0°探头能探测轨头至轨底间的水平、纵向和斜裂纹。

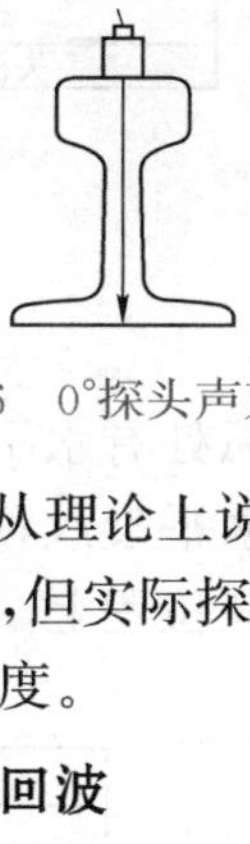

图 3-16 0°探头声束路径

图 3-17 0°探头轨底反射波正常显示

0°探头穿透探伤从理论上说，轨腰投影范围内任何取向和性质的缺陷，只要对超声波传播有阻碍都能被检出，但实际探伤中由于外界原因和探伤方法的影响，对纵向投影长度较小的缺陷检出有一定难度。

(一)正常钢轨内回波

钢轨轨腰投影范围内无裂纹时，探头发射的超声波在轨底上产生反射，A 型显示的荧光屏对应基线刻度(声程 1∶2.5)50 kg/m 钢轨 6.0 左右、60 kg/m 钢轨 7.0 左右。当探头检测有螺孔部位，则螺孔波和轨底波会发生交替显示过程(图 3-18)：a 轨底波→b 轨底波和螺孔波→c 螺孔波→d 螺孔波和轨底波→e 轨底波。B 型显示在轨颚线下方呈两端稍倾的水平线(孔波图)，该线位置与螺孔顶面在钢轨高度上的位置相对应，并在孔波图下方的轨底线上显示一条失波线(有些钢轨探伤仪无轨底波时，以轨底线呈断开方式显示)。

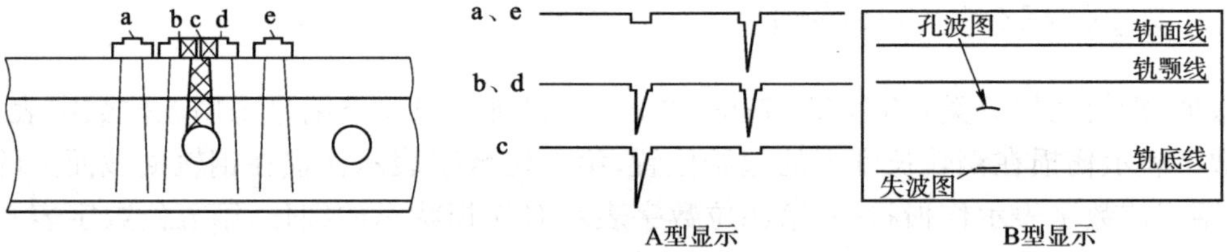

图 3-18 探头移过螺孔时显示过程

(二)裂纹回波显示规律

0°探头穿透式和反射式探伤判伤方式各不相同,穿透探伤以失波报警来判定,反射式探伤以裂纹回波显示来判定。

1. 水平裂纹

0°探头发射超声束遇有水平裂纹时,A 型显示的荧光屏对应基线 0 位与轨底波间显示水平裂纹回波(图 3-19),同时,轨底波消失并报警;B 型显示在轨颚线下方,螺孔水平裂纹显示在螺孔图旁,轨端水平裂纹显示在轨端部位。水平裂纹距轨面越深,回波显示刻度值越大,如果水平裂纹长且表面平整,则会产生多次等间距水平裂纹回波的显示。

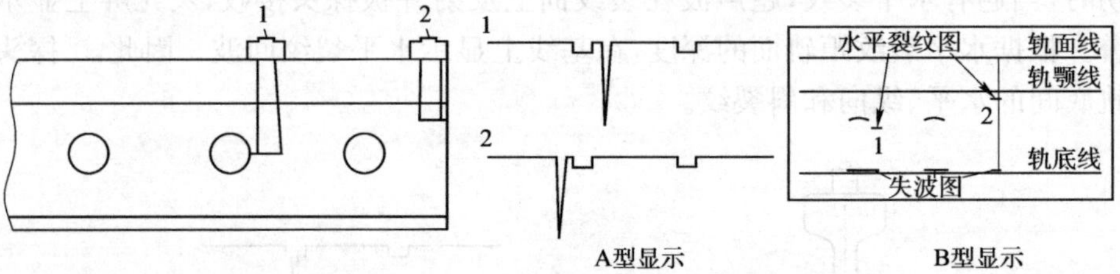

图 3-19 水平裂纹回波显示

(1)遇有钢轨轨腰单侧水平裂纹、轨头部一侧或颚部圆弧处有水平裂纹,裂纹进入声束扫查范围,A 型显示的荧光屏对应基线会同时显示底波和水平裂纹回波,如图 3-20 所示;B 型显示根据裂纹距轨面高度,分别显示在轨面线下方的对应位置上。

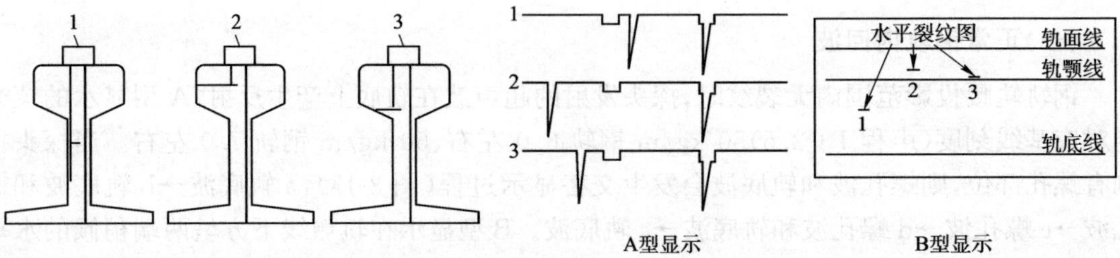

图 3-20 单侧水平裂纹回波显示

(2)螺孔单侧水平裂纹,A 型显示的荧光屏对应基线有时会出现螺孔波、水平裂纹波和轨底波三波并存的现象,如图 3-21 所示;B 型显示与螺孔水平裂纹相同。当出现这种显示,应将探头横向移动，观察伤波变化情况，确定单侧裂纹的具体部位，由于单侧裂纹的横向深度不一或探头位置偏离轨面中心轴线等因素，有可能发生裂纹漏检，因而要经常注意对探头位置进行调整。

(3)横向倾斜的水平裂纹。由于钢轨内外侧受力不均或长期处于偏载作用下，轨腰裂纹呈纵向水平发展，在横截面上与水平呈一定的倾斜角，如图 3-22 所示。裂纹因在一个方向倾斜后，产生回波不强或失底波的现象，有波形显示时，还会出现回波位置后移。

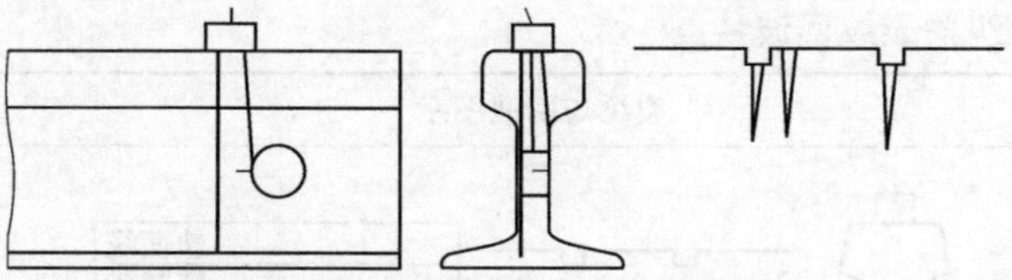

图 3-21　螺孔单侧水平裂纹回波显示

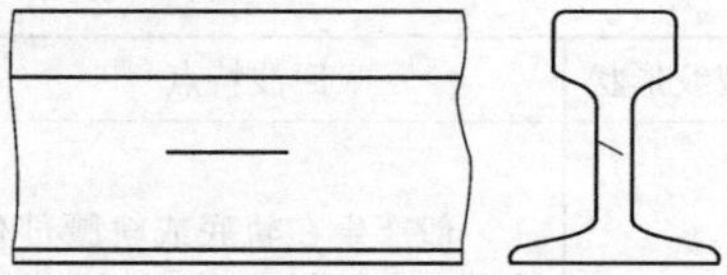

图 3-22　横向倾斜的水平裂纹

2. 斜裂纹

(1)轨腰斜裂纹。0°探头发射的超声波，在斜裂纹上产生反射声波，无法按原方向传播到轨底，因此，仪器发生无轨底波而报警的现象。当斜裂纹不规则或带有局部水平裂纹时，在探头移动过程中，A 型显示的荧光屏对应基线有可能出现不连续，波幅不强，一闪即消失的移动回波，如图 3-23 所示；B 型显示在轨颚线下呈现不连续的点。

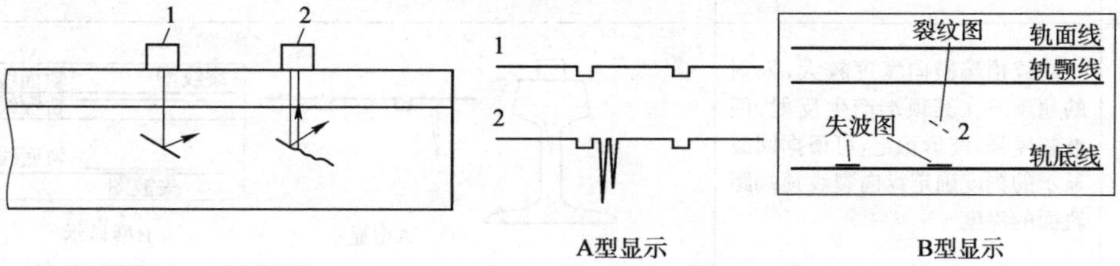

图 3-23　倾斜裂纹显示

(2)螺孔斜裂纹。0°探头遇螺孔向下裂纹，其倾角在 37°左右，一般长度大于 15 mm，会产生螺孔波与轨底交替过程中，两波均不显示而报警，裂纹越长，则失波探头位移也越长，在 B 型显示中失波图越长(图 3-24)，失波延长部位与处于螺孔位置的裂纹相对应；螺孔向上裂纹，其倾角较小时，会有特殊显示形式，一般表现为底波、螺孔波交替显示迟缓或螺孔波变粗，这是因一部分声波在斜裂纹与螺孔形成的二面角上反射，当裂纹长度大于 15 mm 时也会产生失底波报警。

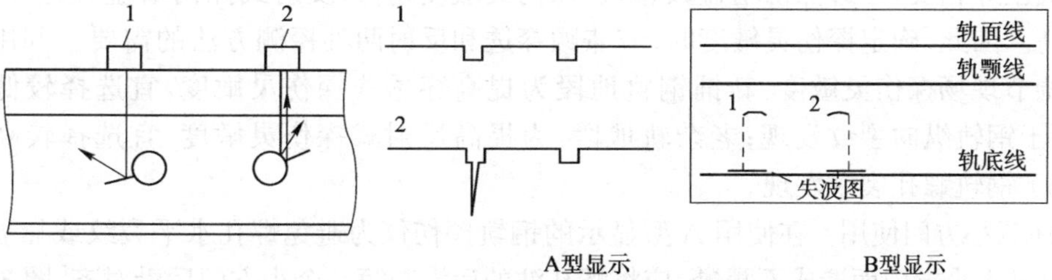

图 3-24　螺孔斜裂纹显示

3. 纵向裂纹

纵向裂纹的长度不一,从几厘米至十几米,甚至纵贯整根钢轨。轨头、轨腰、轨底部位都有可能存在。在钢轨外观状态正常的条件下,0°探头探测中发生失底波或底波减弱报警,为避免因轨底(腰)严重锈蚀的干扰,一般应适当开大增益,观察底波是否显示。若有底波显示,可以不判伤;如果仍无底波显示,或在荧光屏扫描线上有回波显示,可初步判为纵向裂纹。各种纵向裂纹回波特点见表 3-6。

表 3-6 纵向裂纹回波特点

裂纹形状	回波特点	裂纹与回波图示
直线型	一般产生在轨底或轨腰部位,多数存在倾斜劈裂,使入射轨底的声波被阻隔,而产生轨底失底波报警	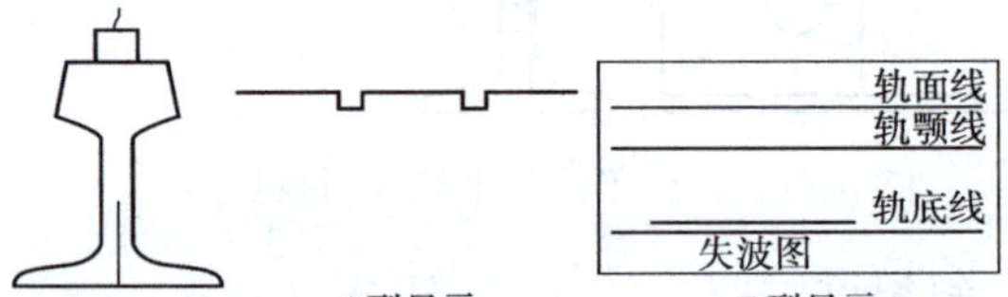 A型显示 B型显示
曲线型	当纵向裂纹的形状不规则,伤损以曲线形存在于钢轨腰部,提高灵敏度后有时会显示不固定位置的回波	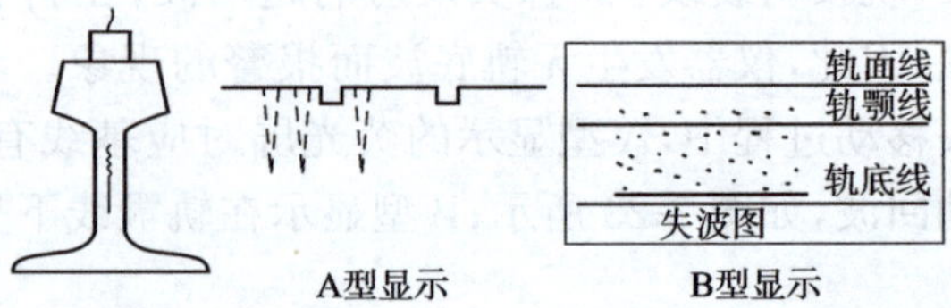 A型显示 B型显示
开口型	裂纹顶端横向宽度较大,入射的超声波在其顶端产生反射,回波幅度强,波形稳定,可根据回波显示的刻度确定纵向裂纹顶端距轨面的深度	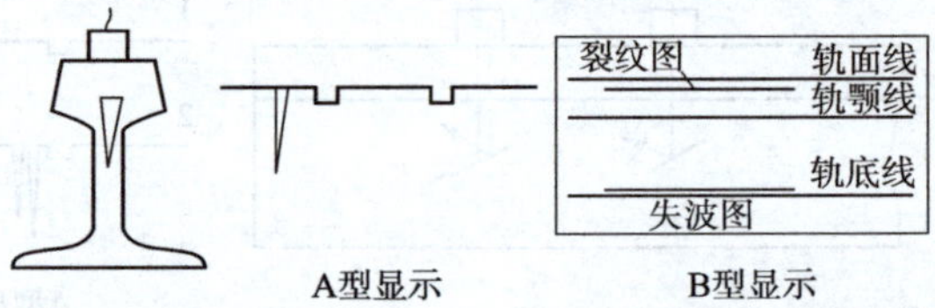 A型显示 B型显示
鼓泡型	多数在轨腰(或颚部)形成局部鼓起,根据鼓泡的大小会产生有伤波或伤波和底波并存显示,一般伤波波幅高,探头位移短。除按波形判断外,还可目视或手摸探头下方轨腰部是否有鼓起现象	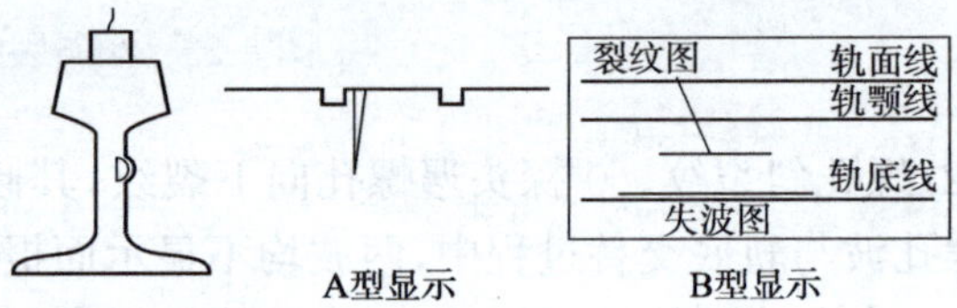 A型显示 B型显示

注:有些钢轨探伤仪纵向裂纹 B 型显示为轨底线断呈开方式。

(三)探伤注意事项

1. 注意探伤灵敏度调节。0°探头具有穿透和反射式探伤功能,按探伤灵敏度要求,两者调节方式正好相反,穿透探伤增益数越大,探伤灵敏度越低;反射式探伤增益数越大,探伤灵敏度越高。因此,确定探伤灵敏度时,应兼顾穿透和反射两种探测方法的需要。利用钢轨底面回波调节现场探伤灵敏度,新铺钢轨地段为提高穿透式探伤灵敏度,宜选择较低的增益量,有利于钢轨纵向裂纹发现;老杂轨地段,为提高反射式探伤灵敏度,宜选择较高的增益量,有利于钢轨螺孔裂纹发现。

2. 注意小方门使用。在使用 A 型显示的钢轨探伤仪为避免螺孔水平裂纹或靠近轨底的水平裂纹进入小方门而造成不报警,应将螺孔波的后沿与第一个小方门后沿对齐[图 3-25(a)],底波的前沿与第二个小方门的前沿对齐[图 3-25(b)]。同时,尽可能将小方门宽度调小,以减小螺孔反报警门产生的盲区宽度。由于使用螺孔反报警门后，当轨腰水平裂纹与螺孔顶面高度相当时，裂纹回波显示在小方门内[图 3-25(c)]，轨底波消失后不会产生报警，因此，在检测中应注意回波观察，防止水平裂纹的漏检。

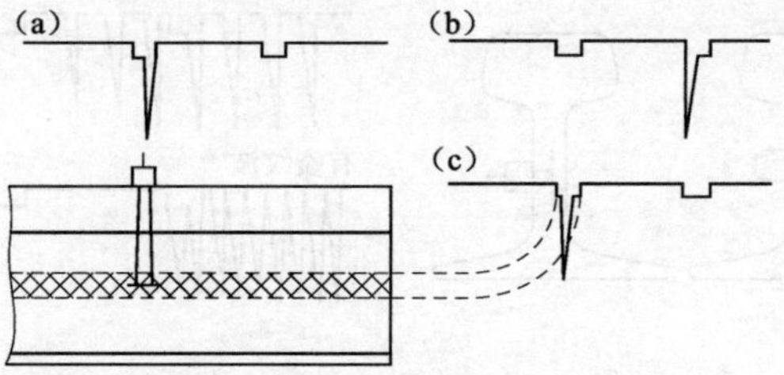

图 3-25 小方门调节与报警盲区带

3. 注意波形分析。如轨腰水平裂纹处于二分之一轨高时，裂纹二次反射波正好落在轨底波小方门内(图 3-26)，仪器不产生报警，应注意识波确认。在站专线、线路爬行地段，由于螺孔变形，也会显示类似的回波现象，要注意分析，防止误判。

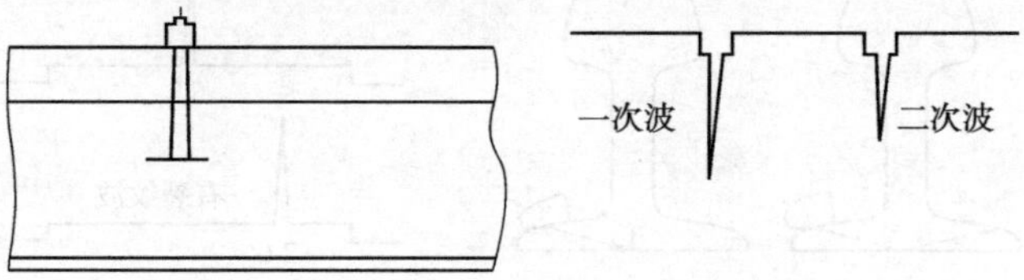

图 3-26 水平裂纹二次波落在轨底波报警门内

4. 重视仪器和手工检查相结合。0°探头引起失底波报警的因素有很多，包括轨面擦伤、存在油污和灰砂，轨底(腰)锈蚀严重，探头位置偏离轨面中心等。需要通过目视、去污、调整探头排除。对于已延至轨端的纵向裂纹，可通过拆卸螺栓或在轨端面观察，确认裂纹是否存在，而年炉号印记、轨腰鼓泡或调边使用钢轨的颚部疲劳裂纹都可采用眼看、手摸和镜照的方法加以确认。

(四)纵向、水平裂纹定位和定量

1. 纵向裂纹定位和定量

(1)纵向裂纹的位置判断

轨头纵向裂纹可使用 0°探头测定，将探头置于轨头外侧(图 3-27)，以无伤轨头侧面的等分波和有伤轨头等分波比较，估算伤损存在位置并正确测定长度。同时可目视轨面黑线和颚部有否透锈进行综合判断。

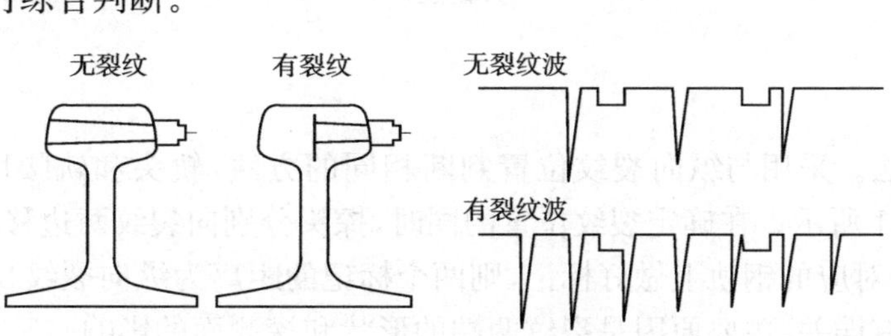

图 3-27 轨头纵向裂纹判断

轨腰纵向裂纹可参照上述方法判断(图 3-28),由于轨腰宽度窄,等分波间隔小,应注意分辨。

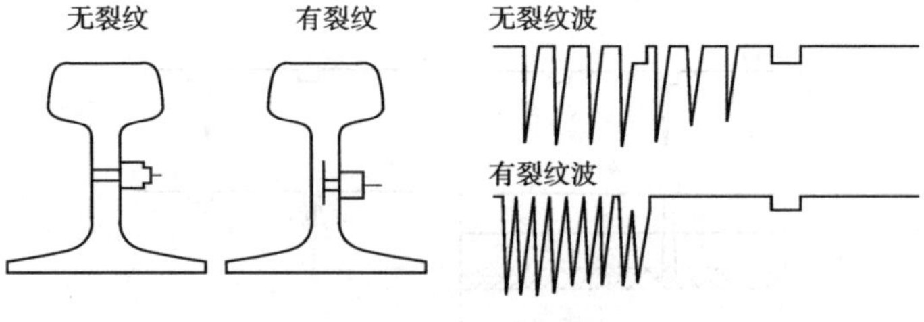

图 3-28 轨腰纵向裂纹判断

轨底纵向裂纹用 70°探头接一通道,置于轨底角坡面(图 3-29),与轨腰垂直,先后在有伤和无伤部位进行比较,依据坡面回波差异判定。

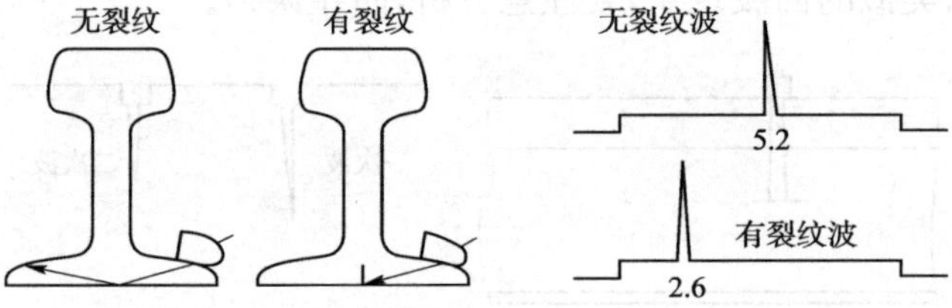

图 3-29 轨底纵向裂纹判断

(2)纵向裂纹长度判断

①失波报警法。0°探头置于轨面,在正常探伤灵敏度下,可根据 0°探头失波报警时的探头位移长度(A 型显示)或失波图形长度(B 型显示)确定,如图 3-30 所示。一般报警时探头位移距离就是纵向裂纹的长度,但由于现场裂纹实际状态和仪器探伤灵敏度调节的影响,测出长度与实际裂纹长度会有一些误差。

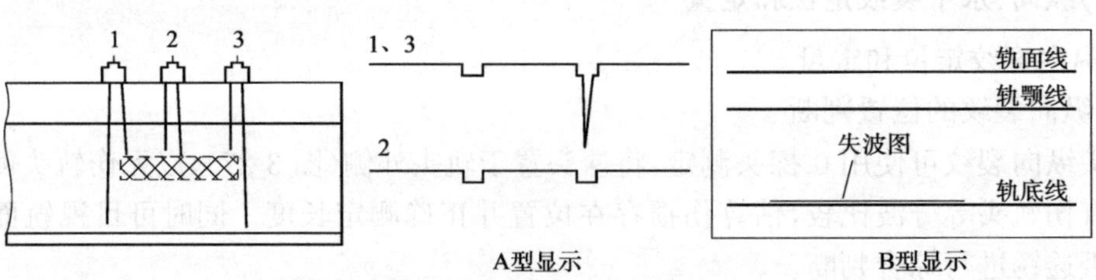

图 3-30 失波报警法测长

②裂纹回波法。采用与纵向裂纹位置判断相同的方法,轨头和轨腰用 0°探头,轨底用 70°探头,如图 3-31 所示。在确定裂纹位置的同时,探头分别向裂纹两边移动,直至裂纹波刚消失,在探头中心对应的钢轨上做好标记,则两个标记的距离为纵向裂纹长度。此法测出值与实际长度也会有误差,主要原因是裂纹两端的形状和探测面的影响。

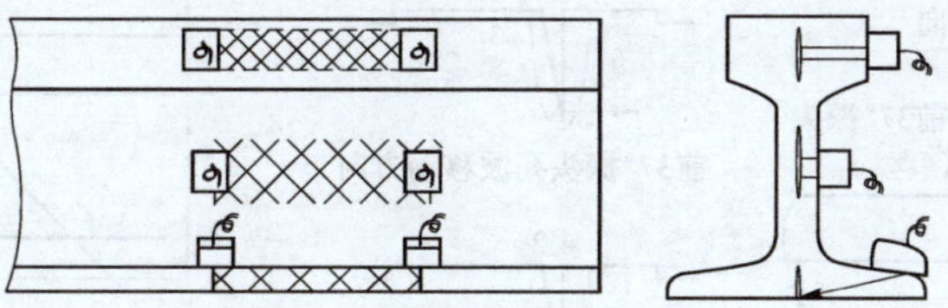

图 3-31　裂纹回波法测长

2. 水平裂纹定位定量

根据基线所代表的探测声程和回波显示的刻度进行定位，如扫描线按声程 1∶2.5 调节时，水平裂纹回波在荧光屏刻度 3.0，则裂纹距轨面的深度为 75 mm 处，如图 3-32 所示。在现场探伤中，因受仪器近区抑制的影响，轨头近表面的水平裂纹一次回波被仪器抑制而无法显示，实际显示的第一支回波已不是水平裂纹第一次回波，因此，会出现计算出的裂纹深度与实际裂纹深度不一致的情况，这一点在水平裂纹定位中要注意。水平裂纹长度按延伸度法确定，根据回波有无时的探头位移，测得裂纹长度。

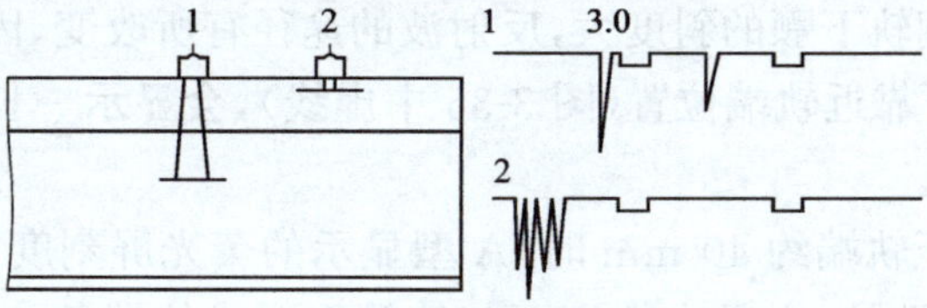

图 3-32　水平裂纹定位定量

二、37°探头探伤方法

37°探头(按入射角的大小称之为 30°探头)属反射式探伤，其发射的超声波从轨头以折射角 37°方向传播到轨底，如图 3-33 所示。主要探测轨腰投影范围的螺孔裂纹、斜裂纹和特殊部位水平裂纹，以及轨底横向裂纹。

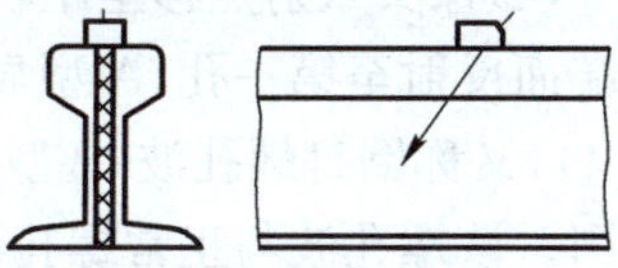

图 3-33　37°探头探测区域

(一)正常钢轨内回波显示

1. 螺孔回波

37°探头探伤扫查中距离螺孔中心 73 mm 左右，A 型显示的荧光屏刻度 4.2 左右出现螺孔回波，前 37°探头(朝仪器推行前方发射的探头)螺孔回波由刻度大向刻度小的方向移动(图 3-34)，后 37°探头螺孔回波由刻度小向刻度大的方向移动，由于两个探头声束方向不同，螺孔波显示移动过程正好相反；B 型显示在轨颚线下方显示与螺孔回波深度相对应的两条斜线。

2. 第一螺孔至轨端部回波

37°探头探测钢轨接头第一孔至轨端间，因钢轨类型、螺孔位置和轨面状态的影响，以及钢轨端面、顶角、颚部、腰部等反射作用，会产生很多固有回波，容易与第一螺孔裂纹或轨端裂纹混淆。现以前 37°探头探测 60 kg/m 钢轨接头回波的显示规律为例(仪器按声程 1∶2.5 调节)，说明各种回波规律。后 37°探头回波规律与前 37°探头相反。

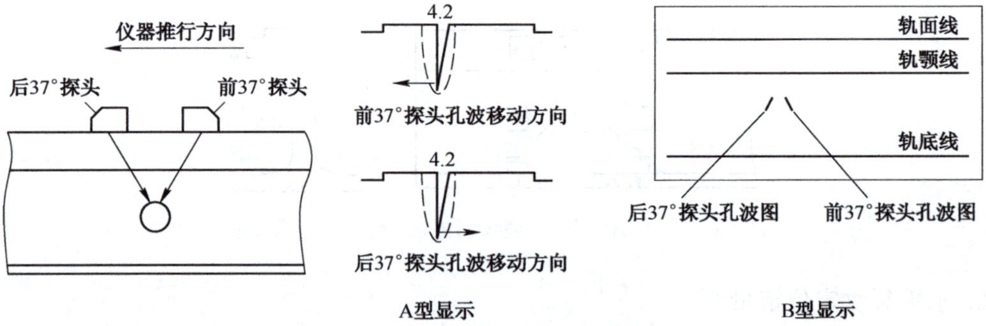

图 3-34 螺孔回波显示

(1)37°探头探测遇到第一螺孔时,A 型显示的荧光屏对应基线刻度 4.2 左右显示完整的第一螺孔回波(图 3-35 探头位置 1);B 型显示在轨颚线下显示一斜线图。

(2)探头入射点移至距轨端约 100 mm 处,A 型显示的荧光屏刻度 6.5 左右有时会显示轨头顶角波(图 3-35 探头位置 2),该回波是由轨颚和轨面多次反射至端角上产生的回波,由于 43 kg/m、60 kg/m 钢轨下颚的斜度大,反射波的途径有所改变,因此,显示回波有一定差异;B 型显示在轨颚线下靠近轨端位置(图 3-35 中虚线),会显示一长度较短的斜线,由仪器根据回波时间换算得出。

(3)探头入射点移至轨端约 40 mm 时,A 型显示的荧光屏刻度 2.8 左右显示轨端颚部反射波(图 3-35 探头位置 3),它是由轨端面与轨颚面形成的端角,37°探头扩散声束在端角上的反射;B 型显示在轨颚线上,靠近轨端位置显示一长度较短的斜线。正常探测条件下,每个钢轨接头都会显示轨颚波,且波幅较强,如果无显示,除轨面状态不良外,一般为探伤灵敏度偏低,应及时进行修正。

(4)探头入射点移至距轨端 5 mm 左右(一般探头外壳 1/3 已移出本轨),超声波经过轨端端面反射至第一孔,A 型显示的荧光屏刻度 4.3 左右显示不完整螺孔波(图 3-35 探头位置 4),又称倒打螺孔波;B 型显示在轨端位置的另一侧,螺孔图的位置,显示长度小于正常螺孔图。该螺孔波与正常螺孔波不同,受一孔至轨端距离、轨端反射面平整度、轨端顶面等的影响。

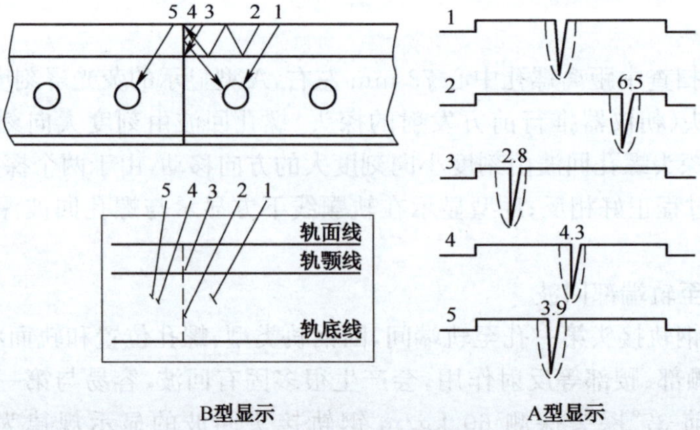

图 3-35 第一螺孔至轨端回波显示

(5)当探头入射点刚过轨缝进入另一根轨面时，A 型显示的荧光屏刻度约 3.9 显示半个螺孔波(图 3-35 探头位置 5)，它和倒打螺孔波一样都属于不完整螺孔波，都受一孔至轨端的距离影响，不能满足一个完整螺孔波显示的探测距离，只能显示螺孔波一部分；B 型显示在轨端位置的另一侧，螺孔图的位置，显示位置高于倒打螺孔波。当遇有高低接头、压塌或是擦伤(掉块)接头时，轨缝两端的不完整螺孔波很难显示，若使用了螺孔反报警门，则一孔向二孔向上裂纹不会产生报警，A 型显示容易导致漏检，因而需要加以重视，但 B 型显示从空间位置上可以很容易识别出裂纹图形。

(二)探测螺孔裂纹范围

1. 第二、三螺孔

螺孔划成四个象限，各象限都有可能产生螺孔裂纹，如图 3-36 所示。按其声束方向，前 37°将探头能发现Ⅱ、Ⅳ象限的斜裂纹及Ⅰ、Ⅳ象限的水平裂纹；后 37°探头能发现Ⅰ、Ⅲ象限斜裂纹及Ⅱ、Ⅲ象限的水平裂纹。通过两个探头两个方向的探测，能基本解决第二、三螺孔各个方向裂纹的检出。

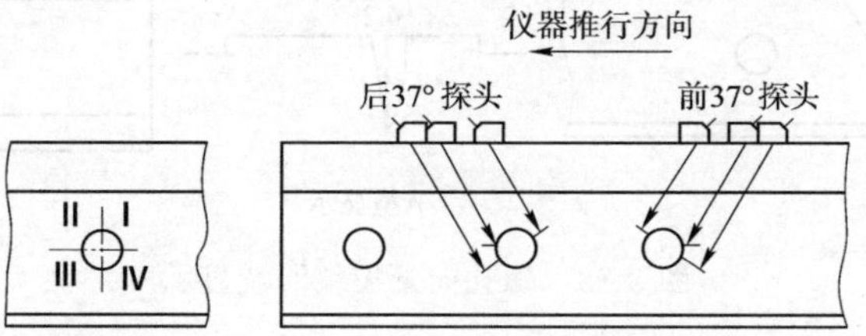

图 3-36　第二、三螺孔前、后 37°探头探测范围

2. 第一螺孔和轨端

在钢轨端面、轨面状态和螺孔位置正常的情况下，由于钢轨端面对超声波的反射作用，前、后 37°探头探测范围与在第二、三螺孔上有所不同。前 37°探头能探本侧第一螺孔除Ⅰ象限以外裂纹、轨端上的裂纹和迎端轨第一螺孔Ⅱ象限裂纹(图 3-37)，而后 37°探头探测范围刚好弥补前 37°探头的不足。

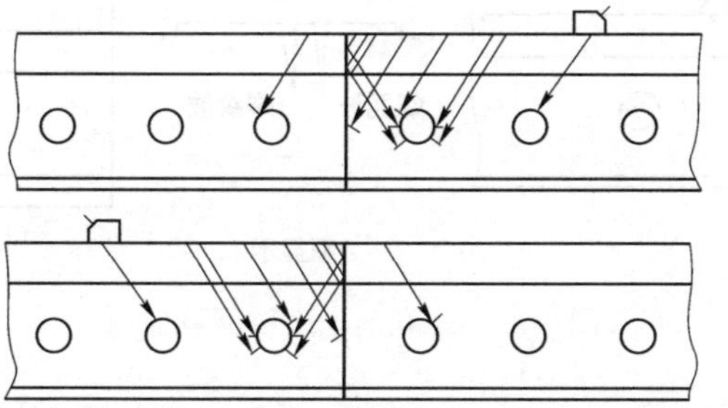

图 3-37　第一螺孔和轨端前后 37°探头探测范围

以上所说的斜裂纹，对 37°探头来讲有一定范围限制，裂纹倾角过大或过小，都有可能无回波显示而造成漏检，因裂纹倾角过大或过小后，裂纹反射波无法被探头接收所致。

(三)裂纹波显示规律

为叙述方便,以前 37°探头为例,后 37°探头可按其探测方向以此类推。根据钢轨接头的回波显示情况以及受力状态,一孔向轨端的下裂(或水平裂纹),以及一孔向二孔反向的上裂是探测的重点和难点,这些裂纹不仅发生频率高,而且是导致轨端揭盖的主要裂纹。

1. 螺孔向下斜裂纹

前 37°探头遇到Ⅳ象限向下斜裂纹时(图 3-38),因为裂纹在螺孔中心下方,反射面比螺孔声程更远,A 型显示的荧光屏对应基线 5.0 以后先显示螺孔向下裂纹波,裂纹波消失后,在 5.0 以前显示螺孔波,伤波位移长短与裂纹长度有一定的对应关系,一般为裂纹越长,显示裂纹波的起点刻度值越大、回波位移越长;B 型显示螺孔向下裂纹显示在螺孔图下方,裂纹长度与 A 型显示的回波位移长度和仪器推行距离成正比关系。若裂纹与入射声束不正交,则显示的比例关系不成正比。

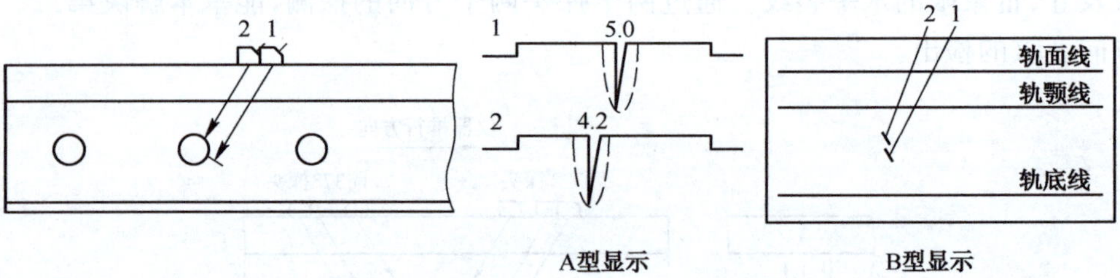

图 3-38 螺孔向下裂纹回波显示

2. 螺孔向上斜裂纹

前 37°探头探测遇到第Ⅱ象限向上斜裂纹时(图 3-39),因为裂纹处于螺孔的后方,A 型显示特点为先螺孔波,后裂纹波,在螺波还没有消失时,螺孔波之后就出现裂纹波。当向上斜裂纹端点低于螺孔顶面时,伤波显示在螺孔波范围内;当向上斜裂纹较长,且裂纹端点超过螺孔顶面时,裂纹的回波失落点超过螺孔波显示范围,裂纹回波位移长,回波失落点刻度值越小;B 型显示为螺孔图先显示,裂纹图后显示,与实际检测时出波顺序相同。

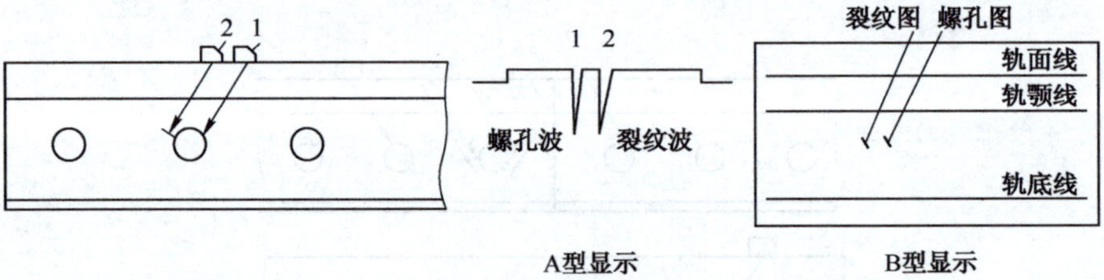

图 3-39 螺孔向上裂纹回波显示

对于无 B 型显示的钢轨探伤仪向上裂纹还可用相关法进行确认。在正常情况下,0°加后 37°组合探头探测同一螺孔时,先显示 0°探头螺孔波,在螺孔波结束的瞬间,再显示后 37°探头螺孔波,两波交换互不并存。当遇有向上裂纹时,在 0°螺孔波显示同时,后 37°探头在螺孔波显示范围内出现伤波,呈现双波并存现象(图 3-40),它适用于 43 kg/m、50 kg/m 钢轨。运用这个显示规律鉴别一孔向二孔向上裂纹,更加方便准确。

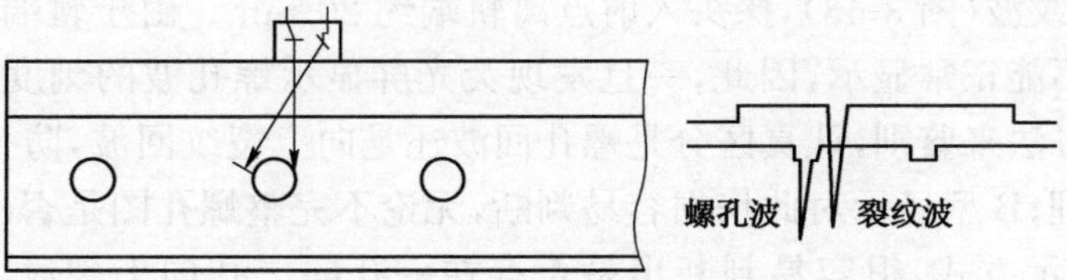

图 3-40　螺孔向上裂纹相关法回波显示

3. 螺孔水平裂纹

前 37°探头遇到第Ⅰ、Ⅳ象限间的螺孔水平裂纹时(图 3-41),由于螺孔周边和裂纹面之间构成角反射,能显示螺孔水平裂纹波。探头声束先射及水平裂纹角反射点,后射及螺孔反射面,因此,A 型显示的荧光屏先显示裂纹回波,后显示螺孔回波,因水平裂纹角反射点与螺波反射面高度差较小,则两个回波间隔很小,并有裂纹波未消失螺孔波就出现的同时显示过程;B 型显示在螺孔图下方紧接着显示裂纹图,位置高于向下斜裂纹。

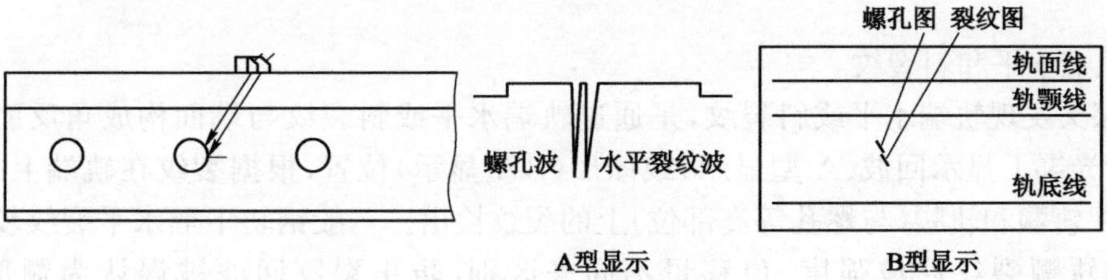

图 3-41　螺孔水平裂纹回波显示

4. 一孔向轨端向下(或水平)裂纹

根据超声波反射原理,前 37°探头发射的超声波,经轨端面按入射角等于反射角的方向向轨腰下方传播。前 37°探头显示轨端颚部波同时,若声波射及螺孔向下(或水平)裂纹,A 型显示的荧光屏 5.0 左右会显示裂纹波,这时探头入射点距轨端 10～40 mm 范围,如果斜裂纹越长,探头距轨端也越大,裂纹波显示的刻度也越大(图 3-42),由于该部位各种回波很多,很难通过报警声来确定裂纹,只有在准确识别颚部波的前提下,注意螺孔波出波位置后方回波的显示,才能发现裂纹;B 型显示第一孔向轨端裂纹的位置有一特殊现象,它显示在轨缝线的另一侧,这是仪器对轨端面反射过程无法判断,按回波声程计算伤损位置显示的结果,俗称“倒打”。

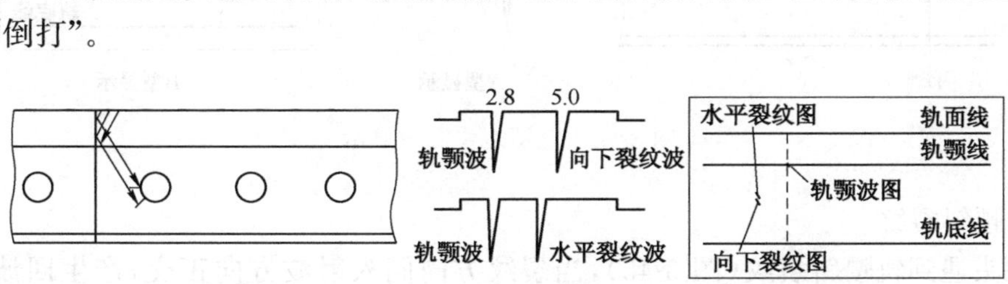

图 3-42　一孔向轨端向下(或水平)裂纹回波显示

5. 一孔向二孔向上裂纹

前 37°探头入射点进入另一根钢轨顶面时,显示不完整螺孔波。探头继续向前移动 10 mm

左右,显示向上裂纹波(图 3-43),探头入射点离轨端约 20 mm。由于轨端顶面不平,多数情况下第一螺孔波不能正常显示,因此,一旦发现荧光屏显示螺孔波的刻度上有回波,则要以观察探头位置的方法来鉴别,认真区分是螺孔回波还是向上裂纹回波,防止误将向上裂纹波当成螺孔波来处理;B 型显示对此伤损容易判断,无论不完整螺孔图是否出现,只要采用前、后 37°探头拼孔显示方式,很容易判断出是否存在一孔向二孔向上裂纹,这是 B 型显示的优势。

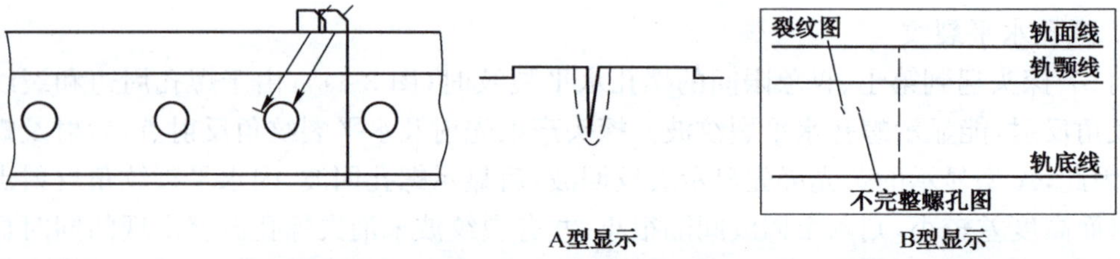

图 3-43 迎端轨一孔向上裂纹回波显示

6. 轨端水平和斜裂纹

37°探头发现轨端水平或斜裂纹,是通过轨端水平或斜裂纹与端面构成角反射来实现。它们在荧光屏上显示回波(A 型显示)或图形(B 型显示)位置,根据裂纹在轨端上的深浅而定,要重视轨颚和轨腰(与螺孔等高部位)上的裂纹检出。一般钢轨下颚水平裂纹较多,应根据轨颚和轨颚裂纹回波强度、位移量不同来区别,防止裂纹回波被误认为颚部反射波(图 3-44);轨腰(与螺孔等高部位)上的裂纹,A 型显示不仅要看出波位置,还需根据探头位置不同来区别,如接头第一螺孔显示后,探头前移动 76 mm 左右,在荧光屏螺孔波显示刻度上出现回波,且回波很强时,很可能轨端腰部有裂纹;B 型显示轨端水平或斜裂纹的判断比较容易,只需根据屏显图形位置来判断,但也要注意对轨颚回波图与轨颚裂纹回波图的分辨。

轨端裂纹是水平还是倾斜,可根据 0°探头回波情况进行鉴别,若 0°探头有回波反应,一般为水平裂纹或倾斜度较小的向上斜裂纹,若失底波而无回波则是轨端斜裂纹。

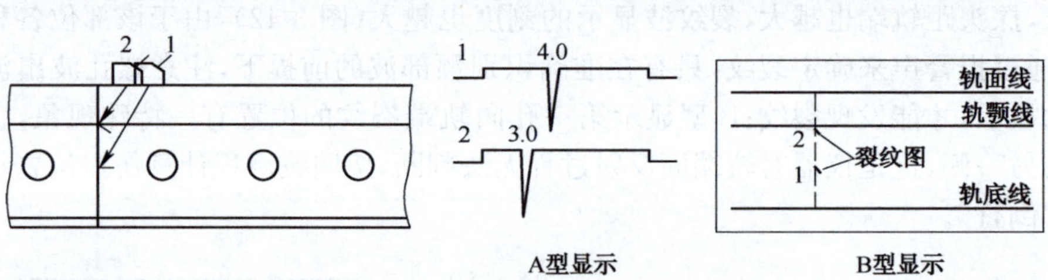

图 3-44 轨端裂纹回波显示

7. 轨腰斜裂纹

37°探头遇到轨腰斜裂纹(图 3-45),当裂纹方向同入射波方向正交,产生回波和报警。回波显示离基线 0 刻度(A 型显示)越远或图形显示(B 型显示)离轨面线越远,则裂纹距轨面越深;回波位移越大,一般裂纹越长。若 A 型显示探伤仪使用螺孔反报警门方式探伤,应注意反报警门范围内的轨腰斜裂纹因不报警而漏检,同时应注意高灵敏度探伤时,易产生年炉号回波而导致的误判。

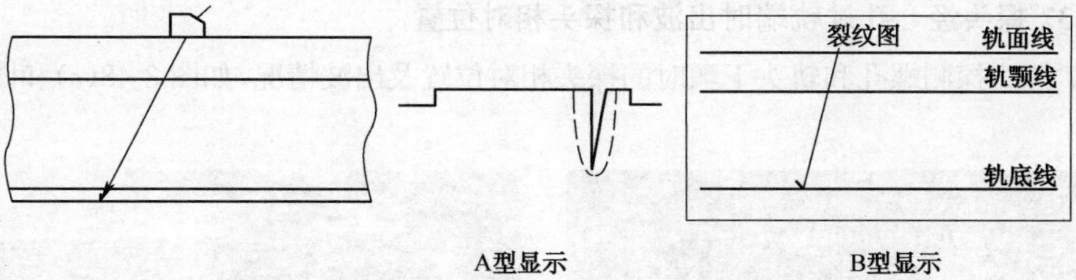

图 3-45　轨腰斜裂纹回波

8. 轨底横向裂纹

老杂轨区段或隧道、道口内，因轨底严重锈蚀或垫板磨损，在锈蚀严重部位或磨损的台阶边会产生横向裂纹；铝热焊接头轨底焊筋边沿或热影响区、闪光焊热影响区钳口部位烧伤处也会产生轨底横向裂纹；特大桥上铺设的固定型钢轨伸缩调节器，异形尖轨的底部钻有防爬孔时，在防爬孔圆切面边缘也会产生横向裂纹，如图 3-46 所示。

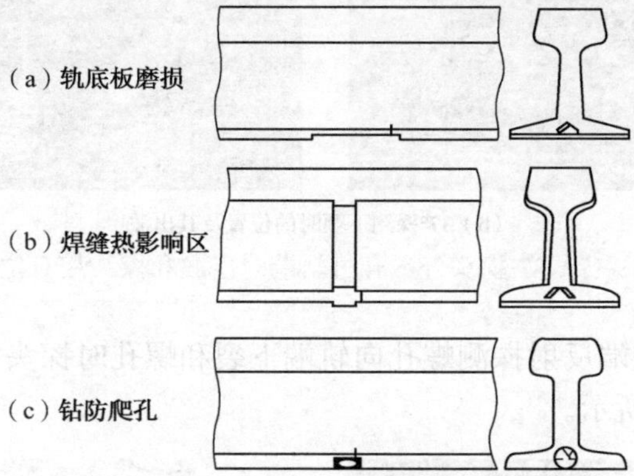

图 3-46　轨底横向裂纹产生部位

横向裂纹一般呈月牙形扩展，且与轨底面垂直，裂纹与轨底面构成直角反射点，在探伤中前、后 37°探头会产生两次回波（A 型显示）或图形（B 型显示）和报警（图 3-47）；对只有一次回波报警，且回波位移长的部位，要注意分析，有可能是倾斜度较大的横向裂纹，或者是轨底磨损形成的台阶和焊筋回波。

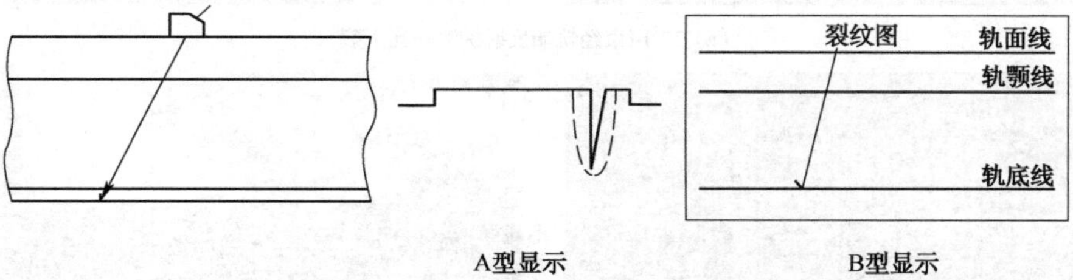

图 3-47　37°探头轨底横向裂纹回波显示

37°探头只能探测轨腰投影范围内的轨底横向裂纹，凡在这个区域与轨底垂直的裂纹且面积较大时，均有良好显示，若裂纹与轨底面夹角小于 84°，回波明显下降，仪器难以检出。

(四)37°探头经一孔过轨端时出波和探头相对位置

1. 37°探头探测螺孔和轨头下颚时的探头相对位置及出波情况,如图 3-48(a)和图 3-48(b)所示。

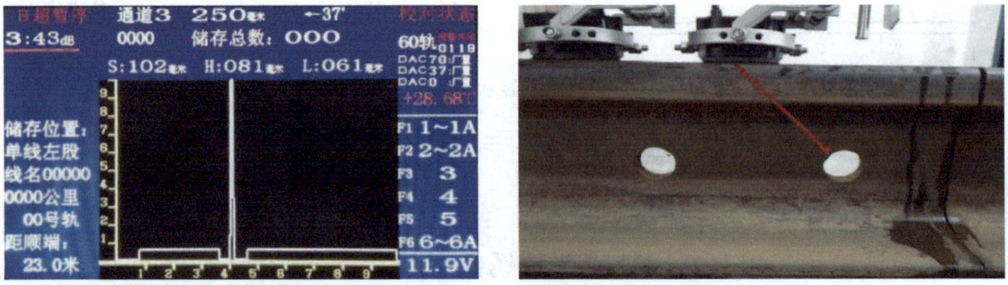

(a) 37°探测螺孔时的位置及其出波

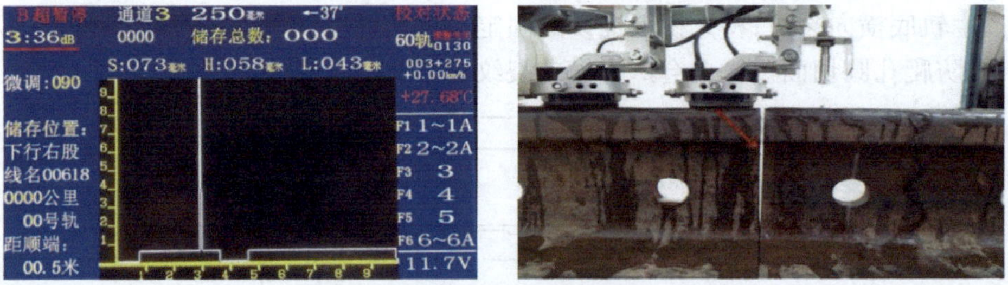

(b) 37°探测下颚时的位置及其出波

图 3-48　37°探头经一孔过轨端时出波和探头相对位置

2. 37°探头声束经轨端反射探测螺孔向轨端下裂和螺孔时探头相对位置及出波情况,如图 3-49(a)和图 3-49(b)所示。

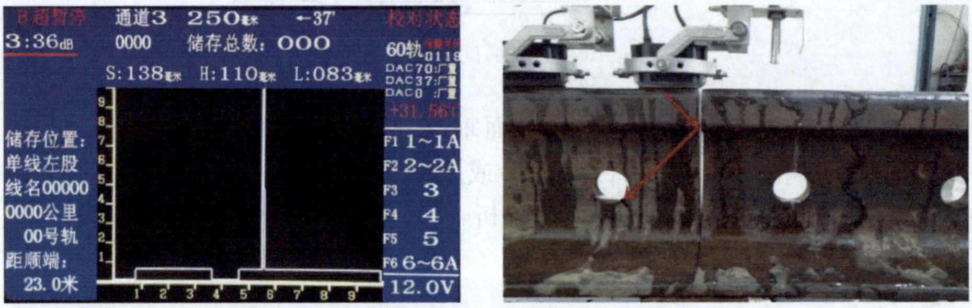

(a) 37°声束经轨端反射探测一孔下裂

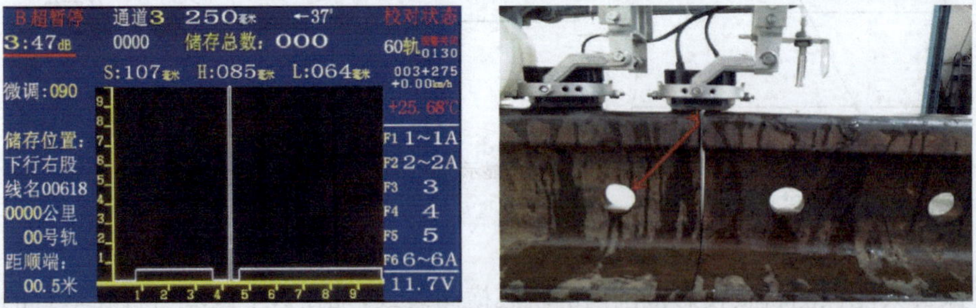

(b) 37°探头声束经轨端反射探测一孔

图 3-49　37°探头经一孔过轨端时出波和探头相对位置

3. 37°探头过轨端探测一孔和一孔上裂时探头相对位置及出波情况，如图 3-50(a)和图 3-50(b)所示。

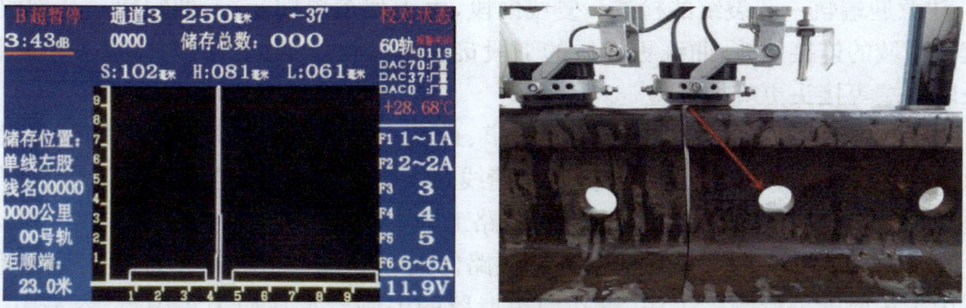

(a) 37°探头过轨端探测一孔

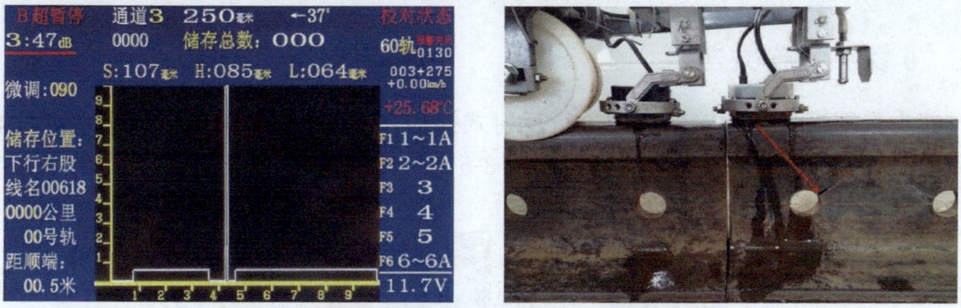

(b) 37°探头过轨端探测一孔上裂

图 3-50　37°探头过轨端探测一孔时出波和探头相对位置

(五)探伤注意事项

1. 重视现场探伤灵敏度调节和修正。上道检测前做好 37°探头现场探伤灵敏度调节，适当提高扫查灵敏度，增益量越多越有利于较短螺孔裂纹的发现；当轨面锈损严重时，应及时修正探伤灵敏度，保证钢轨不良地段螺孔裂纹的检出。

2. 注意异常波形的分析。遇仪器显示螺孔裂纹回波，拆检未见裂纹，有可能是螺孔周边的毛刺、黄油、钢轨生产标记引起，若排除上述因素，可形成记录，以便探伤人员观察波形变化。

3. 注意钢轨接头检查的“三看”。一看接头状态，是否翻浆冒泥、空吊板、高低、打塌、擦伤、掉块和塌砟接头，因这些病害造成接头列车冲击力加大，裂纹产生概率上升，探伤时应加大水量，确保探头与轨面耦合；二看波形显示，注意对各种回波位移大小、波幅强弱的观察，认真分析，从中发现异常回波显示，并做出准确判断；三看探头位置，根据接头区域各种回波与探头位置的对应关系，对异常回波进行判别，防止轨颚波与轨颚裂纹波、轨腰裂纹与螺孔波的混淆而发生漏检。

4. 注意岔区钢轨接头的检查。岔后引轨接头是螺孔裂纹的高发部位，应通过双人复查、探头位置调整等方法来提高检查质量；加强对基本轨轨撑螺孔、尖轨活接头螺孔和顶铁螺孔的探测，必须慢走细看，防止前、后 37°探头干扰，而发生螺孔裂纹漏检。

5. 注意绝缘接头螺孔的检查。绝缘接头的尼龙片明显高于轨面，使第一螺孔至轨端间检查困难；绝缘衬垫加大了对螺孔周边的挤压，容易产生螺孔裂纹。探伤时应注意探头的耦合，掌握伤损发生规律，一般单线区段螺孔裂纹多数发生在第一孔，复线区段发生在迎着列车运行方向的轨端(简称迎端轨)第二孔。

6. 注意迎端轨一孔裂纹的检查。复线区段，由于列车单向运行，迎端轨一孔裂纹多，尤其是道岔区域的连接短轨，曲线更换后的下股接头，道口、小钢梁桥的两端接头和无缝线路区段长轨末端等接头更应加强检查。

7. 注意薄弱地段、异常螺孔的检查。隧道、道口、灰坑、水沟地段是螺孔裂纹多发区域，要注意变形螺孔和螺孔裂纹回波的鉴别；有缝线路大修换轨和工程施工区段，要注意气割孔和烧孔的检查，发现气割螺孔，应立即通知养路工区更换。

8. 注意钻孔加固焊缝接头检查。无缝线路伤损焊缝接头采取钻孔后，由于部分作业人员钻孔中未按要求进行倒棱工序，螺孔周边遗留的毛刺会形成应力集中点，容易引发螺孔裂纹。

三、70°探头探伤方法

70°探头采用横波在钢轨轨头内进行反射式探伤，主要探测轨头核伤和钢轨焊缝轨头的夹渣、气孔和裂纹等。70°探头声束路径如图 3-51 所示。

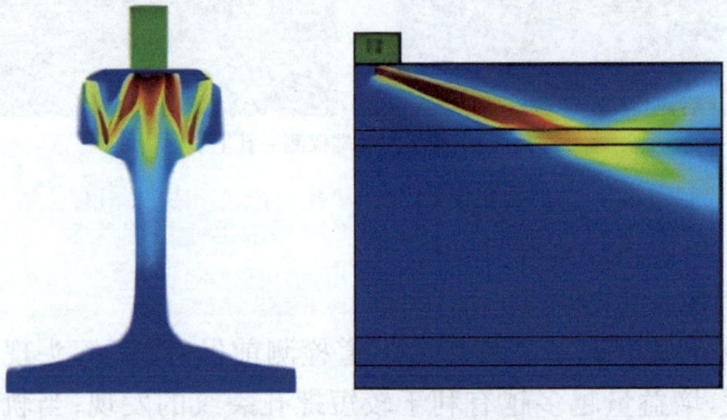

图 3-51　70°探头声束路径

(一)声波的传播途径

1. 偏角扫查

为了一次性检测较大范围轨头内、外侧伤损，采用 70°探头置轨面与钢轨纵向呈一定的偏角扫查，使入射钢轨中的横波经轨颚反射来扩大扫查范围。

(1)一次波：探头发射的超声波在未被轨头下颚反射之前，由伤损或轨端断面反射的回波(图 3-52)声束 0～1 段。

(2)二次波：超声波经轨头下颚反射后，尚未被轨顶面反射之前，由伤损或轨端断面反射的回波(图 3-52)声束 1～2 段。

2. 无偏角扫查

为了有效检测轨头中心区域的横向裂纹，采用 70°探头置轨面中心，声束方向与钢轨纵向平行，入射钢轨中的声波由轨面向轨头三角区传播(图 3-53)，有利于发现钢轨轨头中心区域横向裂纹。

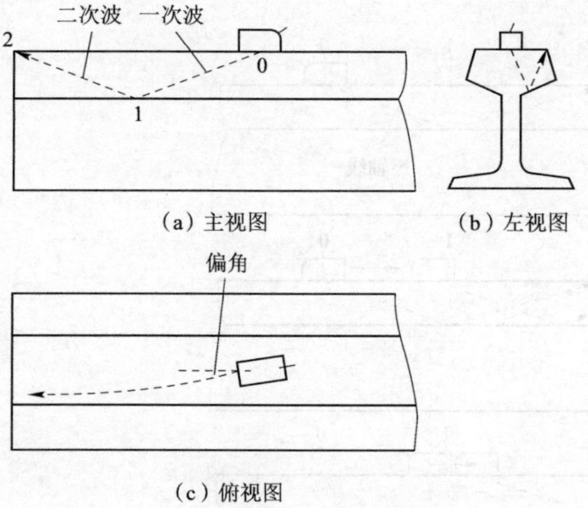

图 3-52　偏斜放置 70°探头声波在轨头内的走向

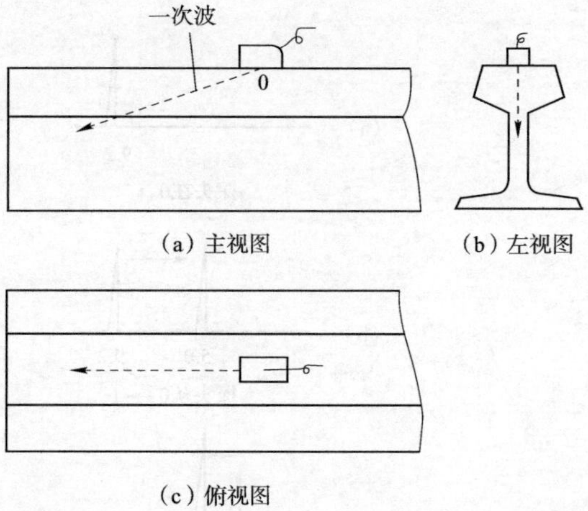

图 3-53　无偏角放置 70°探头声波在轨头内的走向

(二)轨端回波显示

1. A 型显示的偏角扫查

当 70°探头入射点距轨端(60 kg/m 钢轨)216 mm 左右[图 3-54(a)]，荧光屏刻度 9.2 左右(仪器标定为横波声程 1∶2.5)，将显示轨端顶角反射波；随着探头向轨端移动，由位置 0 移至位置 1，回波由刻度 9.2 向 5.0 移动[图 3-54(b)]，这时二次波由轨端顶角向轨颚方向移动，同时，在荧光屏刻度 4.8 处显示轨颚底角波[图 3-54(c)]，探头位置距端轨 108 mm 左右，继续前移，二次回波波幅下降，一次回波波幅上升[图 3-54(d)]，并随着探头从位置 1 移向位置 2，一次回波由刻度 4.6 向 1.0 处移动[图 3-54(e)]。

已知：60 kg/m 钢轨、轨颚面中心距轨顶面约为 39.5 mm、折射角 70°、标定比例 1∶2.5，二次波：出波位置＝(39.5÷cos 70°)×2÷25＝9.24(大格)。

(1)上述是 70°探头发射方向和探头移动方向相同的显示过程，由于钢轨探伤仪上还装有向后发射的 70°探头，即探头移动方向与发射方向相反，因此，该探头轨端断面回波显示正好与上述过程相反，回波从刻度值小向刻度值大的方向移动，先显示一次回波，再显示二次回波。

(2)钢轨探伤仪为提高二次波探伤灵敏度，接 70°探头的通道，接收放大电路中采取远距离补偿方式，加上二次波经轨颚反射，受声束扩散、轨头侧面和顶面的影响，二次波在轨头内的反射较复杂，呈多支波交替显示现象；另外，为防止近区杂波而产生频繁报警，在接收电路中又采取近区抑制方式，使一次回波移不到 0 刻度。这些均属于正常现象，切勿为追求一次回波位移到 0 刻度或二次回波单支波显示，而采取提高或降低探伤灵敏度，这样不利于钢轨探伤。

2. A 型显示的无偏角扫查

当无偏角 70°探头入射点距轨端(60 kg/m 钢轨)140 mm 左右[图 3-55(a)]，荧光屏刻度 10.0(仪器标定为横波声程 1∶2.5)，显示轨端反射波；随着探头向轨端移动，探头距轨端距离越来越小，回波由刻度大向刻度小移动[图 3-55(b)]，它的显示特点与偏角 70°探头端面回波显示不同，只有一次波，无二次波。

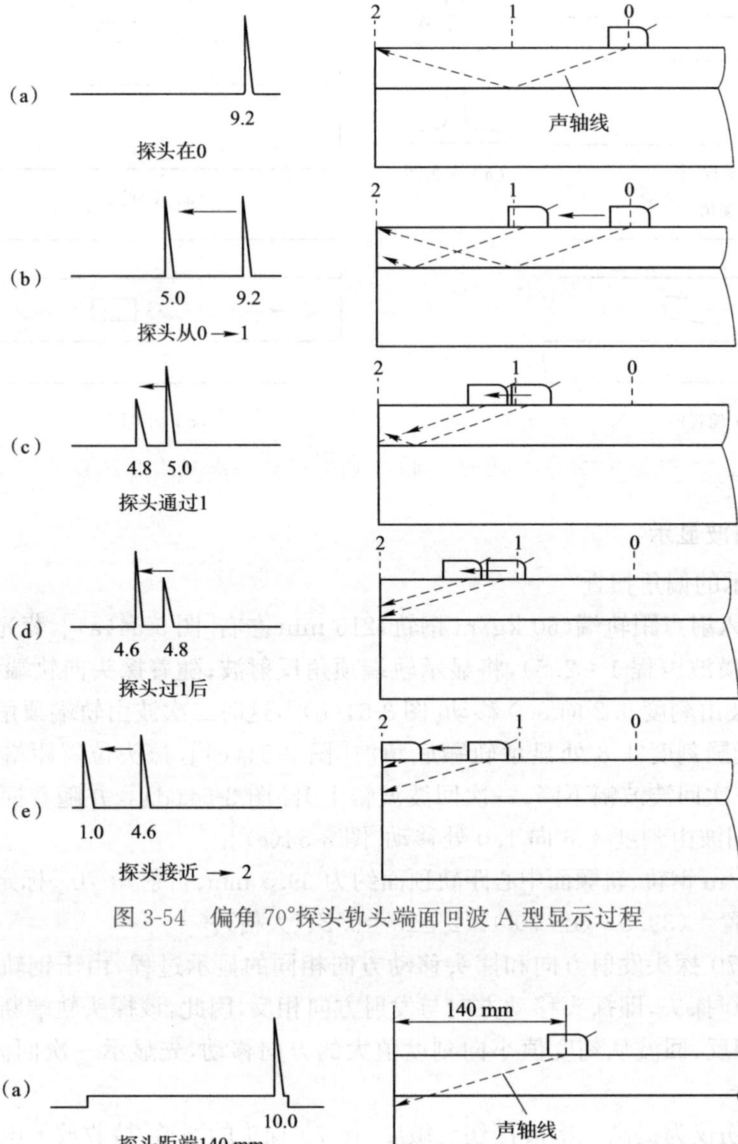

图 3-54　偏角 70°探头轨头端面回波 A 型显示过程

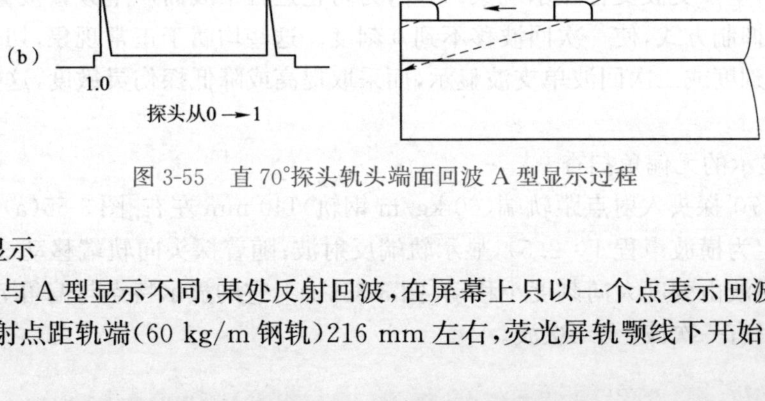

图 3-55　直 70°探头轨头端面回波 A 型显示过程

3. B 型显示

B 型显示与 A 型显示不同,某处反射回波,在屏幕上只以一个点表示回波的空间位置。当 70°探头入射点距轨端(60 kg/m 钢轨)216 mm 左右,荧光屏轨颚线下开始出现回波反射点[图 3-56(a)],由于二次回波反射,声程大于一次波,折算出的深度大于轨颚厚度,因此显示回波的"点"出现在轨颚线下部;随着探头向轨端移动,探头由位置 0 接近位置 1,回波声程越来越小,B 型显示回波点向上延伸接近轨颚线,如图 3-56(b)所示;探头移过位置 1 时,回波显示图会出现继续向上延伸和在轨颚线上同时出现回波显示点,这是一、二次波交替中出现的现象,如图 3-56(c)所示;当探头由位置 1 移至位置 2(轨端),回波显示点由轨颚线向上延伸至接近轨面线,如图 3-56(d)和图 3-56(e)所示。

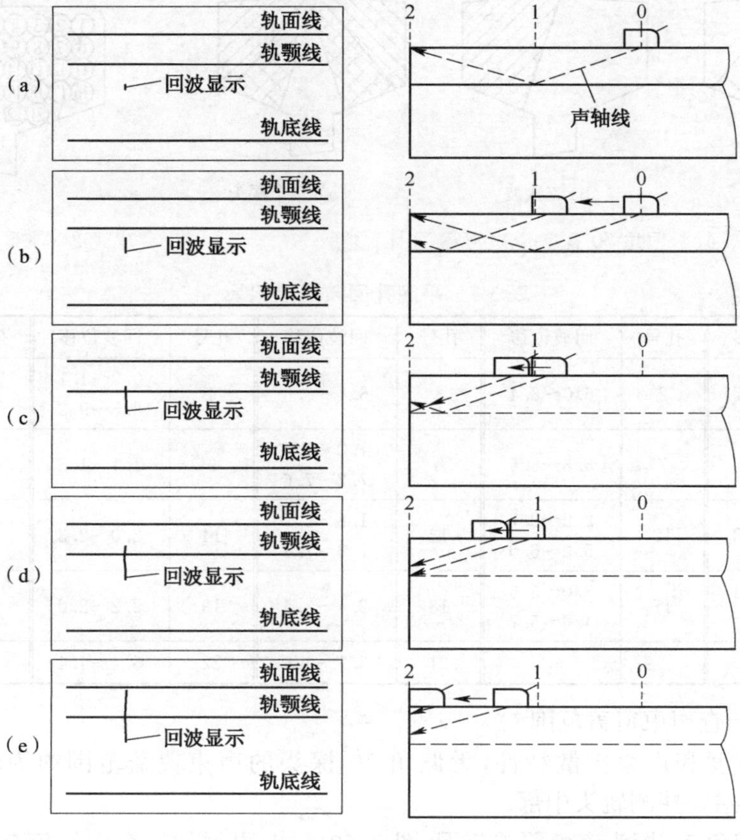

图 3-56　70°探头轨头端面回波 B 型显示过程

(三)声束覆盖范围

了解和掌握声束覆盖范围,对实际探伤中的波形分析有很大帮助。目前,钢轨探伤仪的探伤工艺一般都采用 70°探头在轨面偏角和无偏角两种扫查方式,偏角扫查利用轨颚反射作用,扩展扫查范围;无偏角扫查弥补了偏角扫查未检测的区域。

1. 偏角扫查声束覆盖范围

(1)一次波声束覆盖范围约占轨头总面积约 20%[图 3-57(a)],实际扫查面积大小与探头偏角、位置和探伤灵敏度等有关。

(2)二次波声束覆盖范围约占轨头总面积约 45%[图 3-57(b)]。

(3)同时用两个 70°探头,一个检测轨头内侧,另一个检测轨头外侧,由于探头偏角的因素,在轨头中下部仍存在一个盲区[图 3-57(c)]。

声束覆盖范围的检验方法是在轨端不同位置上向内纵向钻平底孔(图 3-58),模拟不同位置的核伤,按正常探伤方法对每一个平底孔进行探测,并记录回波位移情况,见表 3-7。从表中可以看出,轨头中部检测灵敏度比较低,正常探伤灵敏度下,10、15、20 号孔无回波,如伤损处于该区域则无法检测出;9、14、18、19、21、22 号孔只有一次回波,说明 70°探头偏角扫查,对轨头侧面灵敏度较高,对轨头中部检测困难。因此,采用 70°探头偏角扫查,轨头中部存在一定的盲区,必须使用无偏角 70°探头来弥补。

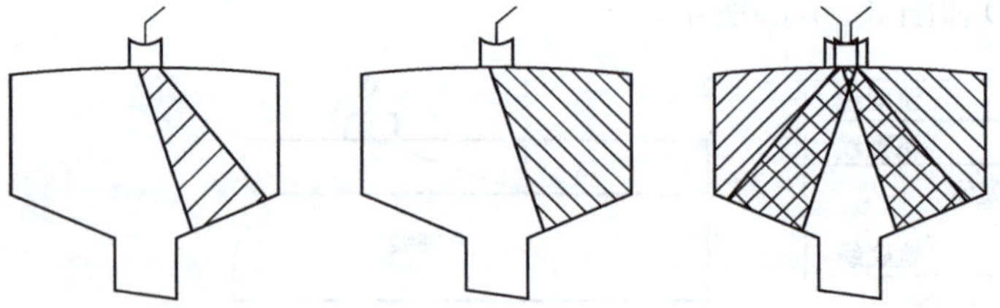

(a) 一次波　(b) 二次波　(c) 二个探头

图 3-57　偏角 70°探头声束覆盖范围示意

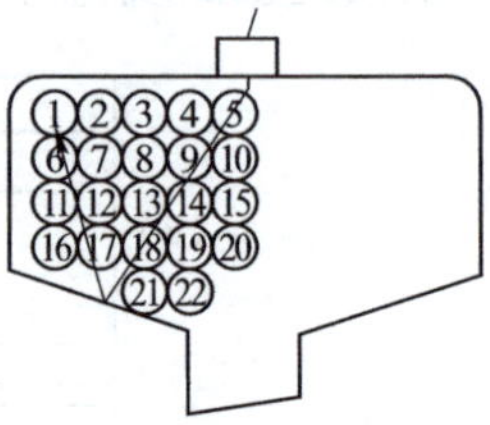

图 3-58　平底孔试块孔位示意

表 3-7　平底孔回波显示记录

孔号	回波位移	孔号	回波位移	孔号	回波位移	孔号	回波位移	孔号	回波位移
1	6.3～7.7	2	6.0～8.4	3	6.4～8.6	4	0.9～1.1 8.5～9.2	5	7.7～7.8
6	5.5～6.5	7	5.8～6.6	8	1.2～1.5 7.2～7.6	9	1.1～1.8	10	—
11	4.6～5.8	12	2.2～2.7 5.2～6.0	13	1.8～2.5 7.2～7.4	14	2.0～2.3	15	—
16	3.4～4.4 4.5～5.1	17	3.0～3.6 4.6～5.7	18	2.4～3.4	19	2.2～2.6	20	—
				21	3.1～4.4	22	3.4～4.4		

2. 无偏角扫查声束覆盖范围

根据晶片宽度和声束扩散特性,无偏角 70°探头的声束覆盖范围约为轨头总面积的 20%(图 3-59),主要探测轨头中部。

根据两个偏角 70°探头声束覆盖范围[图 3-60(a)],再增加一个无偏角 70°探头探测,三个 70°探头同时使用,声束可覆盖整个轨头范围,满足轨头全面扫查的目的[图 3-60(b)]。

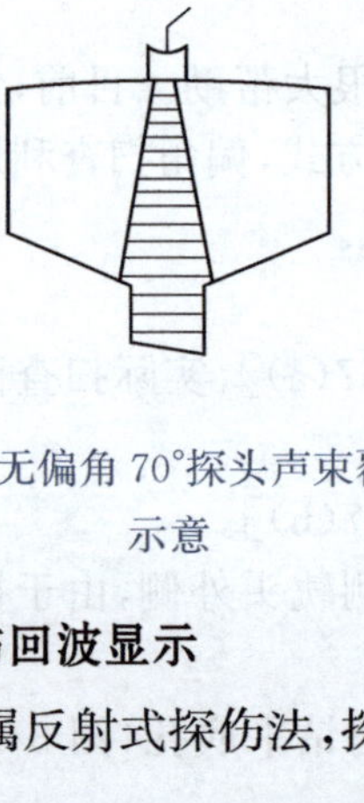

图 3-59　无偏角 70°探头声束覆盖范围示意

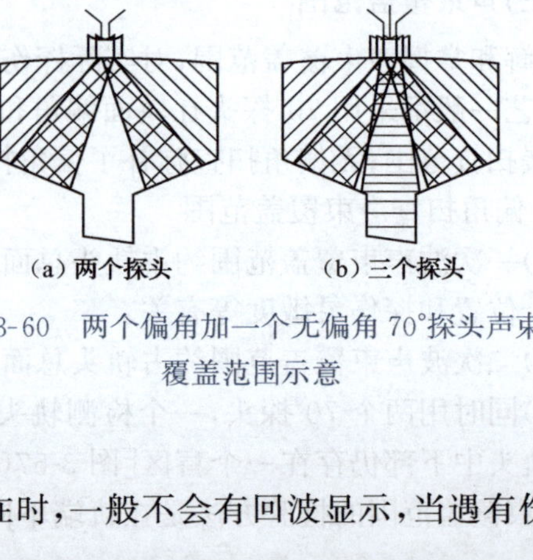

(a) 两个探头　(b) 三个探头

图 3-60　两个偏角加一个无偏角 70°探头声束覆盖范围示意

(四)核伤回波显示

70°探头属反射式探伤法,探伤中无伤损存在时,一般不会有回波显示,当遇有伤损,且反射回波能被探头接收时，荧光屏显示伤波并报警，探伤人员可根据回波显示特点，大致确认伤损存在的位置和大小。

1. 规则核伤的显示

规则核伤是指核伤反射面与钢轨纵向基本垂直。

(1)偏角检测核伤回波显示

①核伤位于轨颚附近。

由于伤损存在于一、二次波扫查区，且接近轨颚，因此，A 型显示在荧光屏刻度 5.0 左右，一、二次回波连续显示[图 3-61(a)]；B 型显示在轨颚线附近，且伤波图形较长。

②核伤位于轨头上方。

一、二次波扫查区，A 型显示回波在荧光屏扫描线上分两次显示，两次显示越靠近扫描线两端，则核伤距轨面越近[图 3-61(b)]；B 型显示在轨面线附近和离轨颚线较远的下方。

③核伤位于轨头一侧上角。

处于二次波扫查区内，A 型显示回波显示于荧光屏刻度 5.0 以后，回波位置刻度越大，核伤距轨面越近[图 3-61(c)]；B 型显示伤损图形在轨颚线下方，离轨颚线距离越大，核伤越靠近轨面。

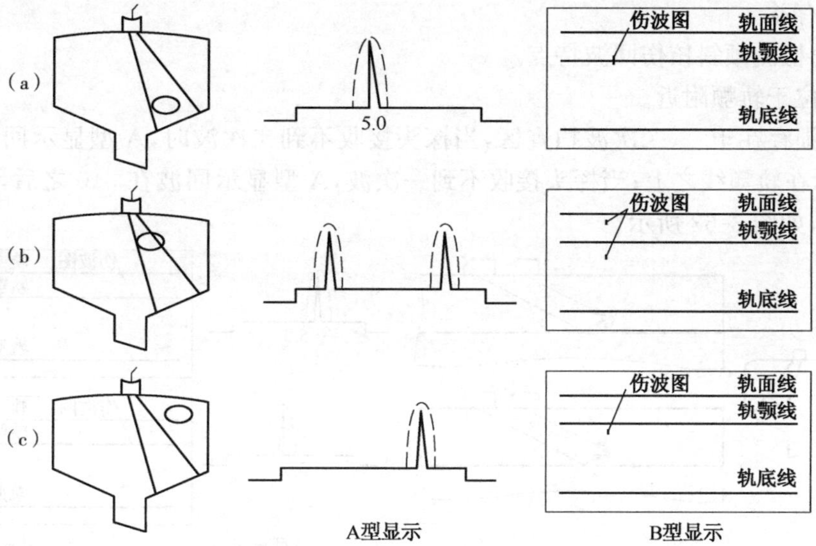

图 3-61　偏角探测核伤的位置和回波显示

规则核伤回波显示规律一般具有伤损垂直高度越大，A 型显示回波位移越大、B 型显示伤损图形越长的特点；伤损位于一、二次重叠扫查区时，则 A 型显示一、二次波都有，B 型显示在同一垂线附近出现两个伤损图形；若核伤处于一次波扫查范围之外，则 A 型显示仅有二次波显示，B 型显示在轨颚线下方仅有一个伤损图形；如果核伤直径已经很大，则 A 型显示伤波近似于轨端回波，B 型显示较长的伤损图形从轨颚线下方至轨面线附近。

(2)无偏角检测核伤回波显示

核伤的位置与回波显示刻度相对应(图 3-62)，伤损越浅，A 型显示回波位置靠近起点，B 型显示靠近轨面线，反之，伤损越深，A 型显示回波位置靠近基线后端，B 型显示靠近轨颚线。

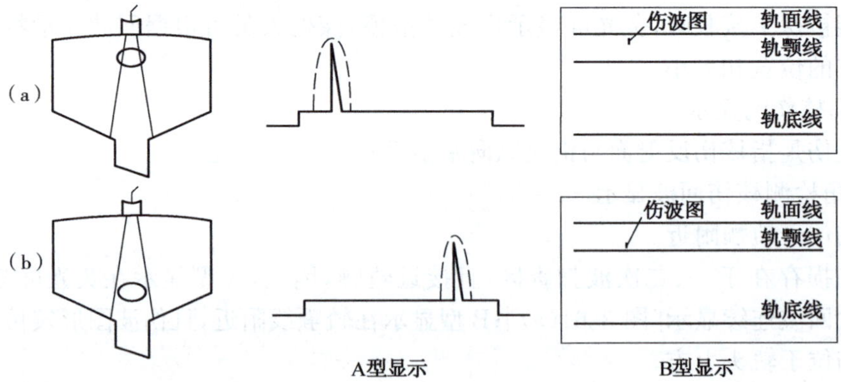

图 3-62 无偏角探测核伤位置和回波显示

2. 倾斜核伤的显示

由于疲劳源的倾斜，以及双线地段列车单向运行或单线地段上、下行列车运量悬殊，使核伤早期呈倾斜性发展，给核伤检查带来难度。由于核伤倾斜后，伤损回波途径发生改变，伤损回波的显示规律与规则性核伤不相同，认识倾斜性核伤回波显示规律，对波形分析、防止核伤漏检有益。

(1)偏角检测倾斜核伤回波特点

①核伤位于轨颚附近。

虽然伤损存在于一、二次波扫查区，当探头接收不到二次波时，A 型显示回波在 5.0 之前，B 型显示在轨颚线之上；当探头接收不到一次波，A 型显示回波在 5.0 之后，B 型显示在轨颚线之下，如图 3-63 所示。

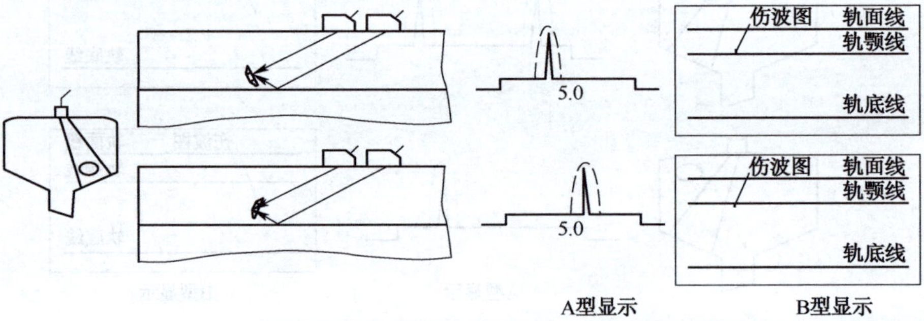

图 3-63 偏角检测倾斜核伤位置和回波显示

②核伤位于轨头上方。

虽然在一、二次波扫查区内，但由于核伤倾斜后，使一次回波探头无法接收到，从波形显示上会误以为核伤位于内侧上角处；当二次波探头无法接收到，会误以为核伤位于轨头中心处，如图 3-64 所示。

③核伤位于轨头一侧上角。

虽然核伤在二次波扫查区内，因核伤倾斜后，当核伤反射面正好与二次波正交时，会有回波显示；当核伤与二次波的入射角过大，回波无法被探头接收[图 3-65(a)]，会造成漏检，这一漏检往往在不知不觉中发生。为防止倾斜性核伤漏检，最有效的方法是增加探头[图 3-65(b)]，从另一侧检查，或定期调换 70°探头的发射方向，即原来一个探头向前向内，另一个探头向后向外，调整为一个探头向前向外，另一个探头向后向内，以便提高核伤检查的可靠性。

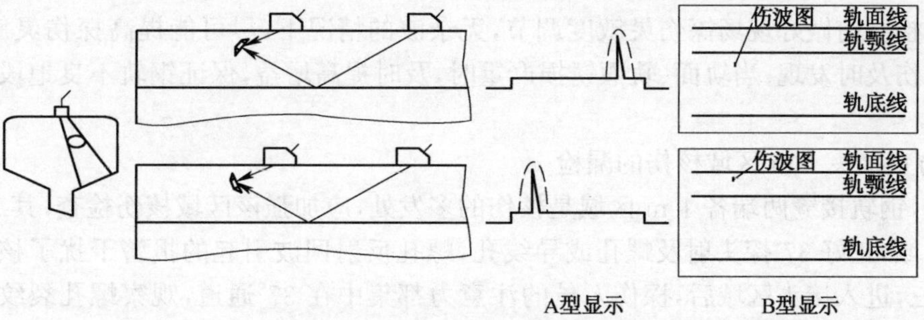

图 3-64　偏角检测倾斜核伤位置和回波显示

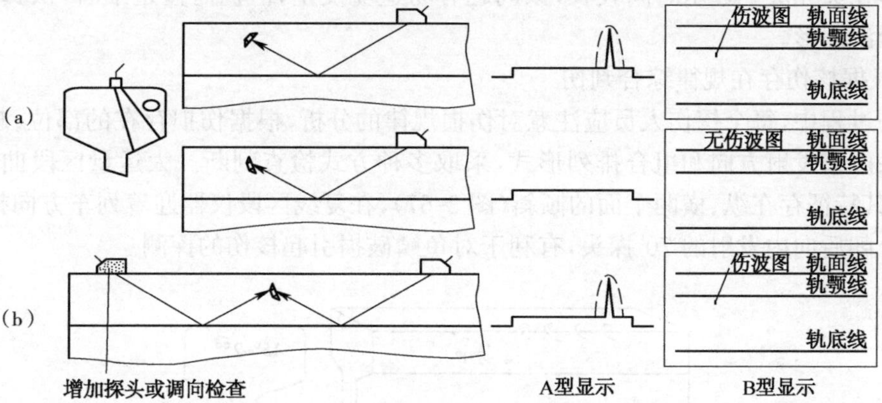

图 3-65　偏角检测倾斜核伤位置和回波显示

(2)无偏角检测倾斜核伤回波特点

当倾斜核伤与声束正交时，在仪器显示屏上会出现 A 型显示和 B 型显示；当倾斜核伤与声束不正交时，虽然核伤处于声波扫查范围之内，因核伤回波无法返回到探头中，荧光屏上无伤波显示[图 3-66(a)]，为防止倾斜性核伤漏检，应采取增加探头或调向检查的方式弥补[图 3-66(b)]。

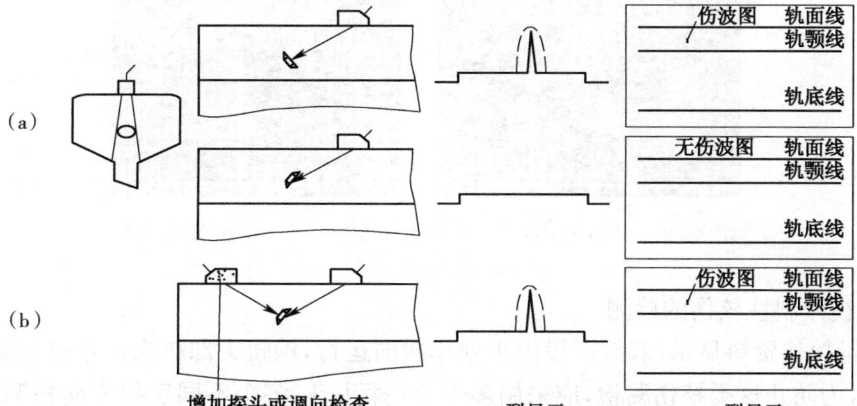

图 3-66　偏角检测倾斜核伤位置和回波显示

(五)探伤注意事项

1. 重视现场探伤灵敏度调节和修正

上道检测前做好现场探伤灵敏度调节,无杂波的情况下,尽可能提高探伤灵敏度,确保轨头小核伤及时发现;当轨面、轨颚锈损严重时,及时提高增益,保证钢轨不良地段轨头核伤及时检出。

2. 防止接头 1 m 区域核伤的漏检

其一,钢轨接缝两端各 1 m 区域是核伤的多发处,应加强该区域核伤检查;其二,仪器进入这一区域,正好 37°探头射及螺孔或导线孔,螺孔反射回波引起的报警干扰了核伤回波的报警;其三,进入接头区域后,探伤人员的注意力都集中在 37°通道,观察螺孔裂纹回波的显示,而忽视了 70°通道的显示和报警,很容易导致核伤的漏检。使用 B 型显示钢轨探伤仪时,伤损图形在荧光屏上显示时间较长,该问题容易避免发生,但仍需慢走细看,认真分析仪器显示的回波图形。

3. 根据核伤存在规律综合判伤

探伤过程中,每个探伤人员应注意对伤损规律的分析,根据伤损存在的部位、趋向,合理设置探头声束发射方向和组合排列形式,采取多种方式检查判断。大运量区段曲线上股的鱼鳞伤,其特征存在纵、横两个面的倾斜(图 3-67),在复线区段仪器迎着列车方向推行时,应设置一个朝后向内发射的 70°探头,有利于对鱼鳞破损引起核伤的探测。

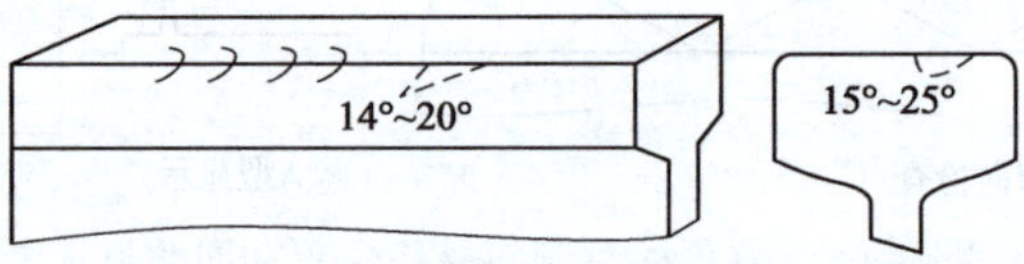

图 3-67　鱼鳞伤特征

因鱼鳞破损密集,回波显示繁多,校对波形的确定,是避免鱼鳞伤下核伤漏检的关键,应根据线路状态、列车运行条件以及鱼鳞伤的发生、发展特点而定。在基准灵敏度下,探测 GTS-60 加长试块上的 ϕ3 mm 横孔(图 3-68),并记录其回波刻度,当鱼鳞伤回波的近点小于 ϕ3 mm 横孔回波的近点,必须校对。

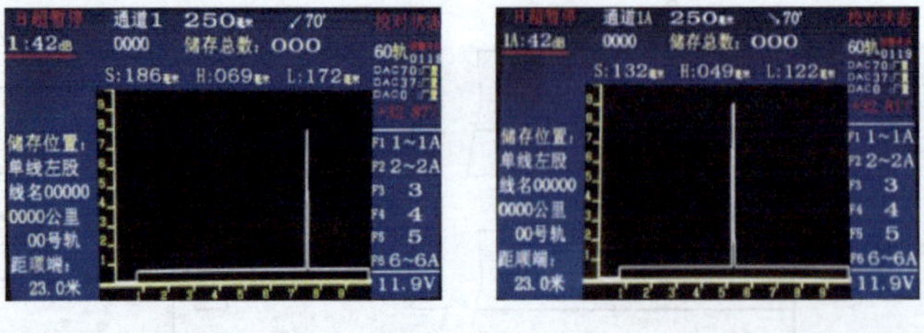

图 3-68　GTS-60 加长试块轨面下 12 mm ϕ3 mm 横孔出波

4. 重视倾斜性核伤的检测

从大量探伤资料显示,双线区段由于列车单向运行,钢轨头部核伤常带有一定倾斜特点(图 3-69),为防止这类核伤漏检,应采用多个 70°探头,以多个不同发射方向检测轨头,使声束方向与核伤反射面正交,以保证对不同倾斜核伤的检查。

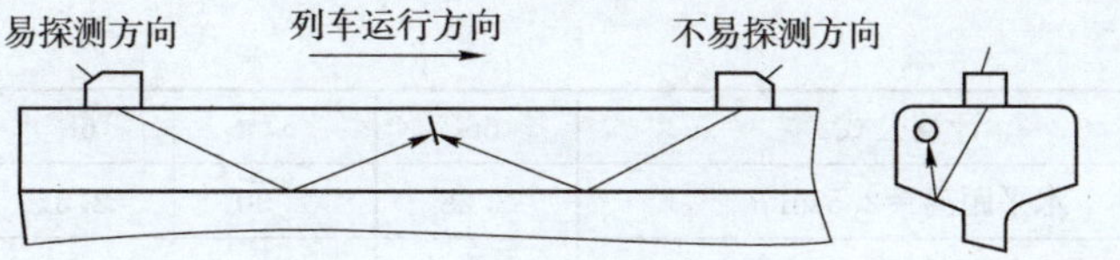

图 3-69　倾斜核伤的探测

5. 注意探头位置和偏角的检查

对于同样大小的核伤，探头的偏角与报警长度有直接关系，偏角过大会影响核伤的检测，因此，要重视探头位置和偏角的检查，发现探头位置不当应及时调整，探头偏角不准及时进行整修探头架。尤其是检查小半径曲线地段，应根据钢轨磨耗程度及时调整探头，使探头处于正确位置上，保证声束扫查预定区域。

6. 重视薄弱处所的检查和校对

应注意小腰内侧、曲线上股、坡道变坡点和道岔基本轨竖切部位的检查，由于尖轨高于曲基本轨，探伤时应擦去油污，正反向各查一遍，入冬前应进行仪器的校对检查，同时不能忽视擦伤、剥离层下核伤的检查和校对。

(六)核伤定位和定量

钢轨核伤除判定伤损性质后，还应通过校对确定它的位置、大小，以便确定对钢轨的处理。目前采用的校对方法有四点法、基线法、半波高度法和试块对比法等。下面介绍常用的基线法和校对方式：

1. 基线法

基线法又称二点定位法，其根据核伤回波显示在荧光屏基线上的位置来确定核伤的位置和大小，如图 3-70 所示。此法不仅操作简便，而且定位定量精度较高，适合各种类型核伤的校对，但要求所用仪器的探测范围和校对灵敏度标定准确，否则会影响定位定量精度。

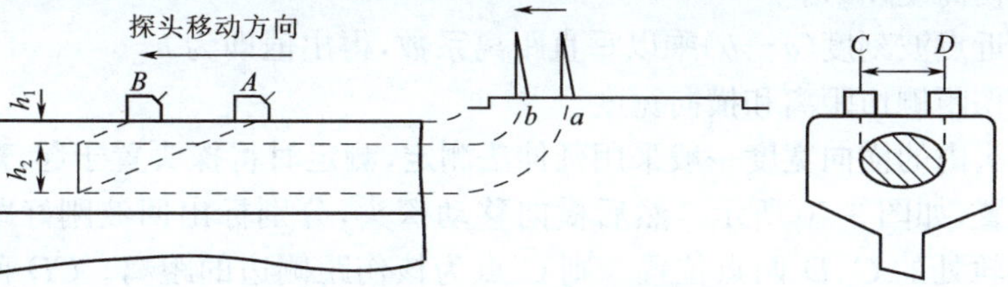

图 3-70　基线法示意

(1)校对前准备工作

①测定探头的入射点和折射角。

将探头入射点和前沿中心在探头外壳上做好标记。

②确定水平和垂直距离的系数。

根据三角函数边角关系，按探头折射角和仪器标定声程比例值，求出荧光屏每毫米表示实际水平和垂直距离的系数，见表 3-8。

表 3-8　水平和垂直距离系数

仪器标定	计算公式	66°	67°	68°	69°	70°
声程 1∶2	水平距离＝$2\sin\beta$	1.83	1.84	1.85	1.87	1.88
	垂直距离＝$2\cos\beta$	0.81	0.78	0.75	0.72	0.68

续上表

仪器标定	计算公式	66°	67°	68°	69°	70°
声程 1∶2.5	水平距离=2.5sin β	2.28	2.30	2.32	2.33	2.35
	垂直距离=2.5cos β	1.02	0.98	0.94	0.90	0.86

通过实际操作和现场试验结果,70°探头按声程 1∶2.5 标定后的仪器屏幕显示刻度,水平距离系数取 2.32,垂直距离系数取 0.94。

在待校对钢轨上调节校对灵敏度,校对探头横向置于轨面上,声束方向朝钢轨外侧,如图 3-71 所示。以轨头外侧一次反射波,显示在 2.5～3.0 范围内,波高 80%为基准,再增益 14～16 dB 即可。

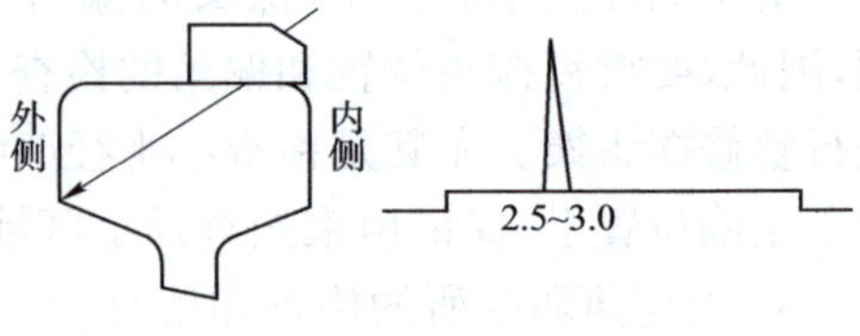

图 3-71 校对灵敏度调节

(2)核伤位置大小测量

①确定核伤近、远点波位置。

使用一次波校对,在反射面较强的一侧确定近点波(b)和远点波(a),并在探头入射点对应的钢轨上打上标记 B、A,如图 3-70 所示。

②确定核伤中心。

近点波刻度(b)乘以水平距离系数,得出值从探头入射点(B)向前量,确定出核伤顶端在轨面投影位置(O_1);远点波刻度(a)乘以水平距离系数,得出值从探头入射点(A)向前量,确定出核伤底端在轨面投影位置(O_2);取 O_1 点到 O_2 点的中心 O 点,则 O 点就是核伤中心在钢轨纵向的位置。

③确定核伤深度(h_1)。

近点波刻度(b)乘以垂直距离系数,得出值即为 h_1。

④确定核伤高度(h_2)。

远点波减近点波刻度($a-b$)乘以垂直距离系数,得出值即为 h_2。

⑤确定核伤距侧边距离和横向宽度。

核伤在轨头内的横向宽度一般采用延伸法测定,测定时将探头置于起、落波中点或回波幅值最大的位置,如图 3-70 所示。然后横向移动探头,分别标出回波刚好跌落时探头前沿中心对应于钢轨处的 C、D 两点位置。则 C 点为核伤距侧边的距离。CD 间的距离为核伤横向宽度。

(3)核伤校对注意事项

①注意灵敏度修正和回波识别。

使用具有远距离补偿特性的通道来校对核伤,校对灵敏度应采取"近高远低"的修正方法进行定量。

近高——测定核伤近点波时,在回波前方无杂波的前提下,应尽可能提高增益;向核伤方向移动探头,使近点回波前移,找到核伤顶端。

远低——测定核伤远点波时,应将衰减量恢复到修正前的校对灵敏度;对于较大核伤,由于轨颚反射作用,使一、二次波不间断连续显示,易造成核伤定量过大,因此,要注意观察一、二次波交换显示。

②注意探头移动方向的选择。

对存在轮轨作用面顶端的小核伤可采用"近斜远直"的校对方法,测定近、远两点。

近斜——测定核伤近点波时，探头方向应根据回波强弱，选择合适的探头移动方向，因处于作用面顶端的小核伤，起点在轨头圆弧边，采用斜移探头法，可避开探头与圆弧面接触，更容易找出核伤回波的最近点。

远直——测定核伤远点波时，斜移探头，使声束与核伤主反射面入射角增大，回波下降，对测定核伤底端不利，因此，必须采用直移探头。

2. 校对方式选择

因轨面状态不良、核伤不规则性，以及擦伤和剥离下核伤校对难度较大等原因，核伤的定位定量应选择有针对性的方式，以满足各种核伤的校对。

(1)直移校对法

探头移动方向与钢轨纵向平行，如图 3-72 所示。它适用于核伤与轨头侧面近似垂直的校对。

(2)斜移校对法

探头移动方向与钢轨纵向呈一定夹角，如图 3-73 所示。它适用于校对与钢轨纵向不垂直的核伤。

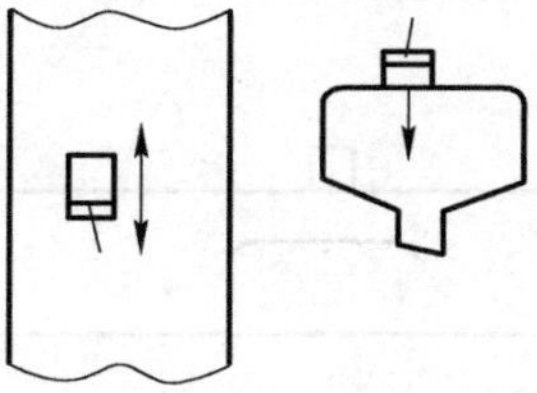

图 3-72　直移校对法

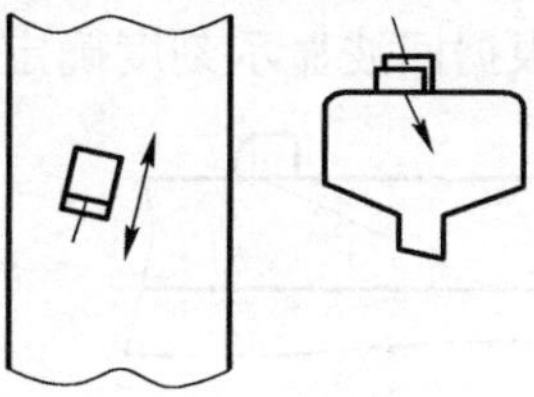

图 3-73　斜移校对法

(3)轨颚校对法

探头放置于轨头下颚，对核伤进行定位，如图 3-74 所示。它适用于产生在轨头内侧上角、轮轨作用面边缘小核伤的校对。校对时应尽可能将声束发射方向指向作用面边缘，如果是倾斜小核伤，要选择声束指向核伤最佳反射面的一侧。校对灵敏度根据现场情况适当提高。

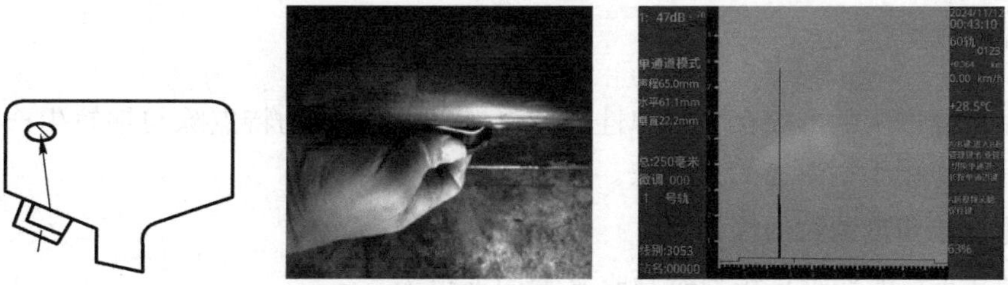

图 3-74　轨颚校对法

(4)侧面校对法

探头放在轨头侧面进行核伤校对，如图 3-75 所示。它适用于严重侧面磨耗轨下颚形成的横向裂纹或擦伤、剥离层下的核伤定位定量。校对灵敏度同轨颚一样，如果核伤处于探测面的另一侧，应适当修正校对灵敏度。校对波形显示要注意分辨，如果仪器标定为声程 1∶2，荧光屏刻度 10.0 之前均为一次波，因轨头宽为 70 mm(50 kg/m 钢轨)，侧面校对最深为 70 mm，不要把刻度 5.0 之后的回波误认为二次波。采用侧面校对法时探头至轨头侧面向轨头上方偏角 5°～10°纵向移动并保证耦合良好,可以发现早期较小的核伤。

图 3-75　侧面校对法

(5)二次波校对法

运用轨颚反射的二次波对核伤进行校对,如图 3-76 所示。它适用于擦伤、剥离层下核伤定位定量,也可用于测定擦伤深度,以二次波估算确定。

(6)直探头校对法

用直探头对轨头水平裂纹和水平状核伤定深定量,如图 3-77 所示。若核伤校对过程中出现异常,可用直探头进行鉴别,如发现近表面有多次反射波或失波报警,可依据探头在轨面位移确定长度,根据回波显示刻度确定深度。

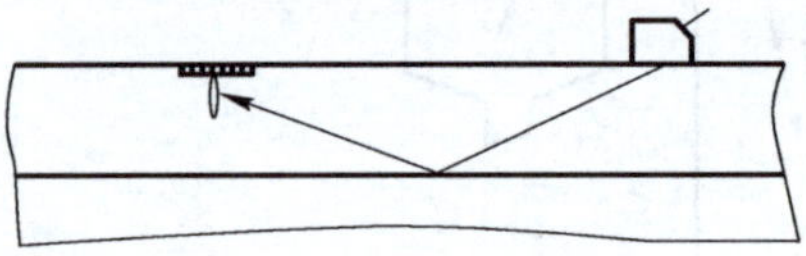

图 3-76　二次波校对法

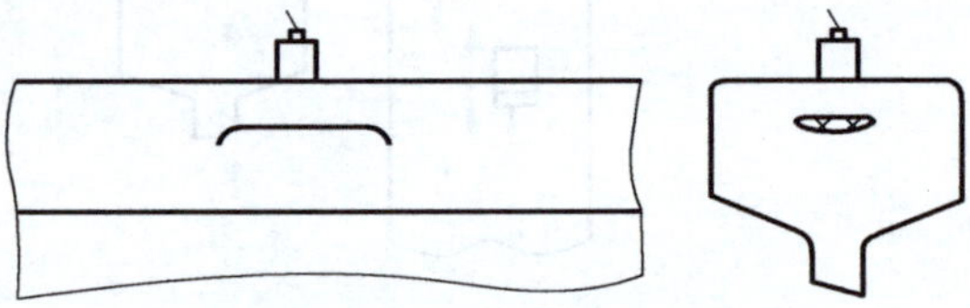

图 3-77　直探头校对法

(7)通用探伤仪校对法

通用探伤仪对核伤进行定位、定量,以核伤最大反射波高 80%,再增益 6 dB 作为校对灵敏度,前后左右移动探头,使核伤边缘回波降至 80%,来确定核伤大小;以最大反射回波显示的刻度来确定核伤位置。

四、小角度探头探伤方法

钢轨中裂纹产生的形貌存在规律性和偶然性,裂纹形成的特点除与钢轨生产有关外,还与列车运行中作用于钢轨上的力有关。

(一)螺孔小角度裂纹的探测

钢轨螺孔小角度裂纹是指裂纹与水平方向夹角为 5°～25°的螺孔斜裂纹。根据超声波反射原理,现有仪器配置的 37°探头对钢轨螺孔小角度裂纹检出有一定难度,尤其是螺孔向上裂纹,当裂纹倾斜角较小时,37°探头入射裂纹的声波朝另一方向反射(图 3-78),因此,反射回探头的裂纹回波能量很弱,在正常探伤灵敏度条件下,回波很难从荧光屏上显示出来。

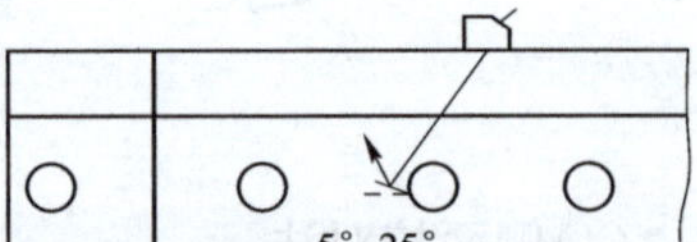

图 3-78　超声波在小角度螺孔裂纹上反射

(二)螺孔裂纹回波特点

超声波对钢轨螺孔裂纹检测,其反射机理可近似分为两种形式:一是裂纹的直接反射和散射；二是裂纹和螺孔柱面构成的二面角反射。使用A型显示的钢轨探伤仪37°探头探测不同倾角螺孔裂纹与反射回波幅度的极坐标图如图3-79所示，图中曲线上4个峰值是螺孔裂纹两种反射机理的综合结果，在37°和143°上的两个峰值是裂纹直接反射结果，另两个峰值是二面角反射结果。曲线的谷点表明37°探头在探测螺孔裂纹中存在探测低灵敏区域，从人工模拟螺孔裂纹试块中实测中证实（表3-9），以螺孔波高80%释放14 dB为基准，探测不同倾角、长度为5 mm的螺孔裂纹（表3-9），随着倾角减小，探头收到反射能量明显下降，当裂纹倾角小于25°以后，在正常探伤灵敏度下回波微弱或无显示。

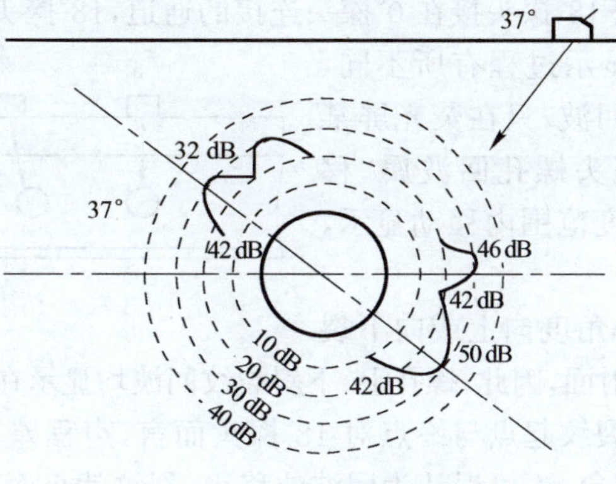

图3-79　37°探头探测螺孔裂纹与反射

表3-9　37°探头在人工模拟螺孔斜裂纹上测试

裂纹与水平方向夹角	15°	17°	19°	21°	24°	27°	30°	33°	36°
向上裂纹	−21	−20	−18	−18	−14	−11	−6	−3	0
向下裂纹			−10	−10	−8	−10	−8	−8	−6

注：表中数据为裂纹波与螺孔波波高80%时的dB差值。

1. 利用现有探头对小角度裂纹的探测

(1)提高37°探头的探测能力

适当提高探测灵敏度，扩大对螺孔裂纹的探测范围，使部分倾斜角接近20°的螺孔向上裂纹回波能在仪器上显示；根据裂纹与螺孔圆面间构成的二面角反射原理，注意螺孔波起始（对后37°探头为跌落）时的波形观察，对规律近似于37°探测螺孔水平裂纹的显示（图3-80），认真分析，以防螺孔小角度向下裂纹的漏检。

(2)加强0°探头的回波分析

当裂纹倾角小于10°，长度大于等于12 mm，因0°探头声束扩散部分与裂纹间构成近似垂直反射，也会显示裂纹回波（图3-81），且随着裂纹倾斜角变小，裂纹回波的幅度升高，更有利于裂纹的检出。

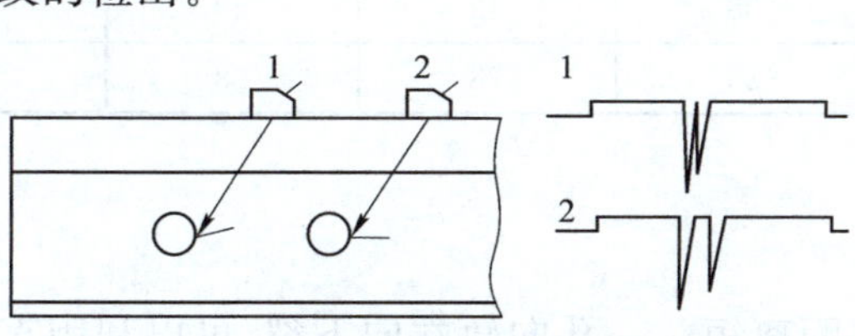

图3-80　37°探头探测螺孔小角度裂纹回波

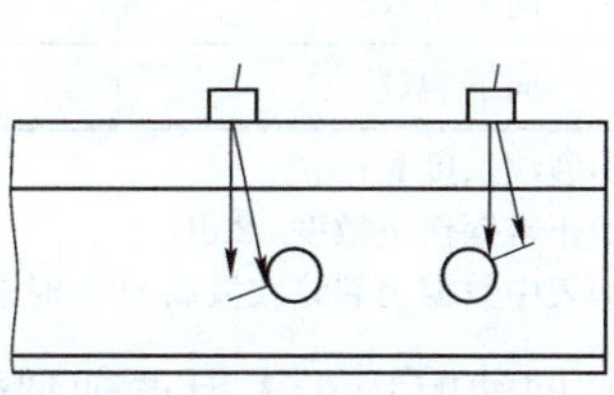

图3-81　0°探头探测螺孔小角度裂纹回波

2. 增加18°探头的探测

从螺孔裂纹回波特点分析中可知,螺孔小角度裂纹难以检出的关键是螺孔小角度向上裂纹的探测,从超声波反射式探伤原理和裂纹倾角对检出的影响两方面考虑,以折射角为18°探头检测为最好。

(1)回波显示规律

18°探头利用折射纵波进行反射式探伤,螺孔和裂纹的回波规律与37°探头或0°探头有一定差别,掌握回波规律是充分用好18°探头的关键。

正常螺孔回波:通常把18°探头接在0°探头连接的通道,18°探头螺孔回波与0°探头的螺孔回波位置相近,但回波显示过程有所不同,0°探头螺孔回波属"固定"回波,只在荧光屏某一固定刻度上显示,18°探头螺孔回波属"移动"回波,在荧光屏某一刻度范围内移动显示,如图3-82所示。

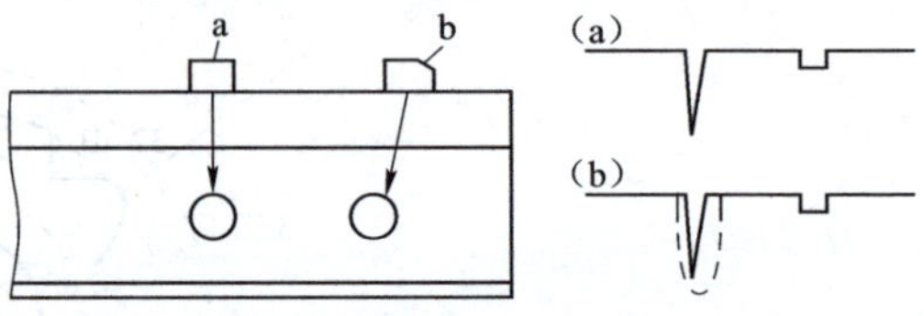

图 3-82　18°探头正常螺孔回波

裂纹回波:由于螺孔小角度向上或向下裂纹反射面声程大于螺孔反射面,因此,螺孔上、下斜裂纹回波均显示在螺孔波的后方(图3-83),而且,裂纹倾斜角较小时,裂纹起点与终点对18°探头而言,声程差不大,因此会出现裂纹较长、回波显示位移不长的现象,不可误认为回波位移小、裂纹就小而予以忽视。

当裂纹倾角在5°～10°间,长度大于等于12 mm的上、下裂纹会有二次反射回波显示特点,如图3-84所示。经理论计算与试验分析,该回波是发射声束经裂纹反射至轨面的回波。

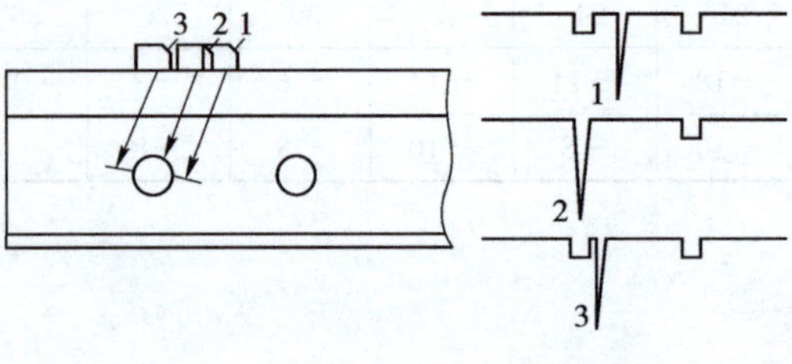

图 3-83　纵波18°探头裂纹回波

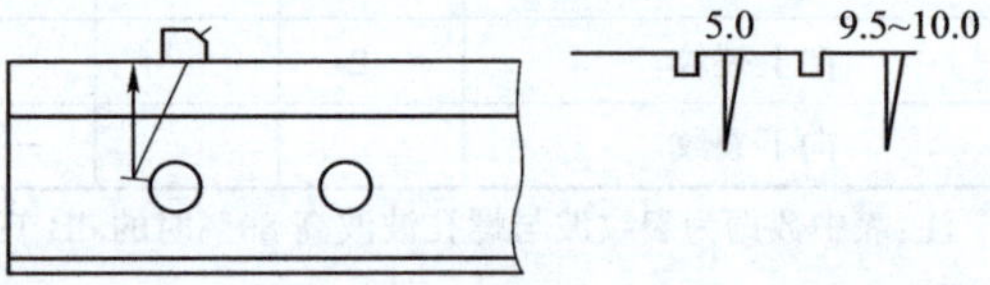

图 3-84　纵波18°探头5°～10°斜裂纹回波

(2)探测效果

18°探头对螺孔小角度裂纹探测具有良好效果,见表3-10。经加工的小角度裂纹验证,以正常探伤灵敏度检测(螺孔最高回波80%、增益12 dB),能发现长度大于等于3 mm的螺孔小角度裂纹。

表 3-10　18°探头在人工模拟螺孔斜裂纹上测试

裂纹与水平方向夹角	5°	10°	15°	20°	25°
向上裂纹	40	38	42	40	34
向下裂纹	38	36	38	38	34

注:(1)裂纹长度4 mm。
(2)正常探伤灵敏度32 dB。
(3)表中数据为裂纹波波高80%时的dB值。

裂纹回波时探头入射点到裂纹的水平距离短。一孔向轨端向下裂,可以利用直接反射来发现,如图3-85的a所示;一孔向二孔向上裂,探头入射点距轨端距离约50 mm,如图3-85

的b所示，有利于轨端擦伤掉块下一孔裂纹的探测。

(3)探头组合和使用

18°探头与37°探头组合成18°+37°组合探头，为确保四个象限的探测，采用同向发射和异向发射两种组合方式，如图3-86所示。通过轮换不同的组合探头或仪器调向检测，可满足四个象限的探测需要。在使用中，18°探头与0°探头共用一个通道，通过转换装置分别使用。也可将18°探头与前或后37°探头共用一个通道使用，但要注意回波位置与0°探头共用一个通道不同。

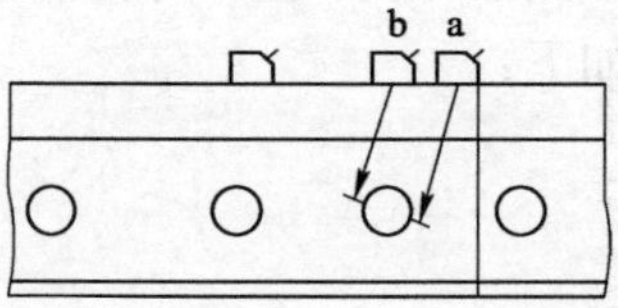

图3-85　18°探头探测一孔裂纹

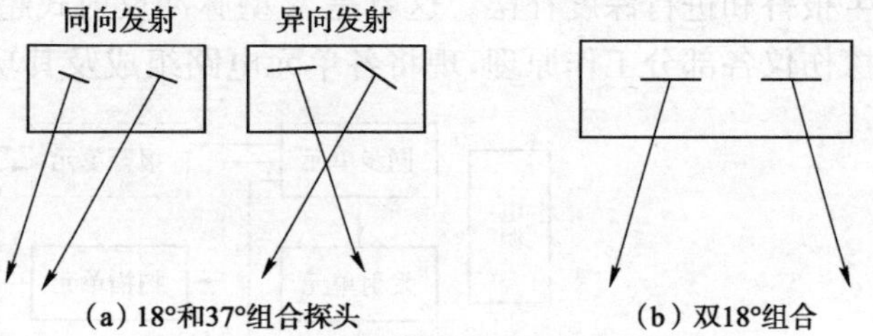

图3-86　探头组合

(4)探伤要求及注意事项

①注意现场探伤灵敏度，应根据实际情况适当提高，但不宜增益过多，因纵波18°探头入射角小于第一临界角，在折射波中存在横波成分，当探伤灵敏过高时，会出现横波反射，干扰正常伤损回波识别。

②注意两个方向18°探头轮换使用同向和异向组合的18°+37°探头定期轮换使用，以确保各方向小角度螺孔裂纹的检出。

③加强重点处所的螺孔小角度探伤，一般在岔后引轨、绝缘、异形、高低、轨端擦伤和掉块接头处。37°和0°探头探测中发现可疑波形时，用18°探头复核确认。

④定期检测18°探头的探伤性能，定期在测试轨上检测18°探头与仪器组合后的探伤性能，确保现场探伤可靠性，探测倾斜角为25°和15°的螺孔裂纹，其回波显示满幅清晰为好。

第四节　钢轨母材探伤设备

一、超声波单轨探伤仪

超声波探伤仪是根据超声波的传播特性和电声转换原理，利用电子技术制造而成的。超声波探伤仪的种类很多，有模拟式和数字式，通用式和专用式，固定式和便携式，单通道和多通道等。

(一)模拟式超声波钢轨探伤仪

下面介绍A型显示脉冲反射式模拟式超声波探伤仪的工作原理和主要性能定义。

1. 工作原理

A型显示脉冲反射式模拟式超声波探伤仪的种类有很多，功能不一，但基本电路和工作原理大致相同。它们一般都由同步、发射、扫描、接收、显示、电源、辅助单元(报警和深度补偿)和探头组成。A型脉冲反射式超声波探伤仪的电路方框图如图3-87所示。同步单元是探伤仪的指挥中心，由它产生周期性的同步脉冲信号一路输入扫描单元，产生线性良好的锯齿波，经示波管水平偏转板在荧光屏上产生一条水平扫描线(时基线)；同时另一路输入发射单元，产生一个持续时间很短的高频电脉冲，输入到探头内的压电晶片上产生超声脉冲波；超声波透过耦合剂射入工件，如遇工件界面或缺陷即产生反射，由探头接收转换成电脉冲输入接收单元，经放大、检波和视频放大后加到示波管的垂直偏转板上。这时荧光屏上的亮点受水平偏转板和垂直偏转板上电压的同时作用，产生一幅与探头接收到的超声波传播时间和回波强度相对应的图形。此外，具有报警和深度补偿功能的仪器，也受同步脉冲的控制，产生报警和进行深度补偿。这就是A型脉冲反射式超声波探伤仪的工作原理。为更详细了解探伤仪各部分工作原理，现将各单元电路组成及其功能简介如下：

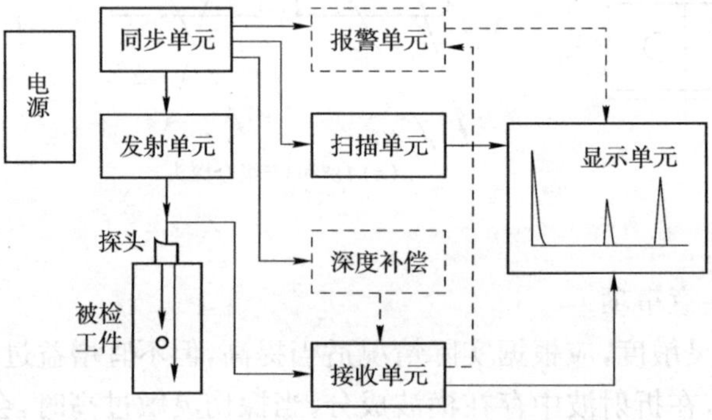

图 3-87 A型显示脉冲反射式探伤仪方框图

(1)同步单元

同步单元一般由多谐振荡器和输出电路组成，如图 3-88 所示。由可调的多谐振荡器产生每秒钟数十次至数千次周期性矩形同步信号，经微分后变为触发脉冲同时触发发射、扫描、报警和深度补偿单元，使它们同步工作。输出电路的功能是增强带负载能力，输出一定功率的信号触发下一级电路工作。

同步脉冲的频率即为仪器的重复频率。每一个触发脉冲持续时间很短，因此，在两次脉冲间隔时间内，发射单元处于充电状态，探头晶片不发射超声波而处于接收状态，接收单元处于工作状态。

(2)发射单元

同步单元送来的触发脉冲，输入发射电路可控硅的控制极，使可控硅导通，在其阳极产生约 500 V 以上的高压负脉冲加到晶片上，经过电-声转换，产生超声波，如图 3-89 所示。

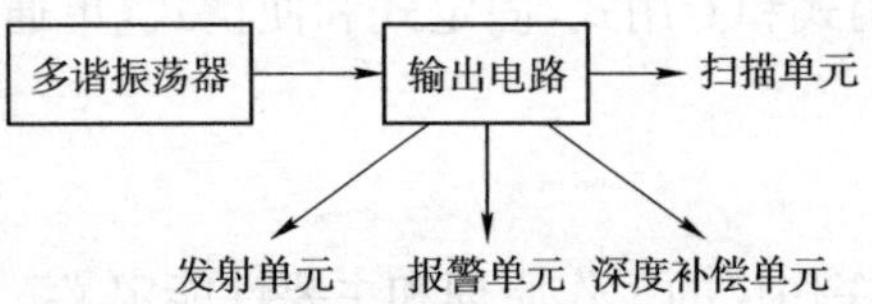

图 3-88 同步单元方框图

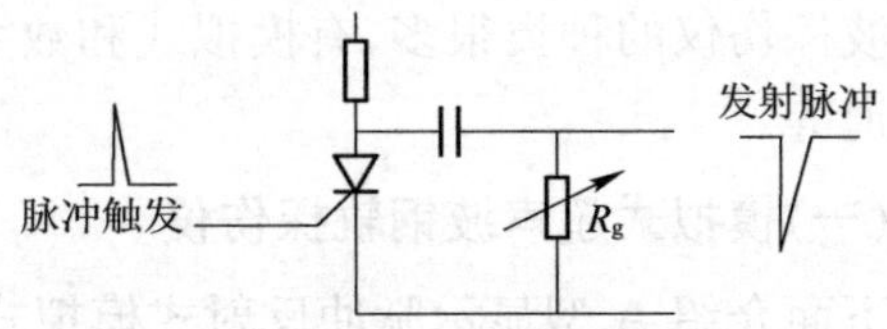

图 3-89 发射电路示意

发射电路中的 R_g 称为阻尼电阻。R_g 的大小对发射强度和脉冲宽度有一定影响，电阻大，阻尼小，发射强度大，脉冲宽，仪器分辨率低，适宜于探测厚度大、分辨率要求不高的工件。电阻小，阻尼大，脉冲窄，仪器分辨率高，适宜探测工件近表面缺陷或对分辨率要求高的工件。

(3)扫描单元

扫描单元一般由扫描开关电路、释抑电路、锯齿波产生电路和锯齿波放大电路组成，如图 3-90 所示。在同步信号的触发下产生锯齿波电压，经电压放大电路放大后加在示波管水平偏转板上，使荧光屏上亮点沿水平方向移动而形成扫描线。扫描开关电路和释抑电路控制锯齿波起点和终点，锯齿波产生电路决定水平线性好坏。

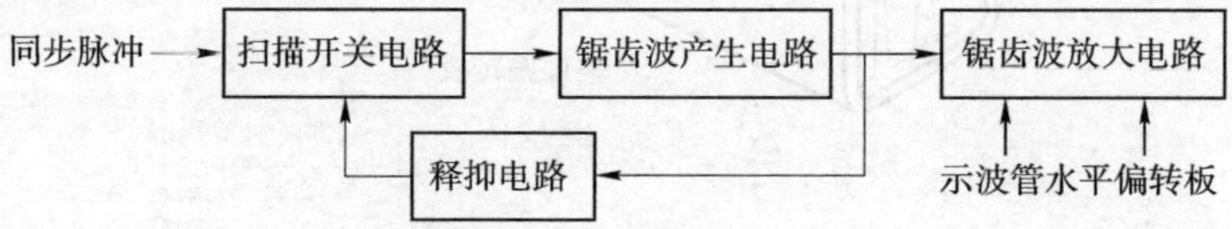

图 3-90　扫描单元方框图

仪器面板上的“扫描量程”“扫描微调”“脉冲位移”和“扫描延迟”(有些仪器无此功能)都是扫描电路中的调节旋钮，探伤时应根据被探工件的探测深度选择适当的“扫描量程”档次，利用“扫描微调”和“脉冲位移”旋钮配合调节，使荧光屏扫描线上的每一格表示一定的距离。

(4)接收单元

接收单元由衰减电路、高频放大电路、检波电路和视频放大电路组成，如图 3-91 所示。将探头送来的微弱回波信号经多级放大后在示波屏上显示。衰减电路主要是对信号幅值作定量的评定并对显示幅度进行控制，其他电路则是将回波放大、检波和视频放大后输出到示波管上。

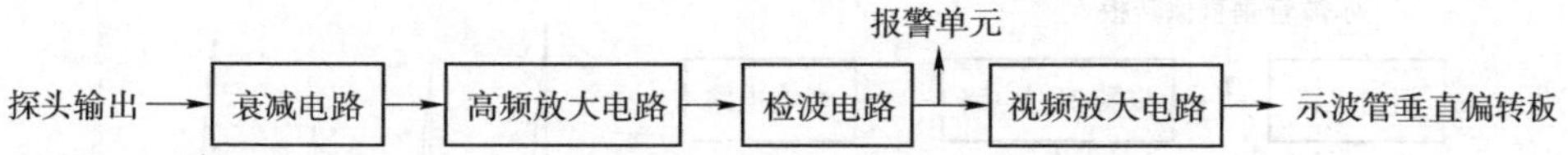

图 3-91　接收单元方框图

接收电路的性能直接影响到探伤仪的垂直线性、动态范围、探伤灵敏度、分辨力等重要技术指标。而接收电路内的抑制和阻塞对探伤波形识别和缺陷的检出都有影响(图 3-92)，抑制适当可减小杂波显示，有利于对伤波识别，抑制过大会失去有用信号，导致小缺陷的漏检。在以收发并用的单晶片探头探测中，由于很高的发射电脉冲在激励晶片的同时也直接进入接收电路，此时，在短时间内放大器的放大倍数会降低或失去放大作用，这种现象称为阻塞。阻塞会影响靠近发射脉冲的一定探测范围内缺陷的检出。

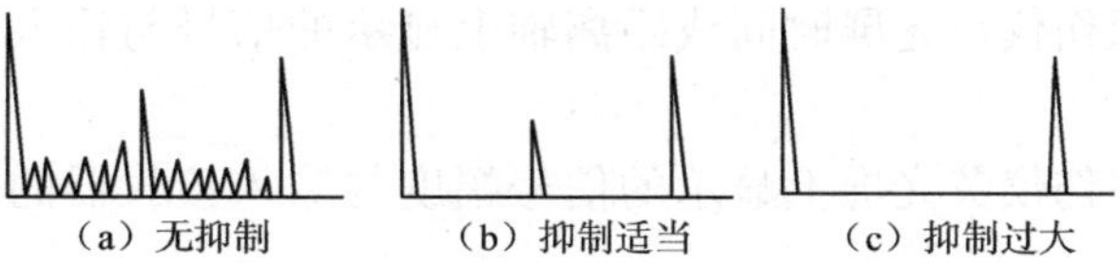

图 3-92　放大电路中抑制的作用

(5)显示单元

显示单元由示波管和外围电路组成。示波管由电子枪、偏转板和荧光屏三部分组成，如图 3-93 所示。电子枪发射的电子束则按垂直偏转板(接收单元送来的信号电压)和水平偏转板(扫描单元送来的锯齿波电压)所加电压发生偏转，在荧光屏上显示扫描线和波形。外围电路主要用于控制扫描线显示清晰度，仪器中“聚焦”“辅助聚焦”和“亮度”电位器都是外围电路中的一部分。

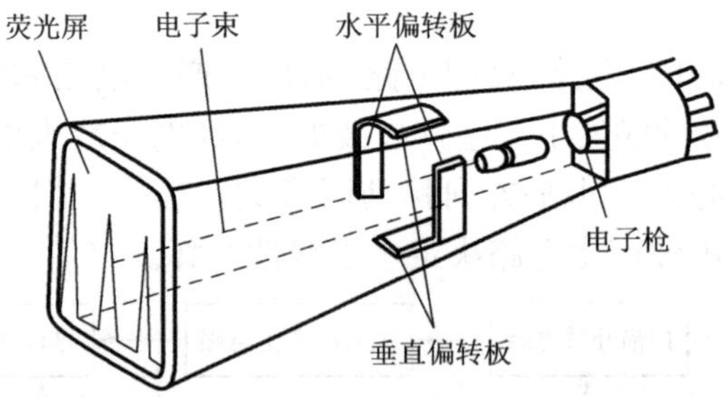

图 3-93　示波管的基本结构

（6）辅助单元

辅助单元是指部分具有延时、报警、深度补偿、存储、计算等功能的探伤仪特有的单元电路。下面主要介绍钢轨探伤仪中常见的报警和深度补偿单元。

报警单元由闸门产生电路、报警识别电路和音响电路组成，如图 3-94 所示。在同步脉冲触发下产生报警闸门输入示波管垂直偏转板，当接收单元送入的回波信号落入报警门内或报警门内回波消失时，探伤仪产生报警声提示探伤人员注意。

深度补偿单元常与接收放大电路相连，控制接收放大电路的放大倍数随时间而改变，以提高远距离回波的放大量，使工件内两个不同深度相同性质的缺陷，深度大的回波幅度得到提升（图 3-95），有利于声程较远的缺陷检测和回波观察。

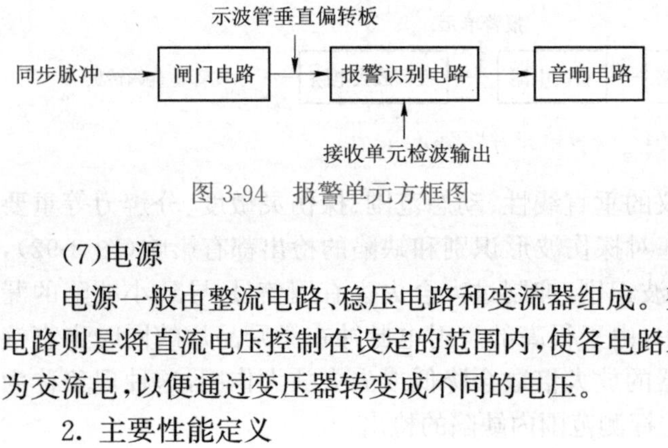

图 3-94　报警单元方框图

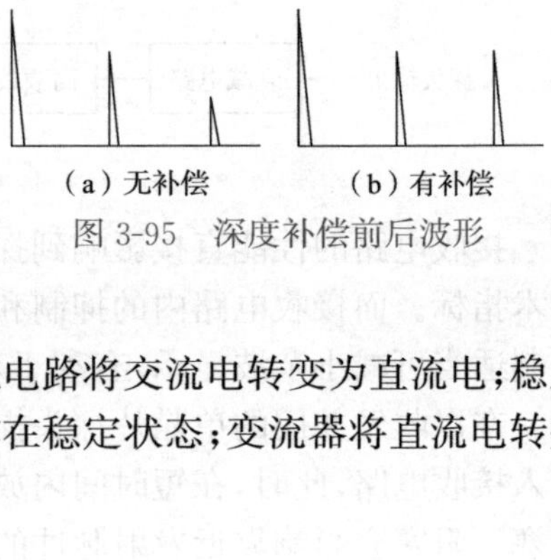

图 3-95　深度补偿前后波形

（7）电源

电源一般由整流电路、稳压电路和变流器组成。整流电路将交流电转变为直流电；稳压电路则是将直流电压控制在设定的范围内，使各电路工作在稳定状态；变流器将直流电转变为交流电，以便通过变压器转变成不同的电压。

2. 主要性能定义

（1）水平线性。探伤仪荧光屏时间或距离轴上显示的信号与输入接收信号成正比关系的程度。

（2）垂直线性。探伤仪荧光屏上显示的信号幅度与输入接收器的信号幅度成正比关系的程度。

（3）动态范围。在增益调节不变时，探伤仪荧光屏上能分辨的最大与最小反射面积波高之比，即反射波高从 100%到消失所需要的衰减量。

（4）灵敏度余量。超声波探伤系统中，以一定电平表示的标准缺陷探测灵敏度与最大探测灵敏度之间的差值。其含义是仪器和探头组合检测最小缺陷的能力。

（5）分辨力。有效辨别两个紧密相邻不连续的能力。

（6）盲区。在一定探伤灵敏度下，从探测面到最近可探缺陷在被检工件中的深度。

（7）电噪声电平。荧光屏上电噪声平均幅度在垂直刻度上的百分比。

(二)数字式超声波探伤仪

数字式超声波探伤仪是计算机技术和超声波探伤仪技术相结合的产物。它在模拟式超声波探伤仪的基础上,采用计算机技术实现了仪器功能的精确和自动控制、信号获取和处理的数字化和自动化、检测结果的可记录性和可再现性。因此,它除具有模拟式超声波探伤仪的基本功能外,同时又增加了数字化带来的数据测量、显示、存储与输出功能。

所谓数字式超声波探伤仪,主要是指发射、接收电路的参数控制和接收信号的处理、显示均采用数字式方式的仪器。不同的是制造商生产的数字式超声波探伤仪,可能会采用不同的电路设置,保留的模拟电路部分也不相同。但最主要的一点是,探头接收的超声信号需经模-数转换、数字处理后显示出来。

(三)数字式与模拟式超声波探伤仪的异同

1. 基本组成

典型A型脉冲反射式数字式超声波探伤仪的电路框图如图3-96所示。从它的基本构成来看,数字式仪器发射电路与模拟式仪器相同,接收放大电路的前半部分,包括衰减器和高频放大器等,也与模拟式仪器相同。但信号经放大到一定程度后,则由模-数转换器将模拟信号变为数字信号,由微处理器进行处理后,在显示器上显示出来。对于模拟式超声波探伤仪上的检波、滤波、抑制等功能,数字式超声波探伤仪可以通过对数字信号进行数字处理完成,也可在模-数转换前采用模拟电路完成。数字式超声波探伤仪的显示是二维点阵式的,与模拟式仪器的显示方式有很大的不同,不再像模拟式仪器由单行扫描线经幅度调节显示波形,而是由微处理器通过程序来控制显示器实现逐点扫描。发射电路和模-数转换器的同步控制不再需要同步电路,而是由微处理器通过程序来协调各部分的工作。

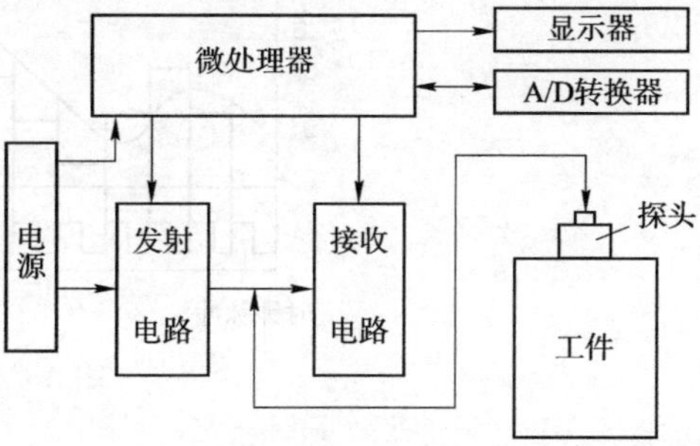

图3-96　数字式超声波探伤仪电路框图

2. 仪器的功能

从基本功能来看,数字式仪器可提供模拟式仪器具有的所有功能,但是,各部分功能的控制方式是不同的。在模拟式仪器中,操作者直接拨动开关对仪器的电路进行调整,而在数字式仪器中,则要通过人机对话,用按键或菜单的方式,将控制数据输入给微处理器,然后由微处理器发出信号控制各电器的工作。微处理器还可以按照预先设定的程序,自动对仪器进行调整,这就给自动检测系统提供了极大的方便。

此外,数字化控制使得控制参数可以存储,可以自动按存储的参数重新对仪器进行调整,从而方便了检测过程的重复再现。检测波形的数字化使得仪器可进一步提供波形的记录与存储、波形参数的自动计算与显示(波高、距离等)、距离波幅曲线的自动生成、时基线比例的自动调整以及频谱分析等附加功能。

3. 仪器的性能

从影响仪器性能的最基本的部分——发射电路和接收电路来看,数字式仪器与模拟式仪器是相同的,因此,仪器的灵敏度、分辨力、放大线性等与模拟仪器差别不大。最主要的差别是数字式仪器中的模-数转换、信号处理和显示部分。这部分的性能决定着显示的信号是否失真。失真严重时,会影响缺陷的判定,造成漏检、误检。仪器这部分性能的主要影响参数有模-数转换器的模-数转换频率、字长和存储深度,以及显示器的刷新频率。

模-数转换(又称 A/D 转换)是通过对连续变化的模拟信号进行高速度、等间隔的采样,将其变换为一列大小变化的数字量的过程,如图 3-97 所示。对这些数字量可以进行计算、处理、显示。如果以数字的大小作为幅度,将这列数字仍按相同的间隔在直角坐标系中描绘出来,则重新构成了一个由分离的点组成的曲线,这就是数字化的波形。可见,若要重建的波形不失真,则需尽可能地增加采样密度,或者说,提高采样频率。模-数转换器的模-数转换频率,也就是每一秒钟脉冲的个数,是固定的。这个频率决定了可采集的超声波信号的最高频率。若模-数转换频率与超声波频率的比值不够大,则可能采集不到最大峰值,严重时可引起漏检。

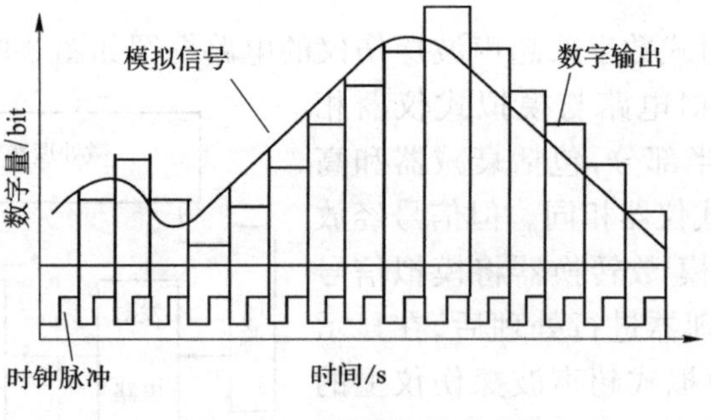

图 3-97 模-数转换示意

模-数转换器的字长是指一个数字量用几位二进制数来表达,它决定了幅度读数的精度。一个 8 位的模-数转换器可表示的数字是 256,也就是说,可将幅度分为 256 个等级。采用数字检波后,半波幅度为 128 级,则理论精度约为 1%。但实际上,由于数字化过程的幅度误差,实际精度比这个数值要差一些。

模-数转换器的另一个参数是存储深度,即一个波形可存储的数据点的多少,或称数据长度。这个参数与采样频率有关联,决定着检测范围的大小。对于一定的检测范围,采样频率越高,则要求存储深度越大;对于一定的采样频率,存储深度越大,则检测范围也越大。

模-数转换后的数据,经计算处理后送到显示器显示,能否实时地把超声信号全部显示出来,与显示器的响应速度以及数据处理速度有关。显示器的刷新频率应与超声脉冲重复频相一致,这样才能保证所有信号得到显示,否则,也可能造成缺陷漏检。这个问题在早期的数字式仪器上表现得比较严重。

数字式仪器与模拟式仪器相比的优势在于:接收信号的数字化使超声信号的存储、记录、再现十分方便,改变了传统超声检测缺乏永久记录的缺点;同时,也方便了信号的分析与处理,从而可从接收的超声信号中得到更多的量化信息;显示器不需要传统的示波管,使得仪器可小型化;仪器参数的数字式控制使检测参数可以存储,检测过程的重现方便;还便于实现遥控等功能,为自动检测系统提供了更方便的条件。数字化使仪器功能可用软件不断扩展,可实现使一台仪器满足不同使用者的需求。

但是,数字式仪器也有一些不利因素,因其模-数转换器的采样频率、数据长度、显示器的分辨率、刷新速度等带来的信号失真,可能对检测信号的评价带来一定影响。在使用数字式仪器时，必须对这些因素加以考虑，以免造成缺陷的漏检、误检等问题。

(四)单轨探伤仪结构特点

为适应钢轨探伤流动作业的特点，钢轨探伤仪由仪器（主机）和手推小车两大部分组成。单轨探伤仪车架结构如图 3-98 所示，各种型号钢轨探伤仪的手推车结构与此大同小异。下面介绍小车主要部件的组成和作用。

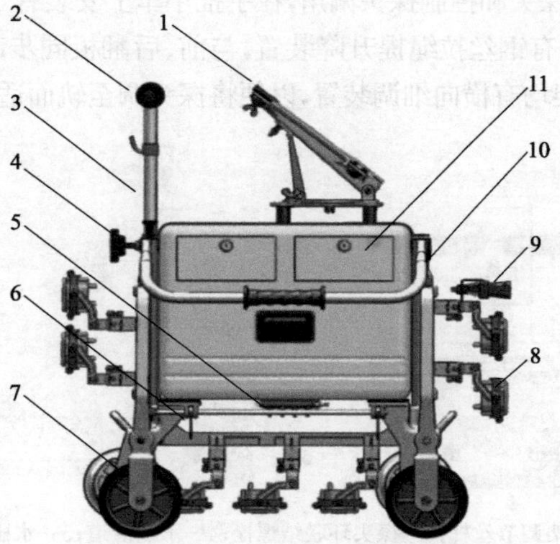

1—主机俯仰旋转托架；2—推把手及标记键；3—推杆；4—车把固定顶丝；5—水阀；6—翻板挂钩；7—橡胶轮；8—探头及探头架；9—水刷；10—抬手；11—水箱及工具电池箱。

图 3-98　单轨探伤仪车架结构

1. 俯仰旋转托架

手推车上的俯仰旋转托架是固定仪器的装置，具有上下左右的俯仰和旋转功能，以适应不同高度人员的探伤和现场伤损校验需要。不同厂家生产的钢轨探伤仪，其俯仰旋转托架结构有所不同，但作用是相似的。目前有些型号仪器已经取消俯仰旋转托架，采取荧光屏独立调节，满足探伤人员从不同角度观察荧光屏的需要。

2. 工具箱和蓄电池座

水箱上方有一只工具箱和蓄电池座，用于存放日常用工具和安放探伤仪的蓄电池。蓄电池插入蓄电池座后应锁定，以免蓄电池滑出摔坏。

3. 翻板结构

翻板结构由前、后翻板架和翻板提手组成。为使多组探头同时工作，减少各探头过钢轨接缝时的互相干扰，手推车架上安装翻板结构，探伤时需将前、后翻板架放下并锁定，在公路上或不进行探伤作业的钢轨上推行，应按压翻板提手将翻板翻起。随着 B 型显示钢轨探伤仪检测可靠性提高，能直观、同时显示多个通道回波，不会影响探伤人员对各通道回波的识别，可取消翻板结构，降低钢轨探伤仪机架自重。

4. 给水系统

给水系统由水箱、水阀和水管组成。探伤时打开水阀为探伤提供耦合剂。有些探伤仪水箱底部设有排污口，可打开槽口螺帽，排除水箱污物。

5. 走行系统

走行系统由尼龙轮、保险轮和橡胶轮组成。尼龙轮采用单面轮缘结构，供探伤仪在钢轨上滚动走行。每个尼龙轮外侧装有一只保险轮，其作用是防止探伤仪推行中从钢轨上滑落，每个尼龙轮轴上还装有走行方向调节杆，以调节尼龙轮的滚动方向。橡胶轮供探伤仪在平整道路上推行或停放，并随着前、后翻板架的起落而自行放下和收起。B型显示钢轨探伤仪由于需要获取探头在轨面移动参数，一般在尼龙轮内安装磁钢和霍尔元件。

6. 探头架

探头架主要用于固定探头和控制探头偏角，在手推小车上安装有5～7个探头架，其中3个探头架安装于水箱底下部，具有钢丝拉绳提升降装置，与前、后翻板同步起落。前、后翻板上各安装1～2个探头架，所有探头架均有横向细调装置，以便将探头调至轨面适当位置，如图3-99所示。

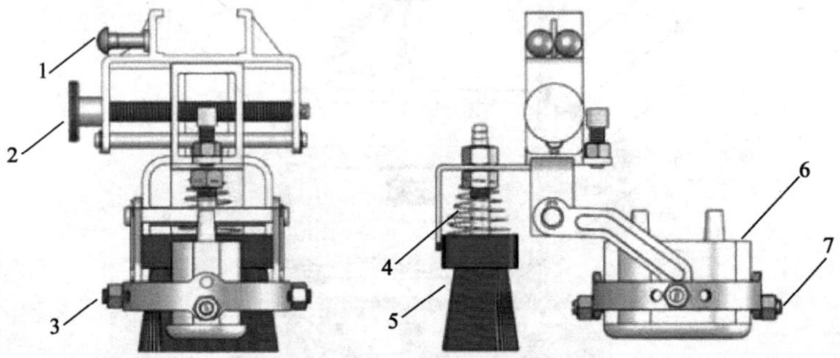

1—探头架固定螺栓；2—探头架调节丝杆；3—探头环联结螺栓；4—水刷滑道；5—水刷；6—探头；7—探头联结螺栓。

图3-99 探头架结构

二、超声波探头

超声波探头是进行超声波探伤不可缺少的器件之一，它承担发射或接收超声波的任务，实现声能与电能的相互转换，故又称换能器。

(一)探头的分类

为适应各类工件和各种探测方式的需要，探头的种类有很多，分类方式也各不相同，按其用途和结构可作以下分类：

- 超声波探头
  - 按波型分
    - 纵波探头
    - 横波探头
    - 表面波探头
    - 板波探头
  - 按频谱分
    - 宽频探头
    - 窄频探头
  - 按耦合方式分
    - 直接接触探头
    - 间接接触探头(液浸探头)
  - 按波束状态
    - 聚焦探头
    - 非聚焦探头
  - 按晶片数分
    - 单晶探头
    - 双晶探头
    - 多晶探头
  - 按波的传播方向分
    - 直探头
    - 斜探头
    - 可变角探头

此外还有高温探头、微型探头等特殊用途的探头。

(二)探头的作用和特点

1. 接触式探头

直接接触工件表面进行检测的探头称为接触式探头。该类探头种类较多,有纵波直探头、纵波斜探头、横波斜探头、表面波探头、兰姆波探头及可变角探头等。

(1)纵波直探头

探头发射垂直于探测面传播的纵波进行检测。主要用于检测与检测面平行或近似平行的缺陷,如板材、锻件检测等。纵波直探头的主要参数是频率和晶片尺寸。

钢轨探伤中主要用于探测焊缝缺陷(图 3-100)。除按频率和晶片尺寸划分系列外,还按不同频率响应(频谱)分为宽频探头和窄频探头,前者灵敏度高,后者分辨率高。

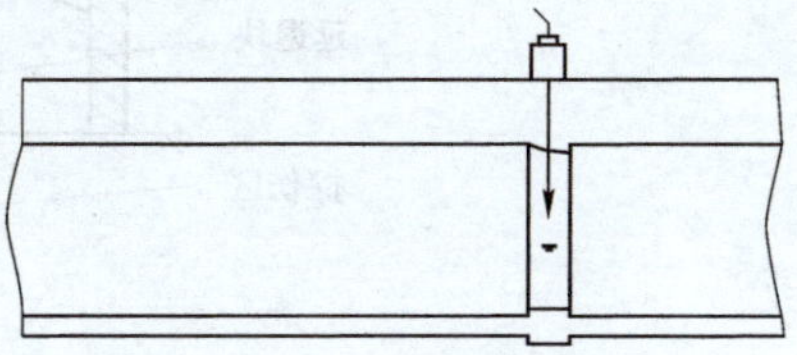

图 3-100 直探头探伤示意

(2)纵波斜探头

入射角为 $\alpha_L < \alpha_I$,利用小角度的纵波进行缺陷检测,或在横波衰减过大的情况下,利用纵波穿透能力强的特点进行纵波斜入射检测。使用时注意工件中同时存在的横波的干扰。

(3)横波斜探头

入射角为 $\alpha_L = \alpha_I \sim \alpha_{II}$,且折射波为纯横波,横波斜探头实际上由直探头和斜楔块组成。主要用于检测与检测面成一定角度的缺陷,如钢轨焊缝检测、汽轮机叶轮检测等。横波斜探头的标称方式有三种:一是以纵波入射角 α_L 来标称,常用 $\alpha_L = 30°、40°、45°、50°$等;二是以横波折射角 β_S 来标称,常用 $\beta_S = 40°、45°、50°、60°、70°$等;三是以钢中折射角的正切值 $K = \tan\beta_S$ 来标称,常用 $K = 0.8、1.0、1.5、2.5$ 等,这是我国提出来的,在计算钢中缺陷位置时比较方便。目前国产横波斜探头大多采用 K 值标称系列。横波斜探头上的主要参数为工件频率、晶片尺寸和 K 值。

为与国际上的表达方式接轨,《钢轨超声波探伤仪》(TB/T 2340—2012)中横波斜探头统一用折射角表示。常用斜探头的折射角、入射角和 K 值的关系,见表 3-11。钢轨探伤中主要用于焊缝缺陷探测,目前上海局集团公司常用折射角有 $K0.8$、$K1$ 和 $K2.5$。

表 3-11 常用斜探头的折射角、入射角和 K 值(有机玻璃/钢)

α	30.6°	36.7°	51.7°
β	37°	45°	68.2°
K 值	0.8	1.0	2.5

注:(1)β 为钢中横波折射角,α 为有机玻璃的纵波入射角。

(2)由于材质、温度及探头制作工艺等因素,实测值、标称值和理论计算值会有差异。

(4)表面波(瑞利波)探头

入射角需在产生瑞利波的临界角附近,通常比 α_{II} 略大。表面波探头用于对表面或近表面缺陷进行检测。表面波探头的结构与横波探头一样,唯一的区别是斜楔块角度不同。

(5)双晶片探头

双晶片探头有两块压电晶片(图 3-101),一块用于发射超声波,另一块用于接收超声波,中间夹有隔声层。根据入射角 α_L 的不同,分为双晶纵波探头($\alpha_L < \alpha_I$)和双晶横波探头($\alpha_L = \alpha_I \sim \alpha_{II}$)。双晶探头主要用于检测近表面缺陷和已知缺陷的定点测量。双晶探头的主要参数为频率、晶片尺寸和声束汇聚区的范围。

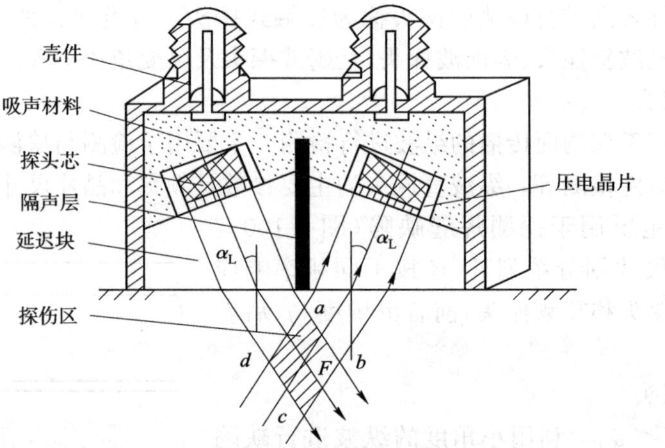

图 3-101 双晶探头结构示意

双晶探头主要有以下优点:

①灵敏度高,双晶探头的两块晶片,一发一收,发射晶片由发射灵敏度高的压电材料制成,如锆钛酸铅压电陶瓷。接收晶片由接收灵敏度高的压电材料制成,如硫酸锂。这样探头发射和接收灵敏度都高,这是单晶探头无法比拟的。

②杂波少、盲区小,双晶探头的发射与接收分开,消除了发射压电晶片与延迟块之间的反射杂波。同时由于始脉冲未进入放大器,克服了阻塞现象,使盲区大大减小,为检测近表面缺陷提供了有利条件。

③近场区小,双晶探头采用了延迟块,缩短了工件中的近场区长度,有利于检测。

④检测范围可调,双晶探头检测时,对于位于 *abcd* 阴影区域内的缺陷灵敏度较高,该区域范围可以通过改变入射角 α_L 来调整。α_L 增大,阴影区向表面移动,在水平方向变扁。α_L 减小,阴影区向内部移动,在垂直方向变扁。

(6)钢轨探伤用双晶探头

钢轨探伤所用探头基本上均为双晶片探头,0°探头属双晶直探头,37°、70°和小角度(18°)探头属双晶斜探头,而 0°+37°组合探头是双晶直探头和双晶斜探头的组合。

①双晶片直探头(0°探头):它与钢轨探伤仪组合后,具有反射式和穿透式两种探伤功能,主要用于检测轨腰投影范围内的水平裂纹、纵向裂纹和有一定长度的斜裂纹。

②双晶片斜探头:它与钢轨探伤仪连接后,用于反射式探伤,目前共有三种,一是 70°探头,主要检测钢轨头部横向裂纹,如轨头核伤;二是 37°探头,主要检测钢轨轨腰投影范围内的斜裂纹、轨底横向裂纹和与轨端或螺孔相连的水平裂纹;三是 18°探头,主要用于检测倾斜角度较小的螺孔裂纹。

(7)多晶片组合探头

多晶片组合探头将多个晶片按一定的规律排列组合在一个探头中,如图 3-102 所示。它可以提高探伤工作效率,实现一次对多个部位进行探伤的目的。目前钢轨焊缝探伤中已经采用，探伤时由手动或仪器自动切换接通其中一组探头，固定对焊缝某一区域进行探伤，主要检查垂直于探测面的缺陷。

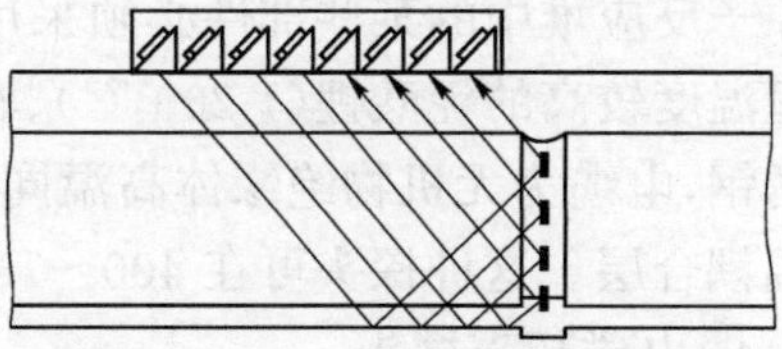
图 3-102 多晶片组合探头探伤示意

(8)轮式探头

轮式探头主要用在钢轨探伤车和双轨式钢轨探伤仪上，与目前使用的探头作用相同，但定期保养工作有所不同，不需要定期更换磨损的保护膜，需定期补充耦合液或更换损坏的探头轮皮。

(9)聚焦探头

聚焦探头种类较多，根据焦点形状不同分为点聚焦和线聚焦。点聚焦的理想焦点为一点，其声透镜为球面；线聚焦的理想焦点为一条线，其声透镜为柱面。接触聚焦探头通过薄层耦合介质与工件接触。接触聚焦根据聚焦方式不同又分为透镜式聚焦、反射式聚焦和曲面晶片式聚焦，如图 3-103 所示。透镜式聚焦是平面晶片发射超声波通过声透镜和透声楔块来实现聚集，反射式聚焦是平面晶片发射超声波通过曲面楔块反射来实现聚焦，曲面晶片式聚集探头的晶片为曲面，通过曲面楔块实现聚焦，但曲面晶片很难制作，目前已很少采用。

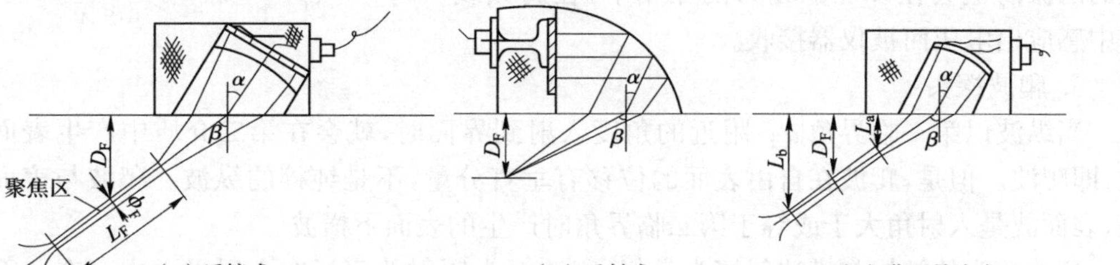

图 3-103 聚焦探头

2. 水浸式探头

水浸式探头的主要特点为检测时探头与工件不直接接触，且探头部分或全部浸入耦合液中。常见有水浸平探头和水浸聚焦探头两种。

(1)水浸平探头：相当于可在水中使用的纵波直探头，当改变探头倾角使声束从水中倾斜入射至工件表面时，也可通过折射在工件中产生纯横波。

(2)水浸聚焦探头：在水浸平探头前加上声透镜则可产生聚焦声束，常用于探测管材和板材。水浸聚焦探头的结构如图 3-104 所示，声透镜的作用为实现声束聚焦。

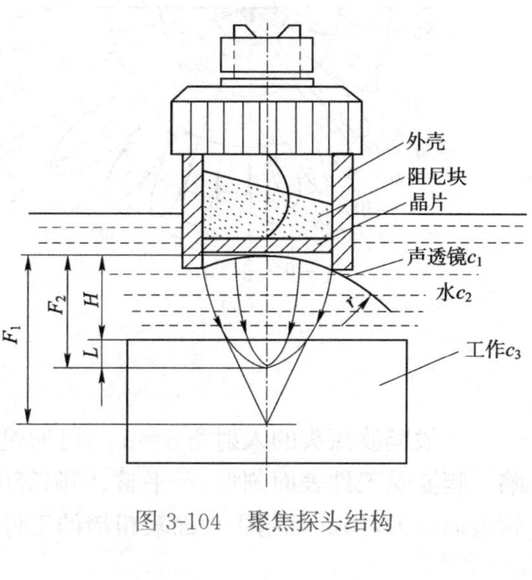

图 3-104 聚焦探头结构

3. 高温探头

常规探头只能用于检测常温下的工件，然而实际生产中有时需要对高温工件进行检测。

如原子反应堆中的某些部件必须采用高温探头来进行检测,高温探头中的压电晶片需选用居里温度较高的铌酸锂(1 200 ℃)、石英(550 ℃)、钛酸铅(460 ℃)来制作,外壳与阻尼块为不锈钢,电缆为无机物绝缘体高温同轴电缆,前面壳体与晶片之间采用特殊钎焊,使之形成高温耦合层。这种探头可在 400～700 ℃高温下进行检测。

4. 电磁超声探头

电磁超声探头物理结构由高频线圈和磁铁两部分组成(图 3-105),高频线圈用于产生高频激发磁场;磁铁用来提供外加磁场,它可以是永久磁铁或直流电磁铁,也可以是交流电磁铁或脉冲电磁铁。当置于工件表面上的高频线圈通过高频电流时,它在工件的表层内产生涡流(或感应磁场,相当于电动机的转子),此涡流在外加磁场(相当于电机定子磁场)的作用下,也会像电动机那样受到机械力的作用,产生高频振动,于是在工件中形成了超声波波源。在接收超声波时,如同发电机的转子在定子的磁场中旋转,会在转子中产生感应电流一样,工件表面的振荡也会在外加磁场力的作用下,在高频线圈中感应出电压而被仪器接收。

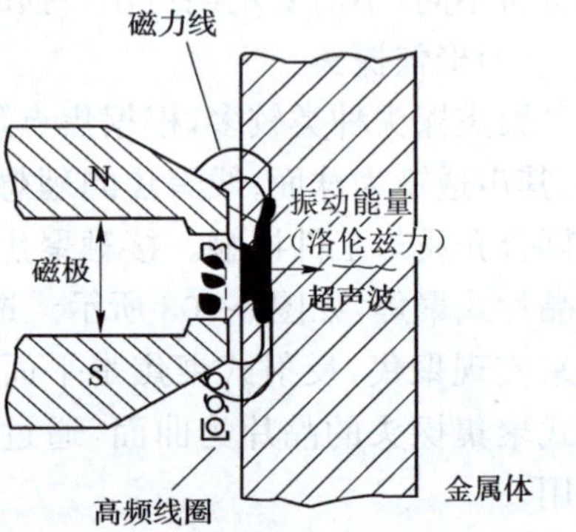

图 3-105　电磁超声探头

5. 爬波探头

当纵波以第一临界角 α_{I} 附近的角度入射到界面时,就会在第二介质中产生表面下纵波,即爬波。但是,爬波在自由表面的位移有垂直分量,不是纯粹的纵波。爬波与表面波不同,表面波是入射角大于或等于第二临界角时产生的表面下横波。

爬波探头的结构与横波斜探头类似,爬波探头辐射的声场在入射平面内存在一系列波瓣[图 3-106(a)],第一波瓣幅度极大值对应的折射角(θ_{max})随入射角 α 的增大而增大,但其极大值随之下降。另外 θ_{max} 还与频率 f 及晶片直径 D 的乘积($f\cdot D$)有关,θ_{max} 随($f\cdot D$)增加而增加[图 3-106(b)]。

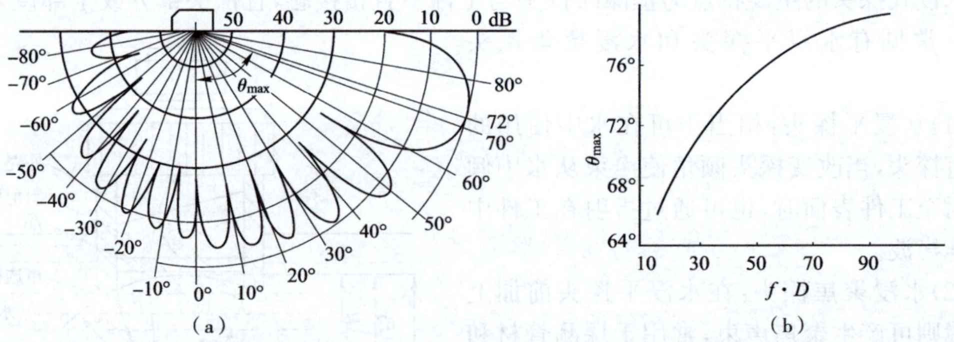

图 3-106　爬波探头辐射的声场及折射角与频率和晶片直径的关系

一般爬波探头的入射角 $\alpha=\alpha_{\mathrm{I}}$,可通过改变 $f\cdot D$ 来改变 θ_{max},以便检测不同深度的缺陷。爬波受工件表面刻痕、不平整、凹陷等的干扰较少,同时爬波衰减比表面波小,检测深度较表面波大,因此常用于表面较粗糙的工件表层和近表层缺陷检测。

(三)探头的结构和部件作用

1. 探头的基本结构

探头的基本结构如图 3-107 所示。

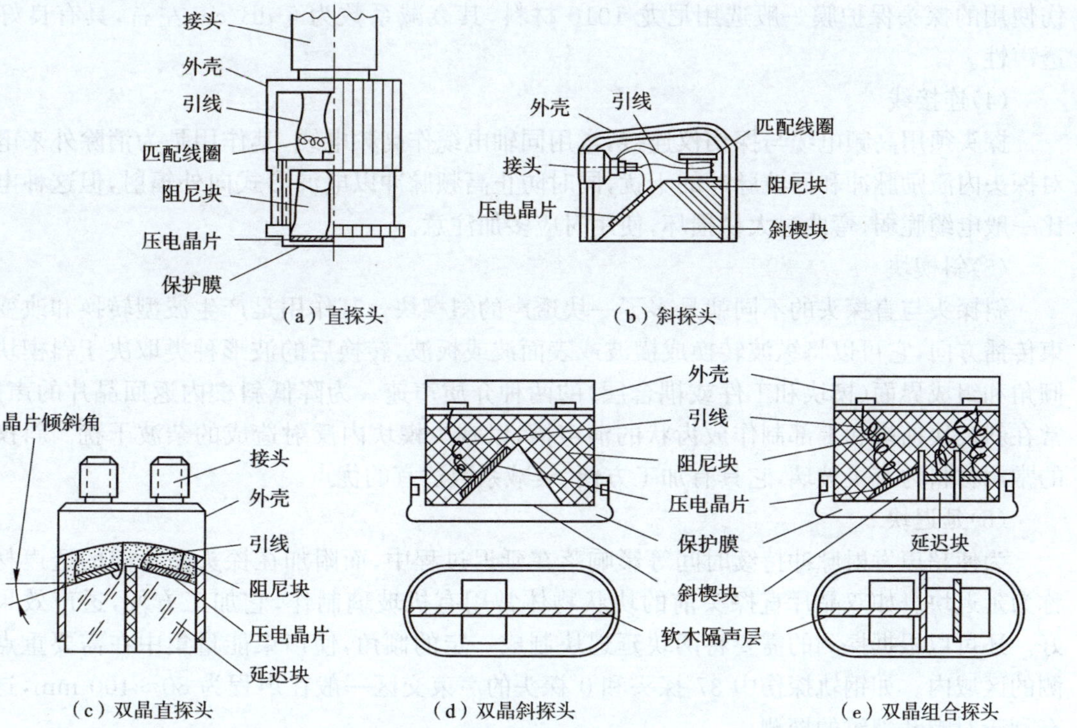

图 3-107　探头基本结构

2. 探头主要部件的作用

(1)压电晶片

压电晶片具有电能和声能相互转换的功能,将电能转变成声能(发射)是逆压电效应作用,将声能转变成电能(接收)是正压电效应作用。压电晶片的材料有石英、硫酸锂等单晶材料和钛酸钡、钛酸铅等压电陶瓷材料。用石英材料做晶片的探头其特点是:电性能和机械性能最稳定,因此标准探头均用石英晶片制作,其居里点高(570 ℃),能在高温下工作,但电声转换率差,灵敏度较低。钢轨探伤所用的探头晶片多数采用钛酸铅压电陶瓷材料制作而成。

压电晶片的振动频率,即探头的工作频率(f)取决于晶片厚度(T_g)和超声波在晶片材料中的传播速度(c),它们之间的关系式:$f=\dfrac{c}{2T_g}$。

从上式可知,晶片的振动频率与晶片厚度成反比关系,即晶片厚度越薄,振动频率越高,反之,晶片越厚,振动频率越低。

(2)阻尼块

与晶片或楔块组合具有高阻尼效率的块状物体称为阻尼块。其作用是阻止晶片的惯性振动和吸收晶片背面辐射的声能,以减小脉冲宽度和杂信号干扰。通常用钨粉和环氧树脂或其他特种材料按一定比例配制而成。

(3)保护膜

为使探头与工件接触、移动中不损坏晶片,常在晶片前面附一层保护膜。保护膜有硬质保护膜(如陶瓷、金属片等)和软质保护膜(如有机玻璃、聚氨酯薄膜、尼龙等)。钢轨探伤使用的探头保护膜一般选用尼龙 1010 材料,其衰减系数为 5 dB/cm 左右,具有良好的透声性。

(4)连接线

探头须用高频电缆与探伤仪连接,常用同轴电缆作高频电缆,其作用是为消除外来电波对探头内激励脉冲和回波脉冲的干扰,同时防止高频脉冲以电波形式向外辐射,但这种电缆比一般电缆脆弱,弯曲过大易损坏,使用时应多加注意。

(5)斜楔块

斜探头与直探头的不同就是多了一块透声的斜楔块。其作用是产生波型转换和改变声束传播方向,它可以将纵波转换成横波或表面波或板波,转换后的波形种类取决于斜楔块的倾角和组成界面(楔块和工件或耦合层)的两种介质声速。为降低斜楔内返回晶片的声能,常在斜楔块前端和上部制作成齿状的消声槽,以减少楔块内反射造成的杂波干扰。斜楔块的常用材料为有机玻璃,它具有加工方便、衰减系数适宜的优点。

(6)延迟块

为使超声发射脉冲持续时间等影响落在延迟过程中,而附加在探头晶片前的透声材料称为延迟块。如双晶片直探头前的块状物体常用有机玻璃制作,它加工方便,透声效果较好。还可以根据探测的需要将两块延迟块制成一定的倾角,使声束能量集中在需要重点探测的区域内。如钢轨探伤中 37°探头和 0°探头的声束交区一般在声程为 80～100 mm,这样有利于对螺孔裂纹的探测。

(7)隔声层

双晶片探头中为使接收晶片和发射晶片在声路上分割开来,在两片晶片之间夹一吸声性强的隔片,该隔片称为隔声层。隔片常用软木制成,它具有价格便宜,隔声效果好的优点。如果隔声层不良会产生信号泄漏现象,超声信号穿过预设隔声层,进入接收放大电路,会产生异常回波显示,干扰对探伤回波的识别。

(四)探头的型号编制和性能定义

1. 探头型号组成

型号的组成项目及其排列顺序规定如下:

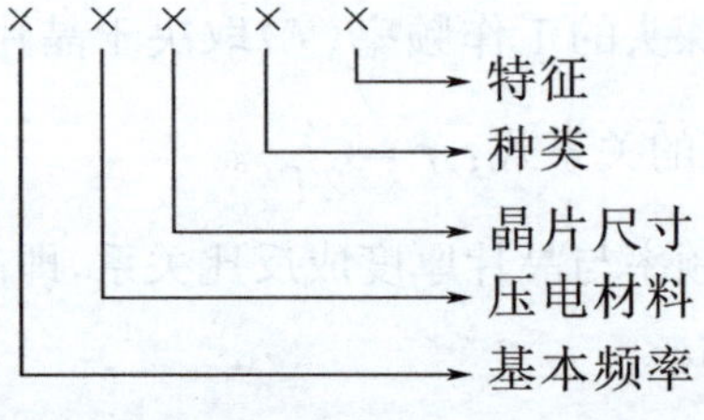

(1)基本频率:用阿拉伯数字表示,单位为 MHz。

(2)压电材料:用化学元素缩写符号表示,见表 3-12。

表 3-12 压电材料用化学元素缩写符号表示

压电材料	代 号	压电材料	代 号
锆钛酸铅陶瓷	P	铌酸锂单晶	L
钛酸钡陶瓷	B	典酸锂单晶	I
钛酸铅陶瓷	T	石英单晶	Q
其他压电材料	N		

(3)晶片尺寸:用阿拉伯数字表示,单位为 mm。其中圆形晶片用直径表示;方形晶片用长×宽表示;分割探头用分割前的晶片尺寸表示。

(4)种类:用一个或两个汉语拼音缩写字母表示,见表 3-13,其中直探头可以不标出。

表 3-13 种类表示代号

种 类	代 号	种 类	代 号
直探头	Z	表面波探头	BM
斜探头(用 *K* 值表示的)	K	可变角探头	KB
斜探头(用折射角表示的)	X	水浸探头	SJ
分割探头	FG		

(5)特征:斜探头钢中折射角正切值(*K* 值)和折射角用阿拉伯数字表示,折射角单位为度(°)。分割直探头和分割斜探头分别用汉语拼音字母 Z 和 X 作为代号。

例 1

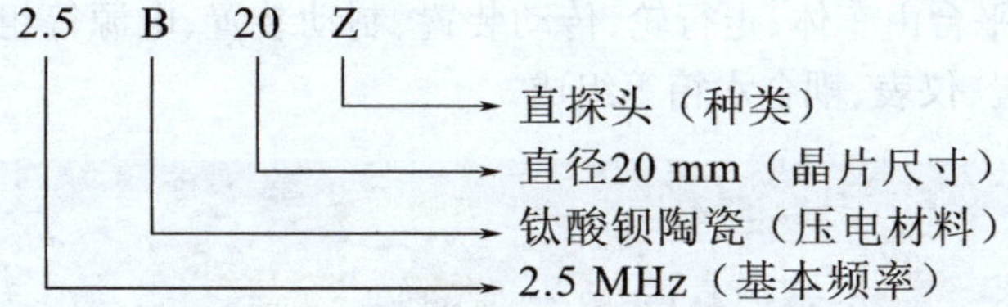

例 2

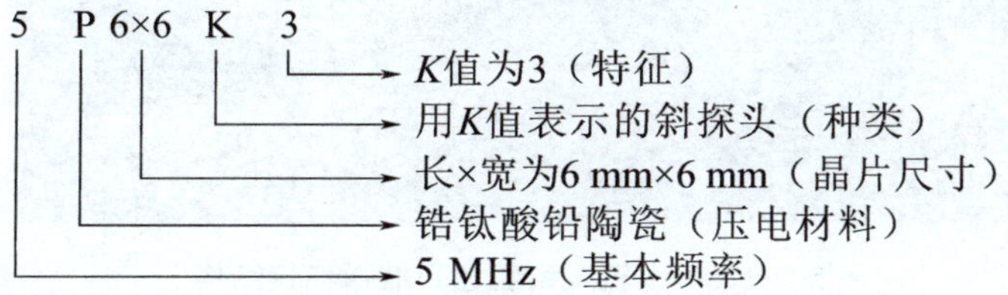

2. 探头性能定义

(1)相对灵敏度:被测探头与同频率的石英晶片固定试块在回波高度相同情况下的差值。

(2)始波宽度:始脉冲起始点(前沿)和结束点(后沿)之间的间距。

(3)回波频率:回波在时间轴进行扩展观察所得到的峰值间隔时间的倒数。

(4)声轴偏移:探头理论声轴线与实际声轴线偏差量。

(5)声束宽度:用 6 dB 法测出的声束宽度。

(6)斜探头折射角:斜探头折射声波与法线的夹角。

(7)探头楔内回波幅度:斜探头楔块内的反射回波幅度。

三、双轨式钢轨超声波探伤仪

双轨式钢轨超声波探伤仪是在天窗时间内能同时对线路上两股钢轨进行检测的超声波探伤仪，适用于普速线路和高速线路。

(一)使用条件

1. 环境条件

(1)海拔高度：2 000 m 及以下。

(2)环境温度：普通型为－15～45 ℃；低温型为－25～45 ℃。

(3)相对湿度：最湿月月平均最大相对湿度不大于90%(该月月平均最低温度为25 ℃)。

(4)应能承受自然环境如风、沙、雨、雪的侵袭。

(5)应能满足昼夜作业的要求。

2. 线路条件

(1)轨距：1435 mm。

(2)最大超高：175 mm。

(3)最小曲线半径：160 m。

(4)最大坡度：33‰。

(二)系统构成

双轨式钢轨超声波探伤仪由探头、仪器、探头对中机构、走行平台及附属装置等组成，如图3-108所示。走行平台由车体、走行轮、传动装置、制动装置、电源等组成。附属装置由安全防护装置、照明装置、仪表、耦合水箱等组成。

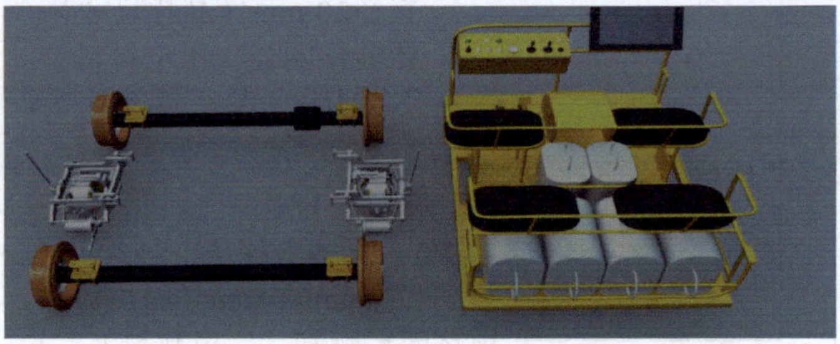

图3-108 双轨式钢轨超声波探伤仪结构

(三)技术要求

1. 基本要求

(1)应能适用于43～75 kg/m 铁道线路钢轨的超声波探伤作业。

(2)探头配置应满足检测钢轨轨头、轨腰、轨底中部(轨腰延伸部位)等部位伤损的需要。宜配置直探头、斜探头(35°～45°间的某个角度)检测轨腰及其延伸部位，斜探头(70°或其他有利于检测轨头横向裂纹的角度)检测轨头部位。

(3)具有一次波和二次波检测轨头横向裂纹的能力。

(4)整体布局应便于各部件的调整和维修。应采用轻量化、模块化设计，单个模块质量不超过60 kg，总质量不超过240 kg(不含电池和耦合水)，随乘人员可在5 min 内完成上道组装或下道拆卸。

(5)走行操控与检测系统应分别操控，可双向行驶。

(6)最高走行速度：不小于 20 km/h。

(7)最高持续检测速度：不小于 15 km/h。

(8)续航能力：连续运行不少于 60 km 或 4 h。

(9)定位里程精度误差：不大于 5‰。

(10)载重：不小于 460 kg，可承载 4 人。

(11)应配有不小于 100 L 耦合水箱，水量可直观检查。

2. 安全性要求

(1)应配备安全带、喇叭、风挡、照明灯、尾灯、停车信号灯、警示灯、扫石器、防倾覆装置等安全防护装置。

(2)照明灯在 50 m 处的照度不低于 2 lx(勒克斯)，适应夜间作业的需要。

(3)各种仪表应齐全，有速度、电量、警示等信息显示，夜间可视。

(4)探伤仪应有较强的抗干扰能力，能够在电气化线路和电台附近正常工作。

(5)操作台、电控箱等电器设备外壳防护应达到《外壳防护等级(IP 代码)》(GB/T 4208—2017)规定的 IP55 级。

(6)各安全保险及紧固零部件，均应齐全有效。螺栓、螺母应有可靠的防松脱措施。

(7)水管、电缆等分布、排列整齐，固定可靠。无漏水、漏电现象。

(8)整体布局合理，无偏载现象。在 175 mm 超高情况下，静态减载率不大于 0.65。

3. 探头

(1)探头(或探轮)外观应无损伤，连线应柔韧，接头插接可靠。

(2)探头(或探轮)应有铭牌，标明厂名、编号、生产日期和类型，普通型探头用字母 A 表示，低温型探头用字母 B 表示。

(3)探轮材料性能检验项目及要求应满足《双轨式钢轨超声波探伤仪暂行技术条件》中的有关规定。

4. 仪器

(1)具有各通道探头工作状态实时显示功能。

(2)具有 A、B 型探伤数据实时处理、显示、标记、存储、回放功能。A 显和 B 显可同时显示也可切换分别显示。

(3)具有距离补偿功能。

(4)具有不少于 120 km 检测数据的主机存储能力。

(5)应具备里程校准、限速设置(或超速报警)等功能。

(6)应保证在最高持续检测速度下，每个探头(晶片)超声脉冲发射距离间隔不大于 3 mm。

5. 仪器、探头(或探轮)综合性能

直探头探测 5 mm 螺孔水平裂纹、35°～45°探头探测 37°倾角 3 mm 螺孔上裂、直 70°探头探测距踏面 50 mm 深 $\phi4$ mm 平底孔、斜 70°探头探测 26°倾角 $\phi4$ mm×20 mm 平底孔。当探测规定人工伤损的回波幅度达到 50%波高时，闸门范围内的杂波(固定波除外)幅度不得大于 10%波高。

6. 检测能力

探伤仪调整到实际钢轨探伤状态,以 15 km/h(±0.5 km/h)的速度,分别连续 5 次不间断检测直标定线和曲标定线,除轨底锥孔、GTS-60SG-3 试块中的人工伤损外,其他人工伤损应能全部检出,并能正常报警。

如探伤仪具备 15°螺孔裂纹或垂向伤损等的检测能力,则应全部检出相应人工伤损,并能正常报警。

7. 检测软件

(1)具有良好的中文操作界面,能显示 B 型图和超声作业参数。

(2)超声 B 型显示方式如下:

①采用双轨彩色横向显示。

②显示方向为从左向右。

③上方为前进方向的左股钢轨,下方为前进方向的右股钢轨。

④所有通道合并或部分通道分开显示方式可选择。

(3)具备异常回波辅助提示功能,可将伤损 B 型显示图像弹出放大。

(4)可对作业信息(单位、人员、时间、线名、行别、里程等)、速度、探伤灵敏度、数据等进行记录、回放、转存。

(5)检测数据保存为单个文件,文件名中应包括:检测日期(8 位,如:20160418)、设备型号、编号等信息。

(6)数据回放软件适用于常用版本的计算机操作系统。

8. 探头(或探轮)对中机构

(1)在走行和检测条件下,超声探头(或探轮)及其机械装置应能保证运行安全。

(2)应配备对中调整装置,对中调整装置应灵活可靠,不应有松脱、阻塞现象。

(3)在静态下,应能够手动或电动调整对中。探头横向对中调整量±15 mm;若采用轮式探头,倾角调整量±10°。

(4)应具有对中偏移量监控功能。

(5)检测中,对中偏差不大于 4 mm。

(6)若配有探头(或探轮)导向轮,导向轮应采用绝缘设计,绝缘阻值不小于 1 MΩ。

9. 走行平台

(1)车体强度满足整机运行和探伤作业等承载要求,挠跨比不大于 1/150。

(2)走行轮应采用 LM 磨耗型踏面,踏面、轮缘廓形应符合《机车车辆车轮轮缘踏面外形》(TB/T 449)要求。同一车轮相互垂直的直径差不大于 0.5 mm;同一轮对的两车轮直径差不大于 1 mm。

(3)走行轮与钢轨踏面的接触材料应采用聚氨酯制作,正常运行或紧急制动时,不应产生明显擦伤,聚氨酯材料性能检验项目及要求应满足《双轨式钢轨超声波探伤仪暂行技术条件》中的有关规定。

(4)走行轮应采用绝缘设计,绝缘阻值不小于 1 MΩ。

(5)车轴应通过磁粉、超声波探伤检测。磁粉探伤不允许存在表面及近表面裂纹;超声波探伤不允许存在超过 $\phi 3$ mm 平底孔当量的缺陷。

(6)车体宽度不大于 2 m,轴距不小于 1.2 m,轮对内侧距为 1 353 mm±2 mm。

(7)在 33‰上坡道,可从静止状态实现坡起。

(8)应配备实现减速、停车和驻车的制动装置,且行车制动的控制装置与驻车制动的控制装置应相互独立。当行车制动装置失效时,驻车制动装置可实现制动。当驾驶员离开驾驶位时,可自行驻车。在动力缺失情况下,可解除制动、驻车,实现人工推行。

(9)在钢轨踏面淋水条件下,以行车制动装置实施制动的距离不大于 20 m,以驻车制动装置实施制动的距离不大于 30 m。

(10)可在钢轨踏面淋水的 33‰坡道稳定驻车。

(11)各操纵手柄的方位、挡位等应有鲜明的标记。应操纵灵活、可靠,不应有卡滞和冲击现象。

四、钢轨探伤车

钢轨探伤车是装在轨道上检测钢轨伤损设备的专用车辆或专用列车,能同时对两股钢轨进行探测,并能分析、处理和记录探测结果的大型探伤设备,其结构复杂,功能齐全,集超声、电子、微机信息处理于一体。其主要特性是系统最高持续探伤检测速度为 80 km/h 和可自动检测和识别钢轨内部缺陷。GTC 钢轨探伤车自 1993 年发展至今主要型号分别为 GTC-1、GTC-3、GTC-4、GTC- 6、GTC-80_J、GTC-80_X、GTC-80_X Ⅱ、GTC-80_J Ⅱ,其中 GTC-2 未投产。GTC-80_J 钢轨探伤车如图 3-109 所示。

图 3-109　GTC-80_J 钢轨探伤车

(一)钢轨探伤车结构简介

1. 车体组成

GTC-80_J 钢轨探伤车由动力车和检测车两节车体组成,动力车车内设有司机室、厨房、机器间、维修间、卫生间;检测车内设置有检测工作区、会议室、探轮恒温控制室、卧铺间、耦合介质室,检测车车下有转向架安装方式的探轮承载机构——探伤装置,如图 3-110 所示。

GTC-80_J 钢轨探伤车利用先进的探伤仪器设备和微机处理系统(以下简称 SYS1900 系统)对钢轨伤损的类型、位置、程度以及累计变化进行自动检测、分析、显示、记录和打印。同时装有钢轨轮廓检测系统和轨道状态巡检系统等检测设备,能实现对钢轨轮廓、钢轨磨耗及轨底坡等参数的精确测量;具有对钢轨表面及侧面、扣件、轨道板表面(无砟轨道)、轨枕和道床表面(有砟轨道)图像的动态采集、图像浏览和大容量数据的压缩、存储和数字化管理功能。该车具有独立行走功能,并可与国内准轨车辆连挂,是铁路线路维护与检测部门的重要设备。

图 3-110 探伤装置

2. 探伤主要设备

钢轨探伤车主要设备为 SYS1900 系统,该系统可以分为超声波子系统与电子柜两大部分(图 3-111),而车辆及探伤小车则为系统提供了运载工具及安装平台。

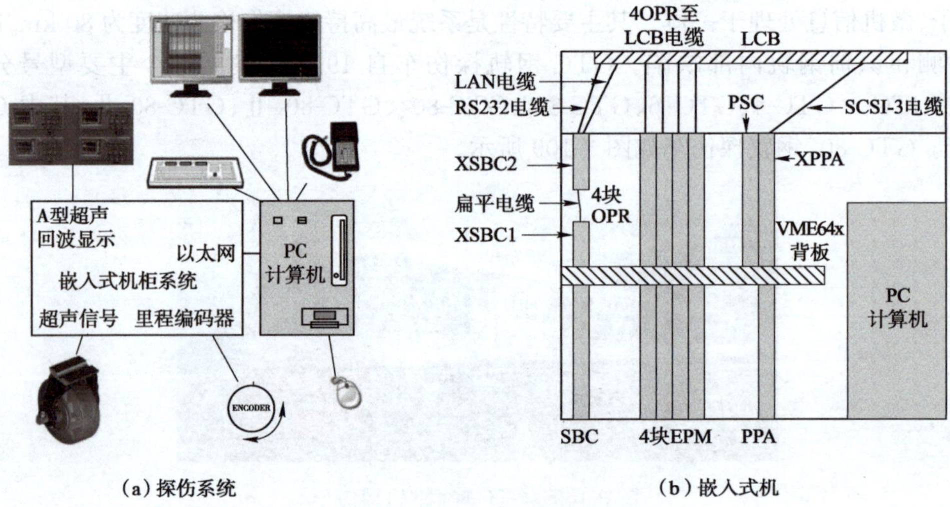

图 3-111 探伤主要设备示意

3. 轮探头

轮探头外面是由透声树脂材料制成的轮胎状柔性探测包,包内充满水和乙二醇混合的透声液,轮轴上装有固定探头芯,探伤时外轮胎随探伤车的运动而转动,但晶片固定,保持声波的发射和接收,如图 3-112 所示。

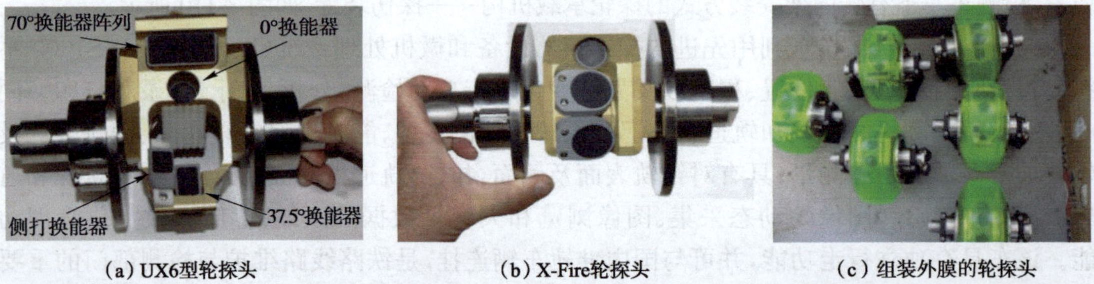

图 3-112 轮探头结构示意

(1)SYS1900 系统有两种类型的轮式探头,即 UX6 型轮探头与 X-Fire 轮探头。两种轮探头的直径大致相同。

(2)在 UX6 型轮探头中,有 6 个换能器,包括一个 0°、一个 37.5°、一个三晶片阵列的 70°,以及一个侧打换能器。SYS1900 系统中,每侧钢轨有 2 个 UX6 型探轮,前、后两个探轮按照镜像位置安装。

(3)SYS1900 系统中有两个 X-Fire 探轮,每侧一个,X-Fire 探轮位于两个 UX6 型探轮之间。X-Fire 轮探头中有三个换能器:一个 0°、一个前 XF 和一个后 XF 换能器。该探轮主要用于检测轨距内侧伤损,尤其是轨面带有微裂纹或龟裂的伤损。

上述晶片工作频率除 0°为 3.5 MHz 外,其余均为 2.25 MHz。

探伤车备 4 个 UX6 型轮探头和两个 X-Fire 轮探头,即每股钢轨两个 UX6 型轮探头和一个 X-Fire 轮探头,安装在探测架或探伤小车上。每个 UX6 型轮探头内配有 6 个换能器,即 0°、37.5°、70°三换能器阵列及侧打(也简称为 SL)换能器;X-Fire 探轮内则有两个 XF 换能器和一个 0°换能器,以检测钢轨中不同位置和不同取向的伤损。每侧两个 UX6 型轮探头在探测架或探伤小车上的安装方向相反;X-Fire 探轮则安装在中间,XF 换能器声束指向钢轨内侧,以得到不同方向的声束,如图 3-113 所示。

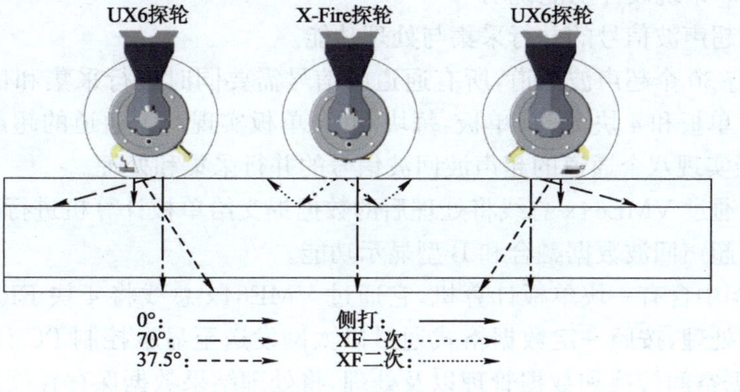

图 3-113　轮探头声束方向示意

4. SYS1900 系统主要硬件

钢轨探伤车的探伤信息处理由 SYS1900 系统的计算机及电子系统完成。这个系统包括两大部分,一是嵌入系统部分,二是操作员界面部分。

(1)嵌入系统部分由以下设备组成:

①紧凑型用户界面工业 PC 计算机:位于系统柜内,提供了系统的控制和 B 型显示界面。

②EPM:超声波回波信息处理单元,可以并行处理 8 个超声通道的信息,完成信号的选择、放大、检出伤损信号及模拟/数字转换。中国铁路系统配置 4 块 EPM,最多可以配 6 块 EPM。

③PPA:喷漆标记、超声脉冲频率控制及 A 型显示选择控制功能。

④SBC:单板计算机,在工业化实时处理操作系统 VxWorks 支持下工作。为 SYS1900 嵌入式系统的重要组成,与用户界面计算机通过以太网通讯,负责采集超声波信息、伤损信

息和通道控制参数的上传和下达,控制系统中其他的硬件工作状态及接口。

⑤机柜数据总线:定制的 VME64x 背板。

⑥XPPA/LCB:XPPA 提供了系统各个硬件板卡与外部设备之间的接口和转换电路;LCB 则为 SYS1900 系统中的电缆连接板,来自轮探头各个通道的超声波信息、去往示波器的 A 型显示模拟信号、系统网络连接等均经过 LCB 连接。

⑦PSC:脉冲仿真控制器,提供系统仿真测试需要的信号。

⑧OPR:八通道脉冲发射/接收单元,通过 LCB 与轮探头中的换能器相连。同步于 PPA 产生高电压短脉冲,激励轮探头中的换能器发出超声波;之后接收并放大超声回波信号。与 EPM 数量相匹配,目前配备 4 块,最多可以配备 6 块。

(2)操作员界面部分由一台系统控制计算机和一台显示控制计算机组成:

①系统控制计算机主要完成超声探测系统控制、显示计算机控制、系统诊断、探伤报告的编辑和打印。

②显示控制计算机主要完成实时显示超声信息、实时显示检测区域的识别信息、显示缺陷及特征的准确位置、回放检测数据、打印超声波检测彩色图形(B 扫描图形)、显示操作员输入的信息(辙叉、道岔和平交道口等)。

5. SYS1900 系统硬件功能说明

(1)多通道超声波信号的并行采集与处理功能。

系统中含有 30 个超声波通道,所有通道的信号需要同时进行采集和信号处理,系统中采用 4 块 OPR 单板和 4 块 EPM 单板,每块 OPR 单板实现八个通道的超声波激励与接收,每块 EPM 单板实现八个通道的超声波回波信号的并行采集和处理。

EPM 单板通过 VME64x 总线将处理后的数据提交给单板计算机进行融合处理。

(2)多通道超声回波数据融合和 B 型显示功能。

系统电子柜中含有一块单板计算机,它通过 VME64x 总线将 4 块 EPM 板的数据收集起来,然后进行处理,按照一定数据格式通过以太网发送至显示控制 PC 计算机。在 PC 计算机中经过数据空间转换和数据管理以及处理,将处理结果数据保存在硬盘上,并同时以 B 型图形式在一个显示器界面显示,供操作员进行判读。

(3)参数的设置和实时调整功能。

探轮中的超声波换能器、电子柜中的各个单板以及 4 个示波器显示的波形等部件都需要进行参数设置,系统采用一个显示器显示这些参数设置界面,PC 计算机显示和处理设置的参数,一部分参数在 SYS1900 系统启动时进行加载和更新,一部分参数在调整设置的同时进行实时更新。

参数数据流方向为 PC 计算机处理后通过以太网发送至单板计算机 SBC,然后在 SBC 板中再次处理后分发至各个单板,最终对各个部件中相应参数进行更新。

(4)超声波 A 型显示功能。

系统中配备 4 个双通道示波器用于显示超声波 A 型显示波形,用于显示的回波波形在电子柜中的 EPM 板中进行处理,并添加相应的窗信息,然后在 PPA 板中进行选择切换,从 48 路信号中选择 8 路进行输出。其中 2 个示波器的 4 个通道固定显示系统中 4 个 UX6 型探轮中的 0°方向通道的回波,另外 2 个示波器的 4 个通道显示的波形可以通过 PC 计算机中的检测软件进行选择。

(5)伤损定位功能。

系统中配备两个里程编码器用来记录里程信息,检测运行中只用到一个编码器信息,所有检测数据都与此里程信息相关,伤损信息可以通过它进行精确定位。

系统中还配有小键盘,可以根据道路旁的里程信息及建筑物人工输入实际的里程数和图标,用来对检测数据中的伤损进行辅助定位。

系统还可以接收 GPS 信号和来自巡检系统的里程射频标签信号,以此进行伤损的定位。

(6)系统仿真与自诊断功能。

系统中含有一块 PSC 单板,它根据仿真数据产生探轮中换能器的回波信号,输出至 4 块 OPR 板中,用于系统的仿真和自诊断功能。仿真数据文件存放在 PC 计算机中,在检测软件中执行仿真操作时,将仿真数据通过以太网传输至单板计算机 SBC 中,然后再通过 RS-232 将仿真数据传输至 PSC 板中。

此仿真方案除了探轮不能仿真外,其他部件和处理算法都可以进行仿真。

(7)检测数据回放。

系统配备一台工作站计算机、一个液晶显示屏以及一套鼠标和键盘组成回放系统,回放计算机通过以太网将 SYS1900 系统内显示控制计算机中的检测数据文件拷贝到本地,然后通过回放软件进行检测数据回放和伤损判读记录等操作。

(二)钢轨探伤车超声工作原理

1. 钢轨探伤车超声波探伤技术

(1)SYS1900 系统探伤原理

当轮探头中的压电晶体(换能器)受到高电压脉冲激励之后,会按照自身固有的振动频率振动,如 2.25 MHz 的振动被引入到钢轨中,将会在钢轨中传播。一旦钢轨中存在缺陷或空洞,部分超声波能量将被反射回来。这个过程和雷达或声呐侦测目标等的工作原理相似。

SYS1900 系统所用的超声波振动的持续时间很短,即所谓脉冲波。通过测量发射脉冲到接收到的回波之间的时间,可以得出伤损的埋藏位置。比如系统中的 37.5°(超声波声束中心与钢轨表面法线的夹角)通道声束,在没有伤损的位置是得不到回波的。一旦钢轨中存在伤损,超声波脉冲将会被其反射,返回探头,被换能器接收。系统据此得知钢轨中存在某个“障碍”,而这个“障碍”所处的位置也可以由接收到的回波与发射波之间的时间差求得,或者说,系统可以据此得知“障碍”距离。

(2)超声波信号的发射与接收

SYS1900 系统采用轮式探头。探头外部包裹有聚酯橡胶外膜,内充专用液体。当系统将短时间高电压脉冲施加到换能器的压电晶体上时,换能器的晶体将按照其本征频率振动,该振动通过轮探头中的液体传播到钢轨里,这就是超声波的发射过程。

由于超声波不能穿透空气间隙,SYS1900 系统配备有耦合水喷头,以排除轨面与轮探头之间的空气。SYS1900 系统轮探头如图 3-114 所示。

(3)超声波脉冲与伤损相互作用举例

此处以 0°通道的超声波检测到钢轨接缝处的螺栓孔情况为例,说明超声波自换能器发出之后在钢轨中的行为。当 SYS1900 系统在 0°换能器上施加高电压脉冲时,换能器将发射超声波,如图 3-115 所示。超声波声束将在轮探头内的液体中传播一段距离,到达轮探头外膜/钢轨表面。超声波能量中的一部分将穿过此分界面,继续在钢轨中传播,而相当大部分的超声波能量将被反射回轮探头,产生界面波。界面波信号通知 SYS1900 系统,自此开始,超声波进入到钢轨中。剩余的超声波能量继续在钢轨中传播,一旦有障碍物,其传播方向将会改变。当超声波遇到螺栓孔时,将会被螺栓孔阻挡,声束能量将被反射回来。

图 3-114 SYS1900 系统轮探头

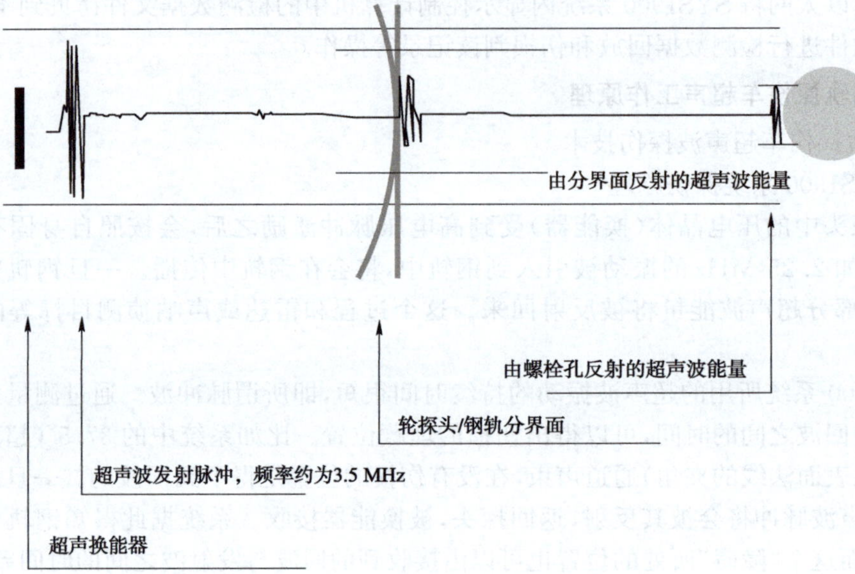

图 3-115 0°声束在钢轨中传播行为示意

(4)UX6 型轮探头 0°换能器

0°换能器(3.5 MHz)可产生超声波纵波声束,用于检测钢轨中的水平取向伤损,比如轨头/轨腰分离。除此之外,此通道还可以检测螺栓孔裂纹或不良的螺栓孔以及轨头垂直劈裂等伤损。0°通道声束垂直入射到钢轨表面,并通过轨腰部分到达钢轨底部。由于没有伤损时,总会出现底面回波,据此特点,此通道可以检测任何遮挡底面回波的伤损。因此,0°通道被用作检测伤损反射回波和检测底波是否消失(相当于穿透作用)。

(5)UX6 型轮探头 37.5°换能器

37.5°换能器常常简称为 45°换能器,可以产生 2.25 MHz 的超声横波或剪切波的超声波声束。此通道主要用于检测轨腰部分的伤损,尤其是螺栓孔裂纹,还可以检测特定取向、

70°通道探测不到的横向裂纹。系统一侧的前、后两个探轮中的45°声束传播方向相反，且声束相对，即前向探轮45°声束向后，而后向探轮45°声束向前，以便检测不同取向的伤损。

(6)UX6型轮探头70°换能器

每个探轮中安装有一个具有3个70°晶片的换能器阵列，简称为70°换能器，超声波频率为2.25 MHz。此换能器可以产生折射角为70°的超声波横波，主要用于检测钢轨头部及轨腰顶部的伤损。折射角为70°的声束可以发现横向取向的伤损，比如轨头核伤和焊缝伤损，还可以检测轨头区域中的垂直劈裂类的伤损。一侧前、后两个探轮的70°声束方向相反，前轮朝前、后轮向后，以便检测不同取向的伤损。

(7)UX6型轮探头侧打换能器

侧打换能器超声波频率为2.25 MHz，与其他通道不同，侧打通道的超声波声束在钢轨横向截面内传播，从钢轨内侧传播到钢轨外侧或从外侧传播到内侧，这是"侧打"一词的来源。此通道用于发现钢轨头部纵向垂直劈裂。更新后的侧打换能器采用聚焦式换能器，即在换能器之前，装有聚焦声透镜，增强了检测轨头纵向垂直劈裂的能力。

(8)X-Fire轮探头中0°换能器

此换能器仅仅为X-Fire轮探头中的两个XF换能器提供轮内超声波传播时间，以实现界面跟踪功能，并不参与伤损检测。

(9)X-Fire轮探头中前、后XF换能器

X-Fire轮探头中有前、后两个XF换能器，用于检测轨头轨距内侧的小核伤。与UX6型轮探头中的70°换能器不同，XF换能器的声束与钢轨纵向有一个经过优化的夹角。XF换能器利用一次和二次回波，对于轨距内侧的小核伤，尤其是轨面擦伤下的小核伤，有较好的检测效果。

(10)示波器上的超声回波信号

在任意时刻，SYS1900系统上的示波器可以显示全部通道中的四个通道的超声波时间/幅度信息。示波器的横轴表示时间量，垂直轴为信号幅度，即所谓A型显示。如果系统配备四个双踪示波器，则其中两个永远显示四个轮探头中的0°通道信息，而另外两个示波器则根据操作员意图，从全部的通道中选择4个显示。

观察示波器上的超声波回波信息对系统调试和查找故障很有帮助。低速检测时，操作员还可根据钢轨接头处的回波信息确认系统状态，经验丰富的操作员甚至可以利用其确认伤损。示波器中的A型显示另一个重要的用途是用于调整轮探头的换能器入射角(调零)及横向对中位置。

2. 闸门、增益和阈值

为了更快、更准确地处理超声波信息，SYS1900系统中有一套时域控制的电子硬件，此为闸门、增益、阈值的设置。为了使其正常工作，必须正确地设置这些参数，为此必须了解闸门、增益、阈值的工作原理及其对信号的影响。示波器是常用观察其调整状况的工具。

首先需要了解SYS1900系统处理超声波时时间与距离的关系。系统在处理超声波回波时，利用时间与距离的关系能够确定伤损的位置。

(1)闸门种类

在SYS1900系统中每个通道有三种闸门，即界面波监视闸门、伤损监视闸门、底面回波监视闸门。

各种闸门中关于幅度控制参数为增益、阈值,而抑制水平则仅仅改变示波器上的显示,用于“去掉”杂波,使其看上去比较“干净”。

增益为以分贝为单位的放大量调整参数。提高增益,回波幅度将随之增高,有利于发现小伤损。但是过高的增益会带来不必要的噪声信号,系统的增益要根据钢轨类型、线路状况调节。

在 SYS1900 系统中,阈值为检出回波信号的门限值。一旦回波信号超过系统设置的门限值,该信号即被系统检出。系统将计算其传播时间并记录相关信息,进行一系列的处理,最终以 B 型方式显示在屏幕上。如果回波信号没有超过此门限值,该信号则被忽略,由此可以过滤掉不必要的噪声信息。这个参数一般由探伤主管设置,操作员平时不应做修正。

(2)界面波监视闸门(EF 闸门)

界面波监视闸门仅仅对于 0°通道有意义,用于监测、检测界面波。界面波标志着超声波进入钢轨的时刻。SYS1900 系统利用此时刻确定各个通道超声传播时间,计算出伤损位置。

对于其他角度的声束,钢轨表面没有这个界面波。其他通道确定声束进入钢轨的时间依据的是以下原理:由于轮探头换能器安装位置是固定的,在检测时,可以认为同一个探轮其他声束与 0°声束的传播时间差值固定,SYS1900 系统可以由 0°通道的界面波得出其他声束抵达钢轨表面的时间。即使探轮在运行中产生柔性变形,系统依然可以得知各个换能器超声波进入钢轨时的时间,此即界面跟踪技术。利用界面波跟踪可以提高伤损的定位精度。

界面波监视闸门为进波报警闸门,信号幅度高于设定的阈值时触发动作。SYS1900 系统一旦检测到此信号,界面波监视闸门即刻关闭,系统将以界面波的位置以及硬件设定的逻辑,产生后续的闸门。

界面波监视闸门的参数包括:

①闸门延迟:自同步脉冲开始的延迟时间(注意不是自始脉冲开始计算),即经过多少时间后,发生界面波监视闸门。设置参数:UX6 型和 X-Fire 探轮轮探头界面波监视闸门延迟为 80 μs。

②闸门宽度或闸门结束:闸门宽度表示界面波监视闸门发生多少时间后关闭;而闸门结束时间则为自同步脉冲开始起多少时间后闸门关闭。这是一个参数的两种表示方式,可以在 SYS1900 系统参数菜单窗口的“显示菜单”下选择“作业参数显示设置”中进行切换,闸门宽度在 50 μs 左右。

③闸门增益:界面波监视闸门只在其闸门内有效。应设置合适的参数,且仅当更换探轮时,才有可能改变。

(3)伤损监视闸门(MON 闸门)

除 X-Fire 探轮 0°以外,每个通道均有伤损监视闸门,用以检测伤损回波。此闸门为“进波报警”,即伤损信号回波超过设置的阈值之后,触发报警动作,产生一系列的操作;若回波低于设置的阈值,则没有报警。

伤损监视闸门的参数包括:

①闸门延迟:此参数决定了监视闸门的起始点。对同一个探轮来说,闸门延迟的起点与 0°通道的界面波位置有关。闸门延迟参数控制了自轨面开始的检测范围起点位置。闸门延迟的单位为 μs。

②闸门宽度或闸门结束：闸门宽度表示伤损监视闸门发生多少时间后关闭，而闸门结束时间则为此参数的另一种表述，为闸门延迟与宽度之和。可以在 SYS1900 系统参数菜单窗口的“显示菜单”下选择“作业参数显示设置”中进行切换。这个参数控制了自轨面开始的检测范围终点，单位为 μs。

③闸门增益：此参数控制了人监视闸门内信号的幅度。选择的增益值越大，发现伤损的灵敏度越高。此参数必须根据轨型与轨面状况调整。

(4)底面回波监视闸门(LER 闸门)

与前两种闸门不同，底面回波监视闸门为“失波报警”闸门。这个闸门目前只为 0°通道采用。由于正常工作的时候，0°通道的超声波声束会穿过狭轨头、轨腰、抵达钢轨底部后反射。轨底的反射回波在钢轨中没有障碍物时总是存在的。一旦丢失了底面反射回波，提示为耦合出现问题或轨面与轨底之间存在取向不良的大障碍物(比较大的伤损或螺孔等)。因此，可以通过监视底面回波发现耦合不良或者大的取向不良的伤损。

XF 通道中的底面回波监视闸门内信号通常不被系统使用，默认的状态为关闭。当操作员怀疑 XF 探轮故障，可以打开 XF 探轮的底面回波监视通道，并观察 A 型显示以获得相关信息。

底面回波监视闸门的参数包括：

①闸门延迟：目前仅对 0°通道有效，决定了底面回波监视闸门的起点，此参数单位为 μs，值通常较小，如 2 μs 或者 3 μs。

②闸门宽度或闸门结束：闸门宽度表示底面回波监视闸门发生多少时间后关闭；而闸门结束时间则是此参数的另外一种表述，其值为底面回波监视闸门宽度与延迟之和。此参数控制了底面回波监视闸门范围的终点，单位为 μs。

③闸门增益：此参数决定了底面回波在底波监视闸门中的幅度。增益值越大，底波幅度越高。增益值的设置，与轨型与轨面状况有关。

典型的通道闸门示波器波形如图 3-116 和图 3-117 所示。

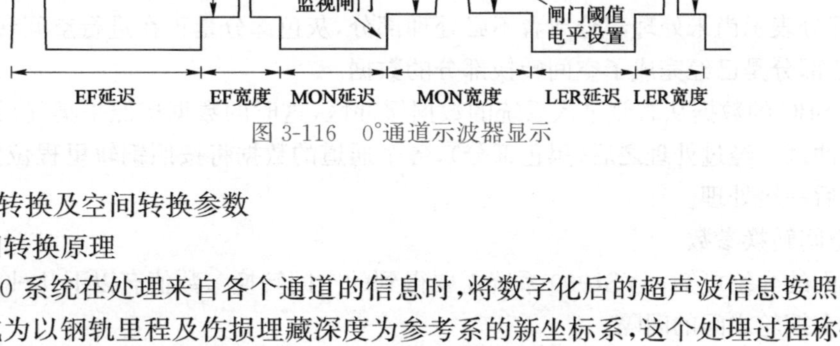

图 3-116　0°通道示波器显示

3. 空间转换及空间转换参数

(1)空间转换原理

SYS1900 系统在处理来自各个通道的信息时，将数字化后的超声波信息按照时间先后顺序，转换成为以钢轨里程及伤损埋藏深度为参考系的新坐标系，这个处理过程称作空间转换。经过空间转换处理后的数据将作为系统 B 型显示的基础。

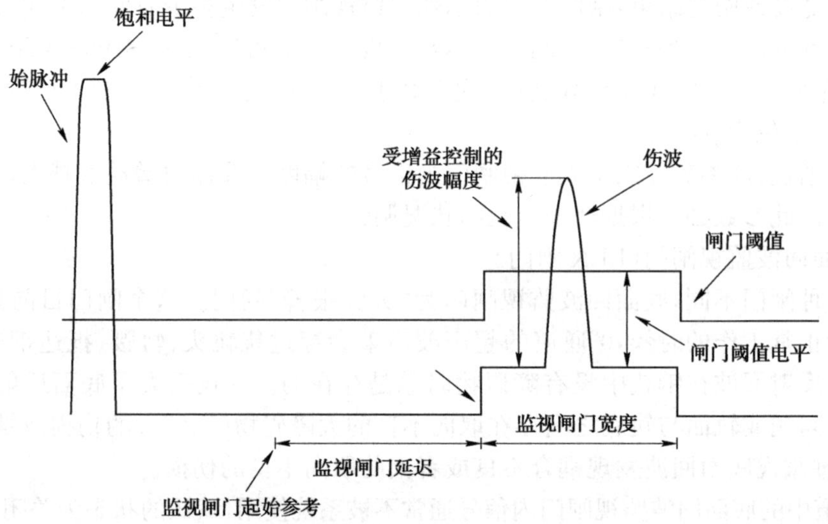

图 3-117 其他通道示波器显示

空间转换的处理过程可以形象地理解为将钢轨切割成 0.8 mm 的小片段，各个通道的数据按照钢轨的里程和深度装配到各个小片段里面。在一个小片段的同一深度处，可以有多个单元，以存放来自不同通道的信息，这就是所谓"空间"的含义。

以 24 个通道的 SYS1900 系统为例，每侧配备有两个轮探头，每个轮探头内装有 0°、37.5°、3 个 70°和侧打，共计 6 个不同角度的换能器。对于斜探头，其偏离探轮中心的水平距离及深度与其声束折射角的正切值存在比例关系，在空间转换时，计算出声程之后，需要转换为深度及相应的水平偏离距离。为了减少各种换能器之间的交叉串扰和噪声，各种角度的换能器声束在钢轨表面的入射位置存在一个位移(可以理解为多个不同角度的斜探头有着不同的前沿长度)，这些位移也是空间转换处理时需要考虑的一种参数。另外，对于后探轮中的 70°信号，总是滞后于该探轮的中心位置，换句话说，该探轮中的 0°通道信号要在钢轨上移动一段距离之后，70°通道的超声波才有可能扫描到之前探轮中心的位置。这个距离决定了空间转换需要有一定的延迟量，以便完成全部通道信息的处理。受到钢轨头部高度的限制，这个距离不会超过 30.48 cm。这个参考点的意义是：在该点之前，该侧钢轨上的各个通道的超声波信息已经被空间转换处理完毕。

动态处理空间转换数据流程的过程如图 3-118 所示，其中钢轨被切割成为 0.8 mm 的小段，白色部分表示尚未处理部分或者不必处理部分，灰色部分是正在进行空间转换部分的数据，而黑色部分是已经完成了空间转换部分的数据。

来自 SBC 的数据从右侧进入系统的数据缓冲区，这时的数据按照采集先后的时间顺序保存在缓冲区。经过处理之后(黑色部分)，各个通道的数据将按照钢轨里程位置排列，以便系统在之后一级处理。

(2)空间转换参数

从上面的介绍可知，SYS1900 系统需要得到的空间转换参数值有以下几种：

①两个探轮之间的间隔。

②各个换能器相对于轮探头中心的偏移量(相当于前沿长度)。

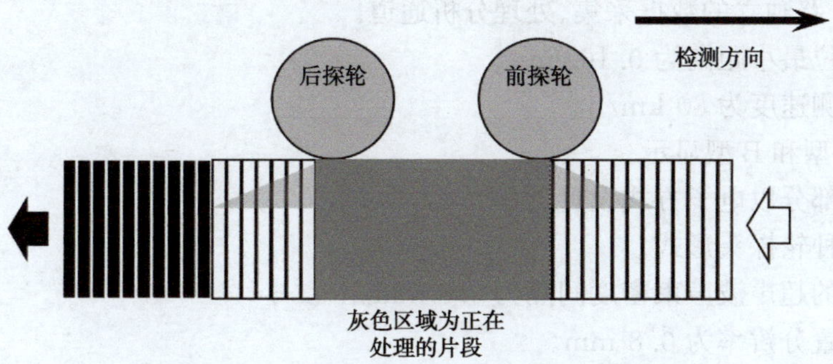

图 3-118　单侧超声回波数据空间转换处理流程示意

③终止空间转换的参考点。

轮探头空间转换参数(图 3-119)表示了各个参数的相互关系,其中参考点的长度、各个晶片相对偏移量等均为系统常数,不需要改动。具体地说,在 ST 参数中,左、右后轮 0°偏移为系统参考点长度,不需要改动。70°、45°及侧打通道相对于 0°的偏移量也不需要改动。而需要测量的参数,也称作空间转换参数,校准的是前后两个轮探头之间的距离,也就是左、右前 0°偏移量需要根据左、右侧前后两轮探头中心距校准。

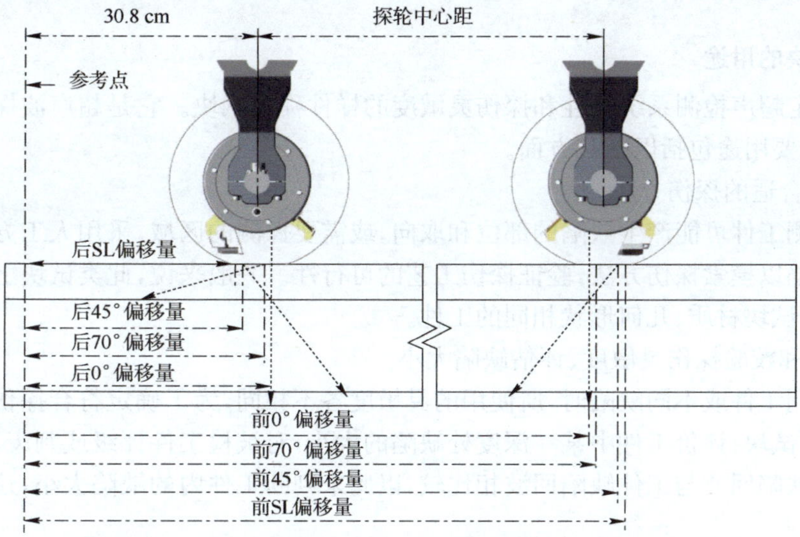

图 3-119　空间转换参数示意

当底面回波监视闸门参数设置正确,钢轨接头的螺孔 B 型显示图形有助于验证空间转换参数是否设置正确。其中,前、后两个 0°通道的 LER 闸门显示长度应对齐。若存在差异,则提示前轮 0°空间转换参数不正确或偏差过大。如果空间转换参数设置偏差过大,将会影响 SYS1900 系统后续的伤损识别处理,增加误报甚至遗漏伤损。

(三)技术参数

1. 具备 6 个超声波探轮,一共 30 个超声换能器,其中有 6 个为 0°方向、4 个为 37.5°方向、12 个为 70°方向、4 个为偏斜 70°方向、4 个为侧打方向。

2. 具备32路独立的数据采集、处理分析通道。

3. 伤损定位最小距离为0.16 cm。

4. 最大检测速度为80 km/h。

5. 具备A型和B型显示。

6. 系统各部分以电子方式设置。

7. 支持多种轮探头形式。

8. 最密集的超声波声束密度间隔为0.8 mm。

9. 水平位置分辨率为0.8 mm。

10. 具备以太网数据通信网络功能。

(四)接口说明

1. 人机接口:SYS1900系统的人机接口包括1个打印机、1个鼠标、1个键盘、2个液晶显示器、4个示波器。

2. 机械接口:探轮通过探轮架悬挂在探伤装置上,编码器通过联轴器与车轮轮轴进行连接。

3. 电气接口:通过配电盒给SYS1900探伤系统提供AC 220 V电源。

五、钢轨母材探伤试块

(一)试块的用途

用于鉴定超声检测系统特性和探伤灵敏度的样件称为试块。它是超声波探伤中不可缺少的工具,主要用途包括以下几方面。

1. 确定合适的探伤方法

根据被测工件可能产生缺陷的部位和取向,或需要探测的区域,采用人工方法在试块上制作人工缺陷以摸索探伤方法,验证探伤工艺的可行性。一般来说,此类试块上摸索到的规律,适用于与试块材质、几何形状相同的工件。

2. 确定和校验探伤灵敏度、评估缺陷大小

探测不同工件或不同缺陷时,所使用的灵敏度各不相同,为了确定符合探伤要求的灵敏度,需要使用试块;评价工件中某一深度处缺陷的大小,对被检工件评级或判废,可以利用试块中的人工缺陷回波与工件缺陷回波相比较,以此来判断工件内的缺陷大小,这种方法称为当量法。

3. 测定和校验探伤仪和探头的性能

可以用电子仪器来测试超声波探伤仪的性能,但对于使用者来说,往往不具备这种测试手段,因此需通过试块来检验仪器及测试探头和仪器的性能,调节仪器的探测范围,根据缺陷回波来确定缺陷位置。

此外,试块还能用于测量材料衰减系数和确定耦合补偿等用途。

(二)试块的分类和作用

试块根据检定部门和使用环境可分为标准试块、对比试块和专用试块三类。

1. 标准试块

标准试块是指材质、形状、尺寸及性能均经主管机关或权威机构检定的试块,用于对超

声检测装置或系统的性能测试及灵敏度的调整。(如ⅡW 试块是由荷兰人在 1955 年首先提出，1958 年焊接学会通过的标准试块，故又称荷兰试块)。现将钢轨探伤工作中常用的标准试块简介如下：

(1)CSK-ⅠA 试块

CSK-ⅠA 试块如图 3-120 所示，该试块与国际标准试块ⅡW 相比有以下三处不同，一是将 $R100$ mm 圆曲面改为 $R50$ mm、$R100$ mm 阶梯圆曲面，可同时获得两个反射回波，校正横波扫描速度；二是将 $\phi50$ mm 孔改为 $\phi40$ mm、$\phi44$ mm、$\phi50$ mm 台阶孔，有利于测定斜探头的分辨率；三是将折射角改为 K 值。其用途有以下几个方面：

①利用厚度 25 mm 和高度 100 mm，测定探伤仪的水平、垂直线性，动态范围，调整纵波探测范围，校正时基线。

②利用 $R50$ mm 和 $R100$ mm 调整横波探测范围、零位校正和测定斜探头的入射点(前沿长度)。

③利用高度 85 mm、91 mm、100 mm 测定直探头分辨力；利用 $\phi40$ mm、$\phi44$ mm、$\phi50$ mm 曲面测定斜探头分辨力。

④利用 $\phi50$ mm 曲面和 $\phi1.5$ mm 横孔测定斜探头 K 值。

⑤利用 $\phi50$ mm 有机玻璃块测定直探头盲区和穿透力。

⑥利用试块直角棱边测定斜探头的声轴偏斜角。

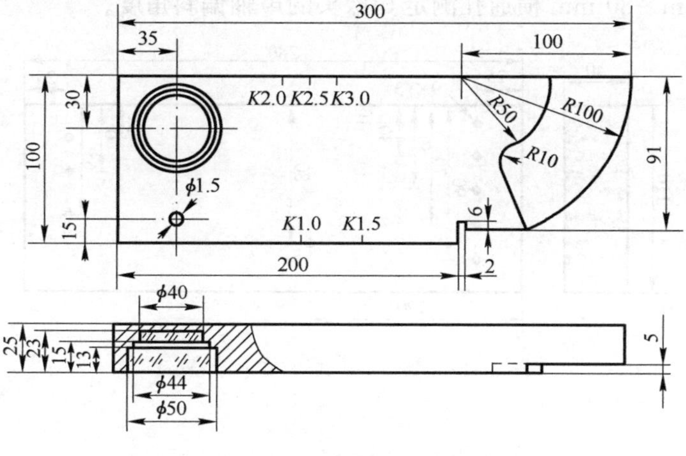

图 3-120　CSK-ⅠA 试块(单位：mm)

(2)SH-1 型半圆试块

SH-1 型半圆试块如图 3-121 所示，该试块最大优点是体积小、携带方便。可调整探测范围，测定仪器的水平线性、垂直线性和动态范围，测定斜探头的入射点、折射角及调整探伤灵敏度。

(3)CS-1-5 试块

CS-1 试块属成套试块，主要用于绘制振幅-当量曲线和当量法确定被检工件内的缺陷大小；测定直探头声束偏移量；测量探伤仪衰减器精度。CS-1-5 试块是 CS-1 系列中的一块(图 3-122)，其平底孔径为 $\phi2$ mm，常用于测试直探头和仪器组合的灵敏度余量。

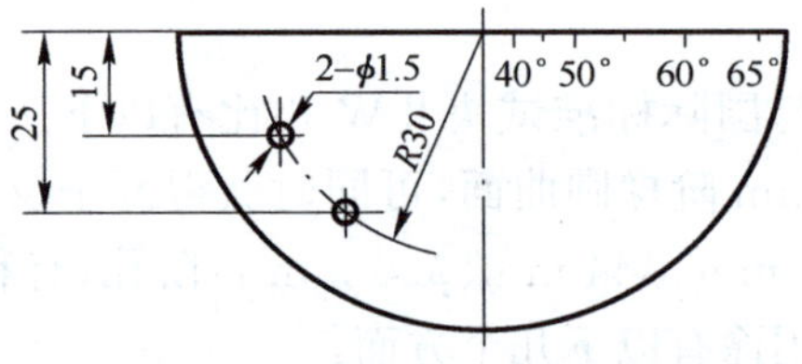

图 3-121 SH-1 型半圆试块(单位：mm)

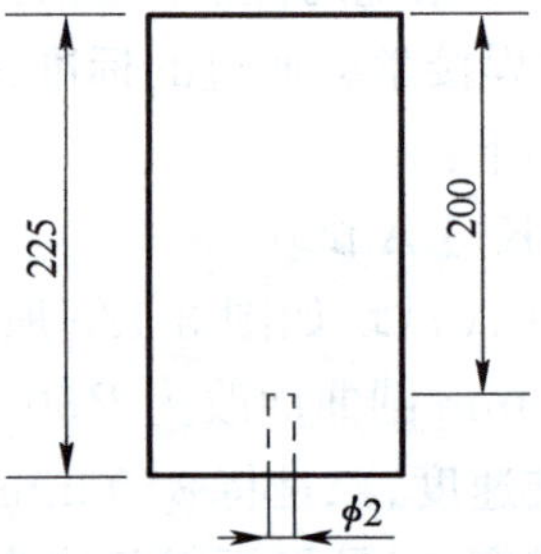

图 3-122 CS-1-5 试块(单位：mm)

2. 对比试块

对比试块是指用于调整超声检测系统灵敏度或比较缺陷大小的试块。属非标准试块，一般采用和被检材料特性相似的材料制成。

(1)WGT-3 试块

WGT-3 试块如图 3-123 所示，该试块主要作用如下：

①利用 110 mm 底面测定仪器 0°探头通道和 0°探头的灵敏度余量。

②利用深 ϕ3 mm×65 mm 横通孔测定仪器 37°、70°探头通道和探头的灵敏度余量及楔内回波幅度测定各种探头的声束宽度。

③利用 ϕ3 mm×80 mm 横通孔测定 0°探头的声轴偏斜角度。

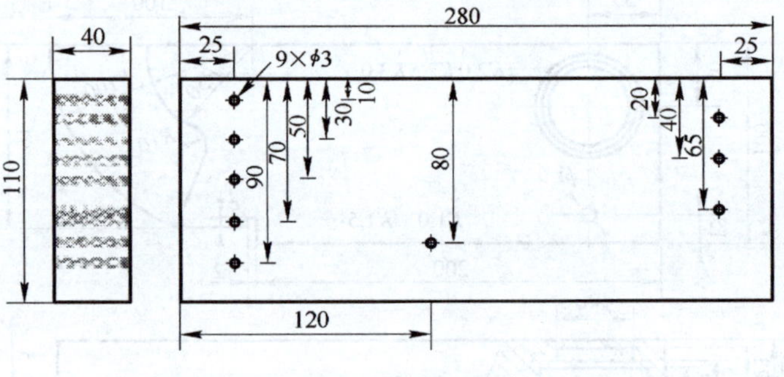

图 3-123 WGT-3 试块(单位：mm)

(2)阶梯试块

阶梯试块如图 3-124 所示，该试块主要用于测定 0°探头(即直探头)通道的距离幅度、阻塞特性和 0°探头的楔内回波幅度。

3. 实物对比试块

专用试块是指专供钢轨探伤灵敏度校验用的试块，按其作用也属对比试块。

(1)GTS-60 试块

GTS-60 试块如图 3-125 所示，该试块主要用于钢轨探伤仪各探头检测性能的检验，具体作用如下：

①轨头中设有 ϕ4 mm 平底孔和 ϕ3 mm 横孔，两者都用于检验 70°探头的探测性能。

②螺孔上线切割槽用于检验 0°和 37°探头的探测性能。

③轨腰上 ϕ6 mm 横通孔用于检验 0°探头的探测性能。

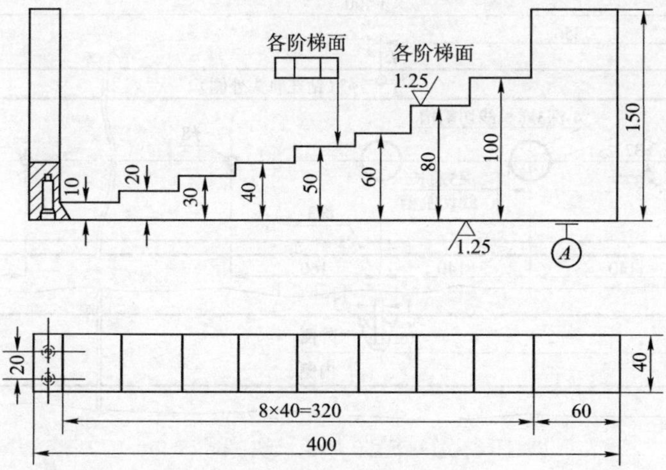

图 3-124　阶梯试块(单位：mm)

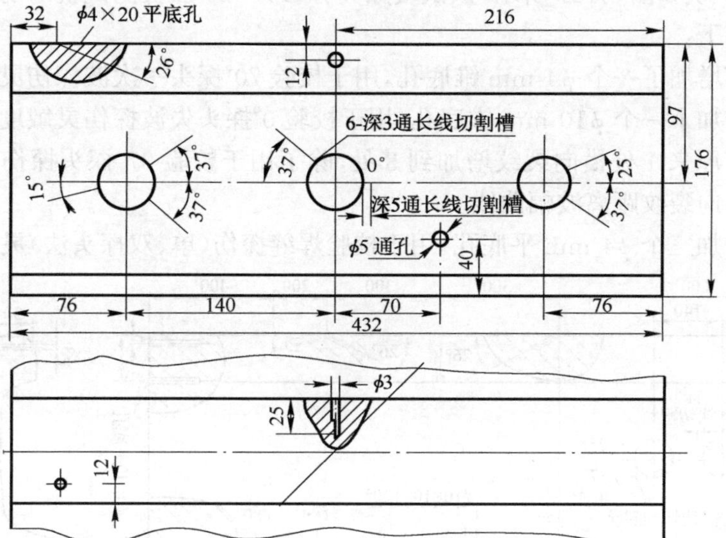

图 3-125　GTS-60 试块(单位：mm)

(2)GTS-60 加长试块

GTS-60 加长试块如图 3-126 所示,该测试轨一套两块,分为 A 型和 B 型。测试轨的长度 1.4 m,加工时 A 型和 B 型两根轨配套成一个自然钢轨接头,各种人工缺陷的方向及位置以轨缝为中心左右对称,其中轨头横孔,一根加工在外侧(A 型),另一根加工在内侧(B 型),它除了保持 GTS-60 试块的作用外,还具有以下作用:

①轨头增加了一个 ϕ4 mm 平底孔,方便 70°探头不同组合形式下的探测性能检验。

②轨腰内增加了和标准孔位等高的 ϕ8 mm 横通孔,用于双 45°探头穿透探伤灵敏度的校验。

③轨底中心部位(第三螺孔下方)有一深 3 mm、宽 0.5 mm、长 10 mm 的月牙形裂纹,用于检验 37°探头对轨底横向裂纹的检测能力。

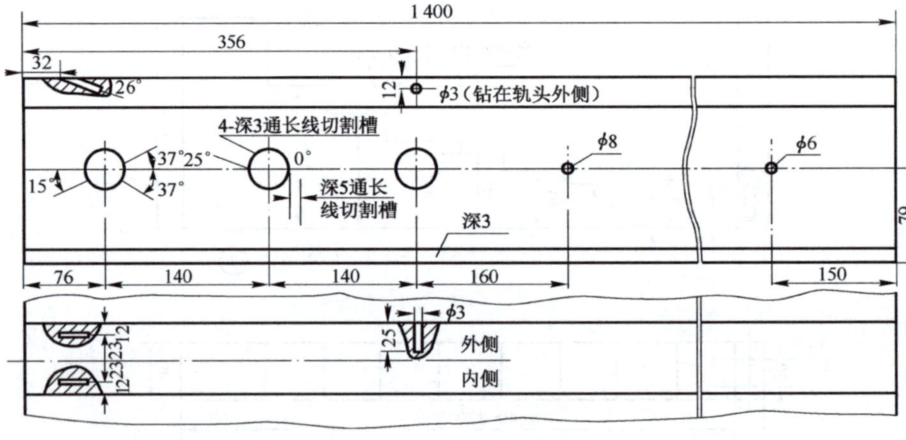

图 3-126 GTS-60 加长试块(单位：mm)

(3)GTS-60C 试块

GTS-60C 试块如图 3-127 所示,该试块除具有 GTS-60 加长测试轨的功能外,新增人工反射体的作用如下：

①轨头颚部增加了一个 ϕ4 mm 锥底孔,用于校验 70°探头一次波探伤灵敏度。

②轨底部增加了一个 ϕ10 mm 锥底孔,用于校验 0°探头失波探伤灵敏度。

③轨底部由原来 1 处横向裂纹增加到 3 处,除了用于校验 37°探头探伤灵敏度外,还可用于制作轨底横向裂纹距离波幅曲线。

④轨端部增加三个 ϕ4 mm 平底孔,用于校验焊缝探伤(单、双探头法)灵敏度。

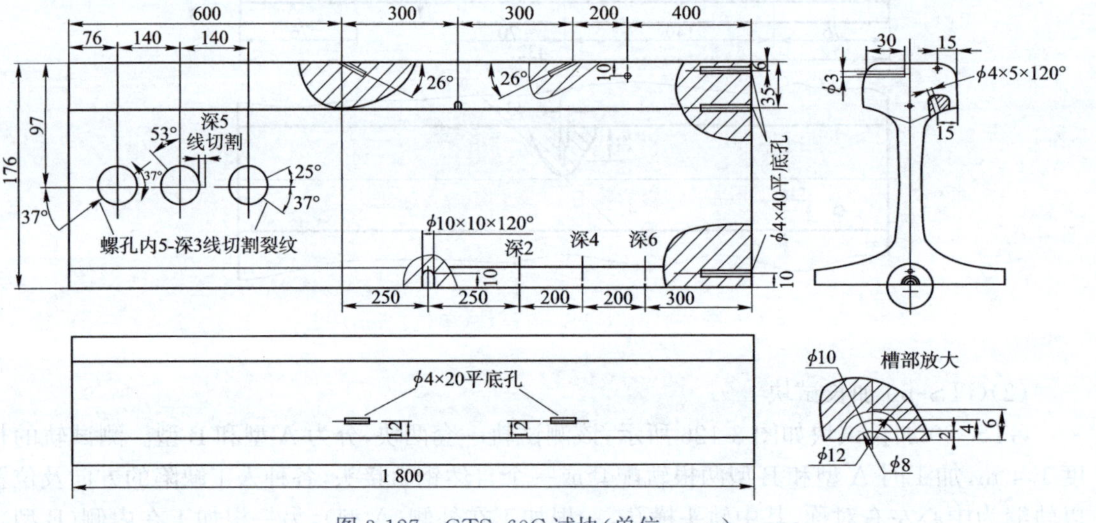

图 3-127 GTS-60C 试块(单位：mm)

(4)GTS-60SG 试块

GTS-60SG 试块为双轨仪专用试块,分为 GTS-60SG、GTS-60SG-1、GTS-60SG-2、GTS-60SG-3 共 4 种。

①GTS-60SG 试块。

GTS-60SG 试块如图 3-128 所示,该试块长 1.8m,可用于室内测试,伤损类型多,可两根组合使用，满足伤损前后走向、左右分布的问题。GTS-60SG 试块的结构说明如下：

a. 轨头中设有 ϕ4 mm 平底孔和 ϕ3 mm 横孔，两者都用于检验 70°探头的探测性能。

b. 轨颚上横向刻槽用于检验 70°探头的探测性能。

c. 螺孔上线切割槽用于检验 0°和 37°探头的探测性能。

d. 轨底上锥孔用于检验 0°探头的探测性能。

e. 轨底上横向刻槽用于检验 37°探头的探测性能。

f. 螺栓孔按照《钢轨　第 1 部分：43 kg/m～75 kg/m 钢轨》(TB/T 2344.1)的要求进行加工并倒棱，共 12 个螺孔刻槽裂纹。3 号孔水平裂纹一处长 3 mm，一处长 5 mm；其余螺栓孔斜刻槽长度均为 3 mm。

g. A—A，B—B，C—C 共 6 个圆弧形刻槽，轨颚部位，轨底中心部位各 3 处。

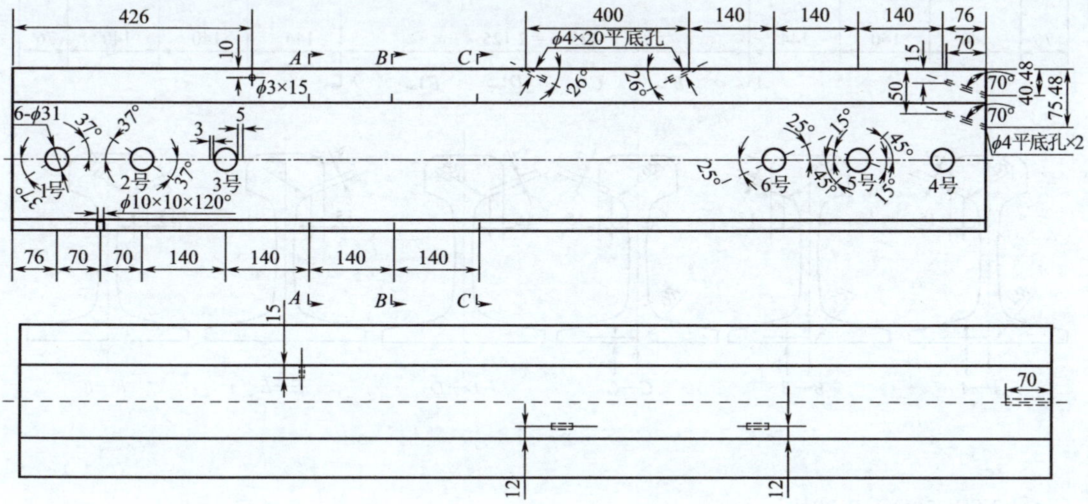

图 3-128　GTS-60SG 试块(单位：mm)

②GTS-60SG-1 试块。

GTS-60SG-1 试块如图 3-129 所示，该试块长 3.125 m，具有 GTS-60SG 试块中的部分人工伤损，是标定线组成用轨。用于直标定线时，长 3.125 m；用于曲标定线时，长 6.25 m，螺孔刻槽的相对位置不变，其他人工伤损在纵向分布间距适当加大。GTS-60SG-1 试块的结构说明如下：

a. 螺栓孔按照《钢轨　第 1 部分：43 kg/m～75 kg/m 钢轨》(TB/T 2344.1)的要求进行加工并倒棱，共 12 个螺孔刻槽。3 号，6 号孔各存在 1 处 5 mm 长水平刻槽。其余螺栓孔刻槽长度均为 3 mm。

b. $A—A$，$B—B$，$C—C$，$D—D$，$E—E$，$F—F$ 共 9 个圆弧形刻槽，轨颚部位 6 处，轨底中心部位 3 处。

c. 所有刻槽宽度均为 0.2～0.3 mm。

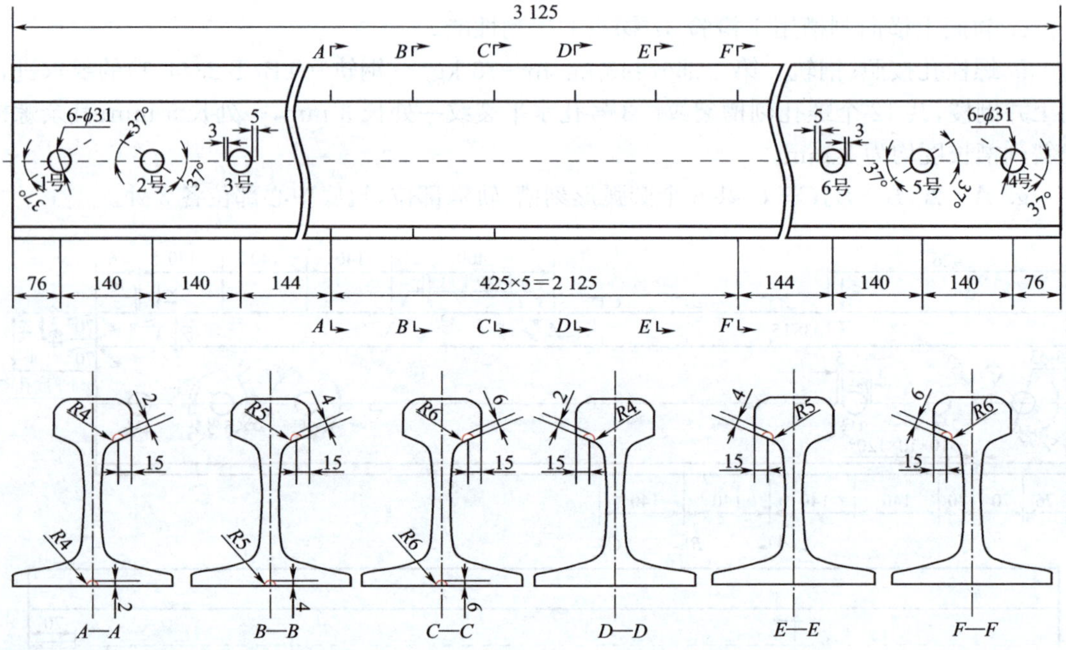

图 3-129　GTS-60SG-1 试块（单位：mm）

③GTS-60SG-2 试块。

GTS-60SG-2 试块如图 3-130 所示，该试块长 3.125 m，具有 GTS-60SG 试块中的部分人工伤损，是标定线组成用轨。用于直标定线时，长 3.125 m；用于曲标定线时，长 6.25 m，螺孔刻槽，轨端钻孔，轨底锥孔的相对位置不变，其他人工伤损在纵向分布间距适当加大。GTS-60SG-2 试块的结构说明如下：

a. 螺栓孔按照《钢轨　第 1 部分：43 kg/m～75 kg/m 钢轨》（TB/T 2344.1）的要求进行加工并倒棱，共 8 个螺孔刻槽。螺栓孔刻槽长度均为 3 mm。

b. 所有刻槽宽度均为 0.2～0.3 mm。

④GTS-60SG-3 试块。

GTS-60SG-3 试块如图 3-131 所示，该试块长 1.8 m，作标定线组成用轨时，长度增加（用于直标定线时，长 3.125 m；用于曲标定线时，长 6.25 m），螺孔刻槽，轨端钻孔的相对位置不变，轨腰刻槽在纵向分布间距适当加大。GTS-60SG-3 试块的结构说明如下：

a. 螺栓孔按照《钢轨　第 1 部分：43 kg/m～75 kg/m 钢轨》（TB/T 2344.1）的要求进行加工并倒棱，不钻 2 号孔。两侧 3 号孔各加工 2 条长 3 mm 的 15°倾角斜裂纹，刻槽宽度为 0.2～0.3 mm。

b. 12 个平底孔的直径均为 4 mm。

c. $C—C$，$D—D$ 为 2 个轨腰刻槽，深度为 3 mm，宽度为 0.2～0.3 mm。

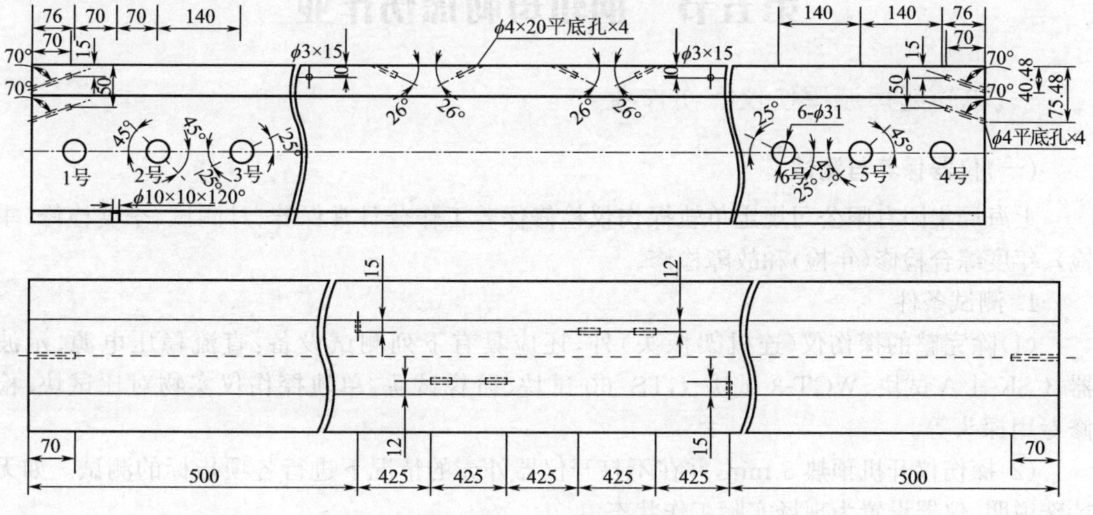

图 3-130 GTS-60SG-2 试块(单位：mm)

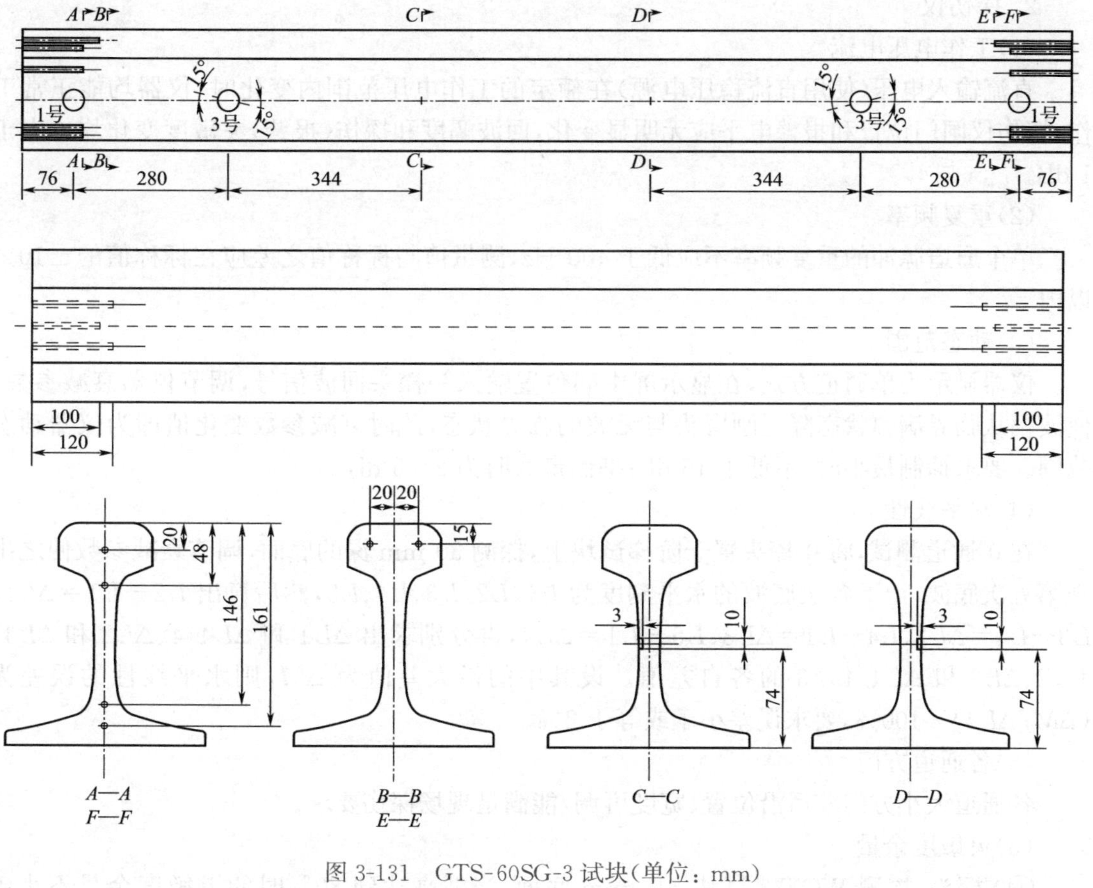

图 3-131 GTS-60SG-3 试块(单位：mm)

第五节　钢轨母材探伤作业

一、单轨超声波探伤仪探伤作业

(一)仪器保养与测试

上海局集团有限公司规定单轨探伤仪检修保养工作分日常保养、月测试、季度检修(季检)、年度综合检修(年检)和故障检修。

1. 测试条件

(1)除完整的探伤仪(连机架探头)外,还应具有下列测试设备:直流稳压电源、示波器、CSK-ⅠA试块、WGT-3试块、GTS-60试块、阶梯试块、单轨探伤仪实物对比试块、检修专用探头等。

(2)探伤仪开机预热5 min,并在不打开仪器外壳的情况下进行各项指标的测试。如无特殊说明,仪器设置为现场实际工作状态。

(3)各通道测试探头均应使用作业标准配置探头,探头应戴保护膜,仪器年度、季度检时应使用检修专用探头,月测试使用现场作业探头。

2. 探伤仪

(1)工作电压电流

直流输入电压(使用直流稳压电源)在额定的工作电压范围内变化时,仪器均能正常工作,探伤仪闸门位置和报警电平应无明显变化,回波幅度和探伤(报警)灵敏度变化均不大于1 dB。

(2)重复频率

单个通道脉冲的重复频率不应低于400 Hz,测量值与标称值之差应在标称值的±10%以内。

(3)动态范围

仪器显示为单通道方式,在显示屏中间位置输入一探头回波信号,调节仪器衰减参数,使波幅从临界满幅状态降至刚冒头与无波的临界状态,此时衰减参数变化值即为仪器动态范围。要求抑制最小时,不低于16 dB;抑制最大时为2～6 dB。

(4)水平线性

在0°通道测试,将0°探头置于阶梯试块上,探测50 mm深的底面,调节衰减参数使之出现第五次底波,记下各次底波的水平刻度为$L1$、$L2$、$L3$、$L4$、$L5$,然后算出$L2-L1=\Delta L1$、$L3-L1=\Delta L2$、$L4-L1=\Delta L3$、$L5-L1=\Delta L4$,再分别求出$\Delta L1$和$\Delta L4/4$、$\Delta L2$和$\Delta L4/4\times 2$、$\Delta L3$和$\Delta L4/4\times 3$的各自差值。设其中的最大差值为ΔM,则水平线性的误差为$(\Delta M/\Delta L4)\times 100\%$,要求误差小于或等于2%。

(5)各通道方门

各通道大小方门前后沿位置、宽度可调,能满足现场探伤要求。

(6)灵敏度余量

①0°探头:探测WGT-3试块110 mm底面,当波高达到80%时的灵敏度余量不小于36 dB。

②37°和 70°探头：探测 WGT-3 试块上深 65 mm 处的 ϕ3 mm 横通孔，当波高达到 80%时的灵敏度余量不小于 40 dB。

(7)信噪比

①0°探头：在 GTS-60 试块上探测底面，当波高达到 80%时的静态灵敏度余量大于或等于 24 dB；信噪比不小于 16 dB。

视频

单轨探伤仪0°探头灵敏度余量及信噪比测试

②37°探头：在 GTS-60 试块上探测螺孔和 37°倾角的 3 mm 的上裂，使两波等高，并使波高达到 80%时的静态灵敏度余量大于或等于 22 dB；信噪比不小于 8 dB。

③70°探头：在 GTS-60 试块上，用二次波探测 ϕ4 mm 平底孔，当波高达到 80%时的静态灵敏度余量大于或等于 20 dB；信噪比不小于 10 dB。

视频

单轨探伤仪37°探头灵敏度余量及信噪比测试

(8)声程范围及出波位置

①37°、70°通道：在 CSK-ⅠA 试块上用戴保护膜的探头测 R100 mm 和 R50 mm 曲面回波，出波位置应符合仪器该通道标称声程范围要求，误差小于或等于 0.1 大格。（例：某型仪器 37°通道设置为 60 kg/m 钢轨时，声程范围为横波 250 mm，则出波位置应分别为 4 大格和 2 大格，误差小于或等于 0.1 大格。）

②0°通道：0°探头置于阶梯试块高 50 mm 面，调节衰减参数使之出现第四次底波。其第二和第四次底波波高 80%时，出波位置分别为刻度 4 和 8 大格，误差小于或等于 0.1 大格。

视频

单轨探伤仪70°探头灵敏度余量及信噪比测试

(9)报警方式及报警灵敏度

①反射式探伤：仪器显示为单通道方式，反射式报警灵敏度，在试块上找出一显示于反射式报警方门内回波，调节衰减器或增益旋钮，起始报警幅度应处于 20%～50%之间。

②穿透式探伤：仪器显示为单通道方式，穿透式报警灵敏度，0°探头探测钢轨实物试块，小方门罩住轨底波，调节衰减器或增益旋钮，起始报警幅度应处于 50%～20%之间。

③报警声：通道报警声应区分清晰。

(10)距离幅度特性

①0°探头探测阶梯试块不同声程的大平底，在深度 20 mm 到距离幅度特性曲线最高点范围内，$\Delta W \leqslant 12$ dB；在距离幅度特性曲线最高点到深度 150 mm 范围内，$\Delta W \leqslant$ 8 dB。

②37°探头探测 WGT-3 试块同孔径、不同声程的横通孔，其反射波高的差值 ΔW 在深度 20 mm 到距离幅度特性曲线最高点范围内，$\Delta W \leqslant 12$ dB；在距离幅度特性曲线最高点到深度 150 mm 范围内，$\Delta W \leqslant 8$ dB。

③70°探头探测 WGT-3 试块同孔径、不同声程的横通孔，其反射波高的差值 ΔW 在相当于探测深度 10～70 mm 范围内（直 70°声程范围为 150 mm 时，探测深度 10～50 mm 范围），$\Delta W \leqslant 12$ dB。

④距离幅度特性的测量点不应少于 6 个（直 70°通道声程范围为 150 mm 时测 5 个点）。

(11)液晶屏显示

目测仪器屏幕,扫描线、波形及字符应显示清晰,有足够亮度。

(12)仪器面板开关按钮

仪器面板各开关按钮接触良好,作用有效。

3. 探伤仪机架

(1)探头

引线的屏蔽部分应完好,芯线护套无开裂,接插件插拔自如,无卡死感。探头外壳无开裂破损,保护膜和探头壳体之间无卡死感,保护膜内部平整,底面无气孔,保护膜两端的顶头螺栓孔无偏斜,孔径大小适中。

(2)探头圆环

圆环上螺栓螺帽齐全且紧固,保护膜和螺栓间应保持 1～2 mm 的活动间隙。

(3)探头架压力

压力手感良好,仪器置钢轨上能紧贴轨面,无虚浮现象。

(4)探头架调节装置

横向调节杆转动灵活无卡紧感,探头架能锁定和下落,按钮齐全有效,小角度探头架压力适中,升降灵活。

(5)翻板装置

翻板无倾斜,上下能锁定,翻板提升抬杆无卡死感。

(6)推手抬柄

推手抬柄高低能调节,抱箍有效,抬柄牢固。

(7)走行系统

尼龙轮前后偏心适当,转动灵活,无变形,光电轮状态良好。小靠轮的尼龙护套无破损,橡胶轮转动灵活,轮轴无歪斜变形,轮子无晃动。

(8)供水系统

水箱、水阀不泄漏,水阀旋转灵活,橡胶管无堵塞,无开裂,水路畅通。

(9)整体外观

整机清洁,机架无严重锈蚀。

4. 动态检测

(1)0°通道

仪器 0°探头探测 GTS-60C 试块轨底,移动探头和调节衰减参数,使底波波高 80%时,要求灵敏度余量大于或等于 30 dB。此时再释放 8 dB,移动探头位置测螺孔 5 mm 水平裂纹,使孔波伤波并存,波高应达满幅,且轨底波前方无杂波。

(2)37°通道

仪器 37°探头探测 GTS-60C 试块螺孔 3 mm 上裂纹,移动探头和调节衰减参数,要求最高回波幅度大于 80%、位移量大于或等于 0.3 大格,同时能发现轨底 R4H2 刻槽,要求最高回波幅度大于 80%、位移量大于或等于 0.3 大格,此时灵敏度余量应大于或等于 30 dB,再提高探伤灵敏度 0～6 dB,应能测出螺孔 25°向上 3 mm 斜裂纹。

视频

单轨探伤仪0°探头探伤灵敏度测试

视频

单轨探伤仪37°探头探伤灵敏度测试

(3)斜 70°通道

视频

单轨探伤仪斜70°探头探伤灵敏度测试

仪器 70°探头探测 GTS-60C 试块 ϕ4 mm 平底孔,在无杂波情况下,尽量开高灵敏度,要求探测灵敏度余量大于或等于 20 dB,孔波位移量大于或等于 1.5 大格;同时能一次波发现轨头下颚锥孔,且最高回波幅度大于 80%。

(4)直 70°通道

仪器 70°探头探测轨头深 25 mm、ϕ3 mm×45 mm 长横孔,在无杂波情况下,尽量开高灵敏度,要求探测灵敏度余量大于或等于 20 dB,通道声程范围大于横波 200 mm 时,孔波位移量大于或等于 1 大格,声程范围小于或等于横波 200 mm 时,孔波位移量大于或等于 1.5 大格。

(5)18°通道(选用)

仪器 18°探头探测 60 kg/m 钢轨标准螺孔,移动探头和调节衰减参数,使孔波波高 80%时,释放衰减参数 14 dB,要求探测灵敏度余量大于或等于 30 dB。检测螺孔 15°向下 3 mm 裂纹,要求孔波和裂纹波交替清晰,伤波波高应满幅。

(6)整机振动试验

仪器连接探伤仪机架,在钢轨上用探头测试,探伤仪机架应固定不动。轻微拍打机壳,拉动对接电缆和电源电缆,轻微敲打探头接插件,回波应稳定。

(7)B 超测试

在测试轨上进行一次全面测试,确认仪器性能完好达标后,保存探伤 B 超数据并存档。

(二)现场探伤灵敏度调整

1. 基准探伤灵敏度

(1)0°探头:反射法 5 mm 水平裂纹当量,穿透法 6 dB 底波降低。

(2)37°探头:轨腰部位 3 mm 螺孔上斜裂纹当量,轨底中心部位 R4H2 刻槽当量。

(3)70°探头:ϕ4 mm 平底孔当量。

2. 现场探伤灵敏度

(1)现场探伤灵敏度应以在测试轨上标定的灵敏度为基础进行适当调整,不应低于标定灵敏度。

(2)0°探头应利用钢轨轨底回波进行检验调整,使轨底回波 80%后,增益 8 dB。遇标准螺孔可观察螺孔反射回波和失波情况,应有明显回波和失波。

(3)37°探头应在无杂波前提下尽量提高增益,宜使钢轨轨底出现零星回波点后或出现铝热焊接头轨底轮廓波。遇标准螺孔可进行校验调整,调节增益使孔波波高 80%后再增益不少于 14 dB。

(4)70°探头应在无杂波情况下尽量提高增益。遇钢轨断面时进行校验调整,在断面回波前方无杂波的情况下尽量提高增益,各通道断面回波应清晰,宜使钢轨轨头出现零星回波点。

(5)18°探头利用标准螺孔进行校验调整,使孔波波高 80%时,增益 14 dB。

(三)探伤标准化作业

1. 人员设备

(1)单轨探伤仪执机作业人员需具备UT2级及以上资格,1级人员需在2级或以上级别探伤人员的监督、指导下执机。

(2)作业使用的探伤仪必须符合《钢轨超声波探伤仪》(TB/T 2340—2012)标准要求。仪器应配备不少于1个0°通道、2个37°通道、6个70°通道。37°探头按一前一后配置,70°探头按前直、后直、前内、后内、前外、后外布置,前直探头需安装于仪器前方第一探头架。

(3)冬季探伤必须使用防冻添加剂时,禁止使用非酒精类防冻添加剂。

2. 作业前

(1)作业负责人应督促检查上道仪器状态、防护用品、各类备品数量、探伤工作日记、钢轨伤损监控记录和钢轨伤损通知书,防止仪器带病上道和备品不足,影响探伤质量和信息记录、传递。

(2)作业负责人负责布置当天作业安排、作业要求,提出安全预想、薄弱地段和监控伤损预报,并将有关安排和要求填入探伤工作日记。

(3)作业前,执机人要正确输入工号、线名(车站)、行别(股道)、里程、股别、轨型、岔号等信息,并校准仪器日期、时间。

(4)执机人员要结合线路钢轨状态调节好耦合水量,调整探头位置,确保各通道探头耦合良好,在A超状态下进行现场灵敏度调整,并检查B超图形是否正常。作业负责人必须复核确认仪器状态和探伤灵敏度,复核完成后方可进行探伤作业。

(5)上道作业前按规定建立防护体系。

3. 作业中

(1)一般要求

①正常情况下,现场应使用B超或A/B同显方式进行探伤。

②作业中,执机人员应根据现场情况,对作业灵敏度进行观察与修正,37°和70°通道在没有杂波的前提下应尽量提高探伤灵敏度,保证作业全程仪器检测性能良好、灵敏度符合作业要求。

③执机人应随时关注仪器状态,根据钢轨状态调节好耦合水量,调整探头位置,注意探头保护膜状态,保证探头和轨面耦合良好。当发现仪器故障时应立即停止作业,采取检查修复措施,当仪器正常时才能继续作业。

④探伤时应保持规定的探测速度,做到接头站、小腰慢、大腰均匀。平均检测速度不超过3 km/h,瞬时速度不超过4 km/h,通过接头时,瞬时速度不超过2 km/h。通过道岔、小半径曲线、长大坡道、轨面状态不良、线路状态不良、超大修周期、新开通线路等地段时,应适当降低检测速度。

⑤更换执机人后应输入执机人工号,仪器里程校正操作每公里校对不少于1次,遇到整公里里程标志时必须进行校对。

⑥因避车或其他原因下道后再上道作业要注意不得漏探钢轨,应确保重复探伤一个探伤仪机身长度以上的钢轨。

⑦对现场确认的伤损按要求输入伤损标记,以利于在回放中辨别。现场探伤发现焊缝接头波形或其他可疑波形无伤排除时,必须在相应探头出波的状态下分别打上不同的标记,

规定见表 3-14。

表 3-14　伤损标记

探伤仪器	无伤排除	焊缝排除	焊缝＋无伤排除
GT-2	放过	关注	放过＋关注
JGT-10	—	—	—
JGT-6M	—	—	—
GCT-8C	—	—	—

注：(1)无伤排除：现场可疑波形复核确认无伤。
(2)焊缝排除：现场回波确认为焊缝引起。
(3)焊缝＋无伤排除：焊缝内有可疑波形复核确认无伤。

⑧现场探伤发现可疑波形必须双人复核确认，做好标记。可疑波形无法确认时应纳入监控，记入钢轨伤损监控记录。

⑨作业中遇到影响探测的不良状态钢轨时，应手工检查，并将钢轨状态信息和手工检查情况填写在探伤工作日记上。

⑩作业时要对钢轨伤损监控记录登记的伤损和可疑波形处所进行认真复核比对，并做好记录。

(2)钢轨接头探伤

①钢轨接头探伤时必须做到站停看波，执行“三看”的探测要领：一看波形显示，遇有异常波形或出波不全时调整灵敏度进行复探确认；二看探头位置，看探头相对于轨端和螺孔的位置，以保证螺孔裂纹的探测；三看接头状态，遇轨面不良、大轨缝、高低接头等应用仪器和手工结合的方式检查，宜用 0°或小角度进行复查。注意轨端 1 m 范围内的核伤探测。

②异型接头的探测，应及时调整仪器探测声程、加强波形分析，以防漏检。

③37°探头发现可疑波形时宜用 0°探头或小角度探头校验，防止小角度裂纹漏检。

④遇有高低、打塌、擦伤、掉块等接头时，应注意观察波形显示，必要时采取加大水量、调向检查、小角度探测、拆检确认等措施。如现场当时不具备拆检条件，应书面通知线路车间拆检确认。

⑤复线地段接头应加强对迎端轨一孔裂纹的探测，短尺轨和钻眼的非标准轨螺孔应作为探测重点。

(3)焊接接头探伤

①探测时必须站停看波，正常焊缝在通道出波时输入对应焊接接头标记，并注意对钻眼加固螺孔的探测。

②探测中应加强对轨底热影响区裂纹和闪光焊钳口部位的探测，发现轨底回波应进行定位或校对，以防漏检和误判。

③注意轨头、轨腰接合部焊筋边缘核伤的探测。

(4)道岔探伤

①进入道岔前，作业负责人应根据道岔类型及各部位状态提出探伤重点，复式交分道岔的探伤应分清股别，以防漏探。

②道岔作业时，应在仪器中输入道岔编号，方便回放时查找探伤地点、位置。

③道岔基本轨探伤要慢走细看，区分各探头回波信号，尖基轨密贴的要反向探测，并注

意探头和轨面耦合情况。

④尖轨轨面宽度大于 50 mm 为钢轨探伤仪探测范围,对宽度小于 50 mm 部位如存在严重鱼鳞伤、擦伤、剥落掉块的必须手持探头进行校对探伤。

⑤探伤通过高锰钢整铸辙叉时应手工检查,钢轨组合辙叉必须采用仪器和手工结合的方式检查。

⑥高锰钢整铸辙叉岔趾、岔跟引轨接头应提高 37°和 0°探头灵敏度进行校对,也可使用小角度探头进行校对。AT 轨轨腰螺孔需调整探头位置进行多次探测。

⑦复式交分道岔中无法进行探伤的钢轨部位,应使用手持探头在轨面进行探测。

⑧合金钢组合辙叉心轨必须用前直 70°探头进行探伤,如探测面磨耗严重影响探测,必须手持探头进行校对探伤。必须重视对岔心附近翼轨间隔铁螺孔裂纹的检测,仪器在岔心附近翼轨的推行距离须保证前、后 37°探头对翼轨螺孔的探测。翼轨耦合不良时需手持探头进行轨面校对,必要时应进行正反向检查。

⑨高速铁路道岔探伤时必须重视心轨、翼轨轨底部位的波形分析,尤其是对 37°轨底单通道波形的甄别,防止漏检轨底横向裂纹。

(5)曲线钢轨探伤

①探伤进入曲线时要调整探头在轨面上的位置,以保证探头位于轨面中间,并随时清除轨面和保护膜上的油污,保证探头和轨面耦合良好。

②侧面磨耗严重的曲线上股和夹板卡损处,当发现可疑波形时要认真分析,擦除油污仔细检查,必要时进行校对确认,以防轨头下角和夹板卡损处核伤漏检。

③存在鱼鳞伤、剥落掉块时不得降低探伤灵敏度,鱼鳞伤、掉块回波干扰严重时应看波探伤,可疑波形要校对确认,严重鱼鳞伤应测量深度并按规定判伤。

④由曲线进入直线要清除仪器尼龙轮和保护膜上的油污,调整探头位置,必要时调整探伤灵敏度。

(6)隧道内钢轨探伤

进入隧道内探伤时,需配备相应的照明工具。探测时可适当提高探伤灵敏度,加大水量,加强对轨底横向裂纹波形的复核校对。钢轨锈蚀严重时要加强手工检查,必要时测量轨腰、轨底锈蚀情况。进出隧道时要放慢检查速度,以适应隧道内外的环境变化,防止伤损漏检。

(7)道口钢轨探伤

道口轨面不洁时要执行“一扫、二冲、三探伤”的作业要领。要重视 37°和 0°对轨底垫板卡损的探测和判定,当怀疑有轨底横向裂纹和轨底磨耗超标时必须进行校对确认。必要时可通知线路工区拆检。道口两端的短尺轨和道口内的接头均应以仪器和手工结合的方式检查。

(8)桥上钢轨探伤

上桥前要仔细检查仪器机械部件,机具备品放置稳妥以防跌落。探伤时要加大水量,必要时校正出水口,关注轨底横向裂纹波形的复核校对。发现可疑波形无法确认的接头要通知线路工区进行拆检,对可疑波形形成记录,并在钢轨上打上标记以便监控。要加强对特大桥上钢轨伸缩调节器的探伤,加强对尖轨擦伤、剥落掉块、鱼鳞裂纹的校对。

(9)站专线钢轨探伤

探伤前要熟悉站场情况,明确站专线起止位置,携带站场股道表,记录探伤路径。随时清除轨面油污、泥沙，并进行灵敏度调试，根据轨型变化及时调整仪器探测声程。轨面严重锈蚀仪器无法探测时可用手工检查代替，但必须做好记录。若遇到列车占道无法探测时须做好记录，并及时补探，对无法及时补探的，应报线路(技术)科备案。

(10)成段更换钢轨探伤

新换钢轨在轨面光洁度符合探伤要求时应及时安排探伤。探伤时要加大水量，根据探测重点，调整仪器各通道灵敏度。重点加强对轨头核伤、螺孔裂纹、纵向裂纹、轨底划痕等缺陷的探测。新轨上道后若连续两个探伤周期内发现同类型同炉号伤损轨，应及时通报上级有关部门采取措施，加强防范。

(11)调边钢轨探伤

现场探伤时若发现调边钢轨，必须加大水量，降低检查速度，防止耦合不良，对轨面状态严重不良处所加强手工检查。

4. 作业后

(1)用 U 盘导出当天数据，作业负责人要及时将数据上报至本工区和回放工区。

(2)关闭电源，放掉余水，保养仪器并及时充电，在可靠的地方存放仪器。

(3)作业负责人做好当日工作小结、次日工作预报，及时向工区汇报安全、任务及伤损等情况。

5. 伤损判别

(1)新轨上道后的第一次探伤发现轨底划痕并经手工检查证实(承轨台上除外)后形成记录，在划痕处打上明显标记，通知线路车间加强监视，并及时安排打磨处理。

(2)严重鱼鳞伤应测深并根据鱼鳞伤深度判定。

(3)核伤应采用波形分析、测量水平距离、目视轨头外观、适当调节仪器灵敏度等方法确定伤损是否存在，确认后用校对法确定核伤的位置及大小。

(4)螺孔裂纹应根据波形显示和探头位置结合 0°、小角度探头鉴别变形孔、多孔等假信号，某些伤损可用 0°探头＋37°探头综合判伤，对怀疑是小角度伤损的可用小角度探头校验，必要时可通过拆检确认。

(5)水平及斜裂纹应用 0°、37°探头综合判伤，非接头部位可通过目视钢轨外观予以确认。判伤时要注意炉号的干扰。必要时通知工区拆检确认。

(6)纵向裂纹应通过调整探伤灵敏度，目视轨面情况，轨底、轨腰锈蚀程度，检查仪器探头状态耦合情况，来确定伤损的存在，随后可用目视、校对方法进行判伤。常用的校对方法有 0°校对和 70°校对。

(7)焊接接头伤损应通过手摸、眼看、尺量区别台阶、焊渣、焊筋等非伤损回波。

(8)其他伤损可通过波形分析、多探头互校、手工检查等方法进行确认，对轨面存在剥落掉块、擦伤、局部凹陷或剥离斜裂纹缺陷的，应在轨头侧面或下颚部位进行校对确认。

(四)异常波形的识别与处理

1. 0°探头非裂纹回波识别

(1)异常螺孔回波

老杂轨区段，因线路爬行，螺孔被螺栓挤压、磨耗成椭圆形或是插入人工锯制轨短，螺孔钻眼不良造成卷边或毛刺(图 3-132)。探测时会有类似螺孔水平裂纹波显示，其特点是波幅低，显示不稳定或一闪而过。

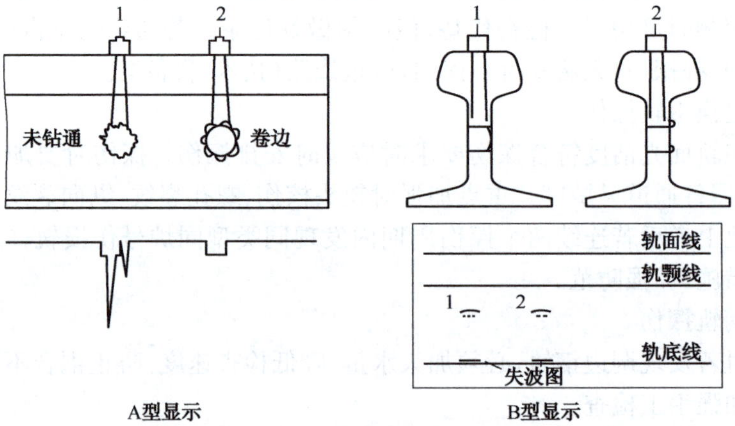

图 3-132　钻孔不良回波

(2)迟到波

由于钢轨轨腰宽度较窄或 0°探头偏离钢轨横向中心,声束在钢轨侧壁上产生反射和波型转换(图 3-133),部分入射螺孔或轨底的超声波声程增加,A 型显示的荧光屏对应基线螺孔波或轨底波之后,显示一个与螺孔波或轨底波同时出现、同时消失的迟到波。螺孔迟到波容易与螺孔水平裂纹混淆,区别方法可以从回波显示规律上判断,水平裂纹显示规律是螺孔波与裂纹波交替显示,而迟到波则是同时出现同时消失。

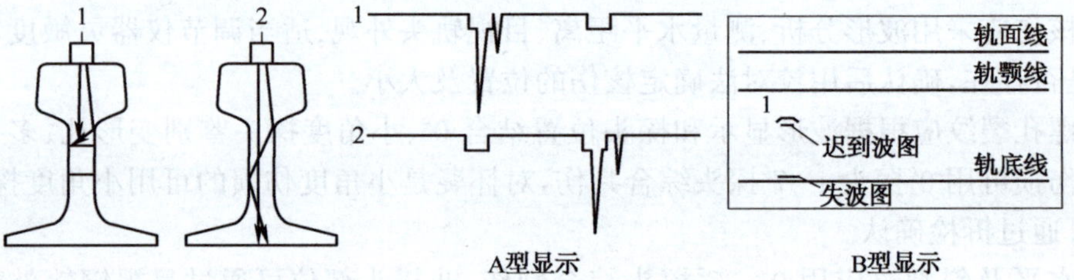

图 3-133　迟到波显示

(3)轨头下颚波

当 0°探头偏离轨头中心和探伤,进入曲线时,0°探头声束会在轨头下颚产生反射回波。

2. 37°探头非缺陷回波的鉴别

在实际探伤中,37°探头经常会遇上变形(或非标准)螺孔回波和其他异常现象对伤损判定造成干扰,如何鉴别异常回波,需要掌握规律、观察分析和综合判断,去伪存真,防止误判和漏检。

(1)异常螺孔波形特征及鉴别(表 3-15)

表 3-15　常见异常螺孔波形特征及鉴别

名称	图　示	易产生部位	波形显示基本特征	鉴别方法
导线孔	○ ○	自动闭塞区段	回波略低于标准螺孔波,且位移量小,两孔相邻时易误判螺孔裂纹	目　视

续上表

名称	图示	易产生部位	波形显示基本特征	鉴别方法
大小孔	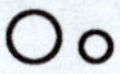	自动闭塞区段的短尺轨	大小孔回波类似于螺孔向下裂纹	0°探头鉴别或拆检
双环孔		短尺轨	前、后 37°探头都有类似螺孔向上裂纹回波	
拉长孔		老杂轨和线路爬行严重区段	产生近似螺孔水平裂纹回波	
卷边孔		短尺轨	卷边回波显示在螺孔后方，且有同时显示的瞬间，一般卷边波消失后，螺孔波仍显示	拆检
气割孔		大修换轨或工程施工区段	螺孔波波形松散杂乱	

(2)螺栓回波

钢轨爬行、轨缝拉大后，螺栓与螺孔壁紧密接触，当雨水渗入接触面后，37°探头发射声波一部分在螺孔面上反射，另一部分透过接触面射入螺栓圆柱面上产生反射，荧光屏会同时显示螺孔和螺栓回波或图形，如图 3-134 所示。可采用手工检查锤击打螺栓方法，使螺栓与螺孔接触面分离，螺栓回波消失。

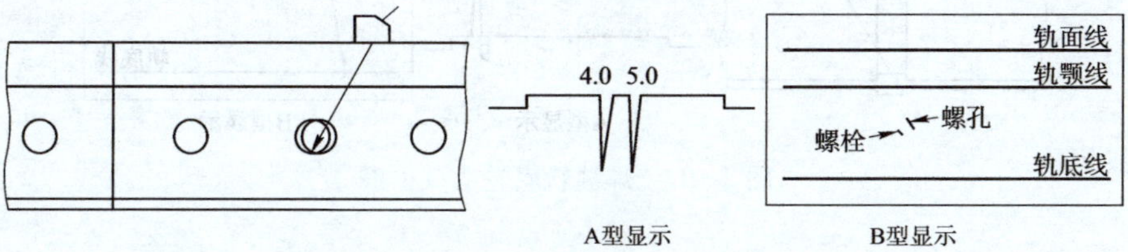

图 3-134 螺栓回波显示

(3)倒打螺孔波后移

道岔铺设配轨时，由于轨端锯切面不垂直，呈一定的斜度，如图 3-135 所示。在 37°探头探伤中，声波在端面反射后，方向与垂直端面不同，增加传播距离，使倒打螺孔回波显示后移到 5.0 刻度左右，容易误认为螺孔向轨端水平裂纹，可以通过目视轨端方法进行区别。

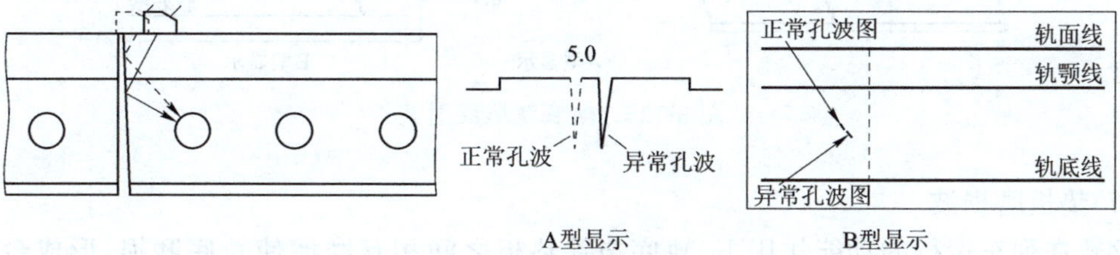

图 3-135 倒打螺孔回波后移

(4)螺孔顶面反射波

有缝线路 60 kg/m 钢轨探伤中，检测接头第 1 螺孔时，有些钢轨探伤仪 A 型显示第 1 螺孔波后会紧接着出现类似螺孔向上裂纹波，此回波由螺孔顶面反射纵波至轨端面引起，如

图 3-136 所示。螺孔顶面反射波与螺孔向上裂纹波出波显示时间顺序有所不同,螺孔顶面反射波为螺孔回波出现后,紧接着出现,而且在螺孔波消失前先消失;螺孔向上裂纹波则是螺孔回波出现后,快消失时出现,而且在螺孔波消失前后消失。检测时应掌握出波前后顺序,认真分析,去伪存真。

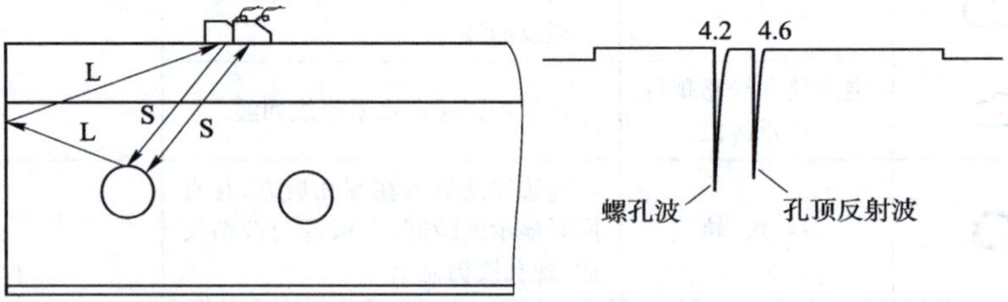

图 3-136 螺孔顶面反射波

(5)焊缝轨底轮廓反射波

无缝线路钢轨焊接接头轨底焊缝轮廓会造成 37°探头产生反射波,回波显示在屏幕刻度 8.8~9.4 之间,如图 3-137 所示。

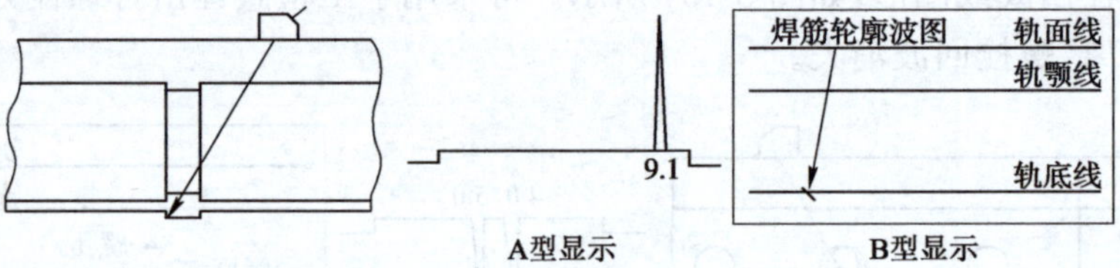

图 3-137 焊缝轨底轮廓反射波

(6)轨底锈坑反射波

钢轨轨底长期受潮,会造成轨底锈蚀形成坑凹,37°探头声束会在这些坑凹处产生反射回波,回波显示在屏幕刻度 8.8~9.1 之间,如图 3-138 所示。

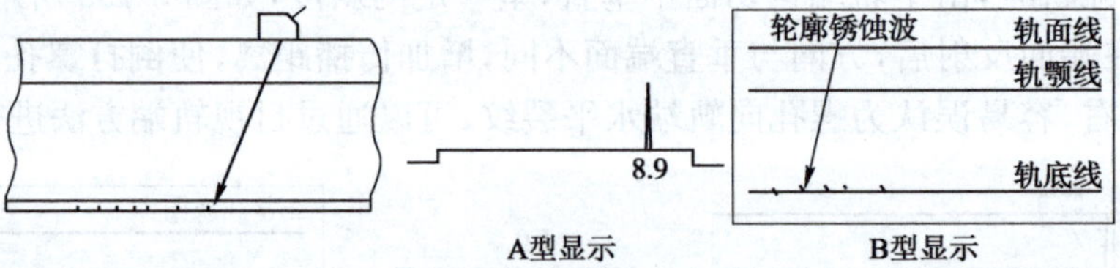

图 3-138 轨底锈坑反射波

(7)垫板磨损波

钢轨在列车运行的动能作用下,轨底与铁垫板之间相互摩擦使轨底磨损,形成台阶,造成 37°探头产生反射波,回波显示在屏幕刻度 8.6~9.1 之间,如图 3-139 所示。

3. 70°探头非核伤回波识别

(1)剥离层多次反射波

由于钢轨制造和淬火不良,产生轨头表层剥离,形成不规则的薄层,如图 3-140 所示。超声波在薄层中多次反射后被探头接收,A 型显示的荧光屏一次波范围会出现单支或多支回波同时显示的现象；B 型显示轨面线附近会有不规则的、密集分布的点，同时在轨底线上显示 0°探头的失波。

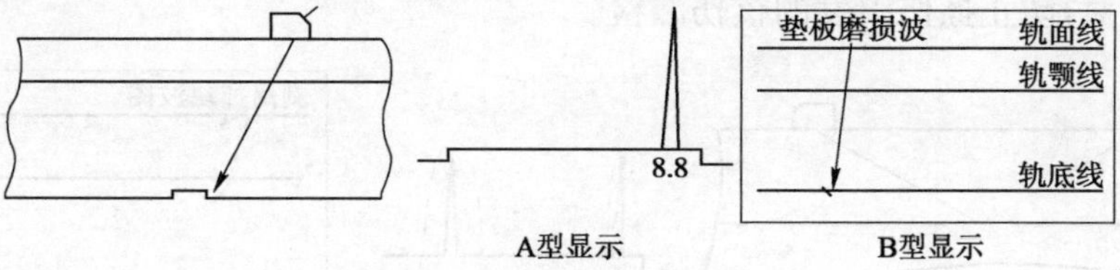

图 3-139　垫板磨损波

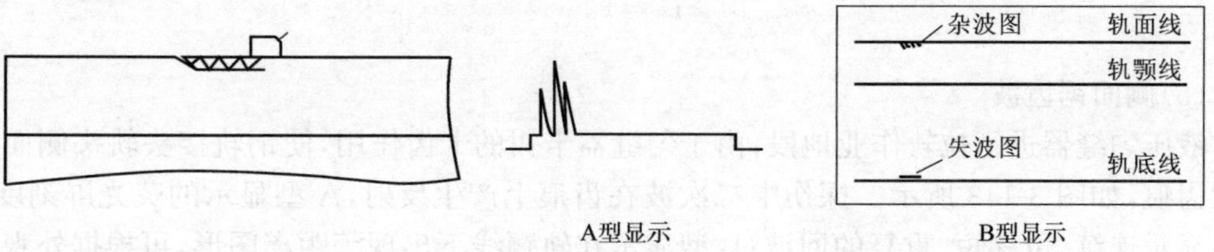

图 3-140　剥离层多次反射波

该类伤损可根据回波和探头位置的对应关系来进行识别，如果探头入射点在剥离层上或是回波定位正好在裂口上，则属剥离层回波。但剥离层末端易产生核伤，如遇回波定位在剥离层末端，则很可能已经形成核伤。

(2)鱼鳞状剥离反射波

由于钢轨接触疲劳强度不足，曲线上股或部分直线地段形成鱼鳞状剥离，如图 3-141 所示。向轨头内侧发射的通道，A 型显示的荧光屏刻度 7.5～8.5 间会出现有规律、连续、循环回波显示(由于轨头磨耗、探头位置不同和仪器探测范围校正误差，回波位置会有所不同)；B 型显示轨颚线下会形成连续图形，且离轨颚线较远。由于鱼鳞剥离末端易产生核伤，探测中应慢走细看，重点注意波幅强、位移大和二次波靠近 5.5 刻度的回波。

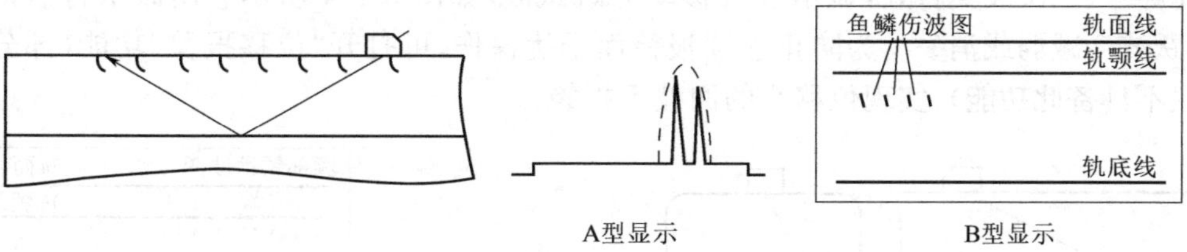

图 3-141　鱼鳞状剥离反射波

(3)剥落掉块波

轨头侧面肥边或曲线内侧剥落掉块，形成一定的反射面，引起超声波的反射，如图 3-142 所示。剥落掉块向轨头中心扩展，有时一、二次波都会显示，与核伤回波相似，可用校对方法区别。

(4)轨面擦伤波

机车空转或制动过程中，轮轨间剧烈摩擦，使钢轨表面擦伤，后形成网状碎裂，在探伤中呈不规则回波显示，类似剥落掉块回波，但波幅弱一些。擦伤波碎裂程度不同，回波显示也不同,若靠近刻度零点显示不规则的跳跃波或移动很短的回波,则擦伤的深度很浅。当一次或二次波范围内有回波显示,一般擦伤较深或存在"锅底""月牙"形损伤,这时应把仪器调向复查或进行校对,防止擦伤引发的核伤漏检。

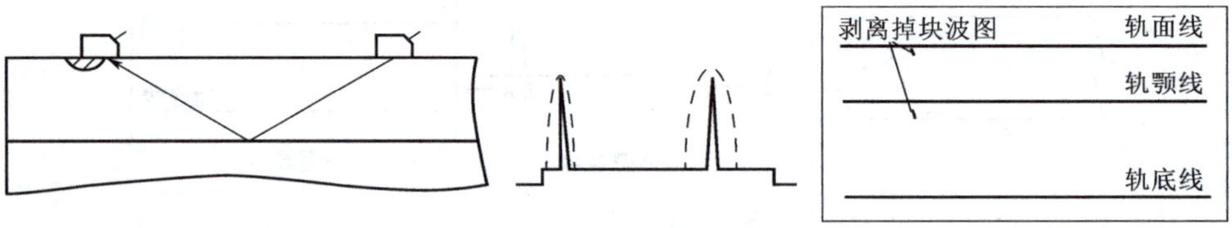

A型显示　　B型显示

图 3-142　剥落掉块波

(5)侧面锯齿波

液压匀缝器进行拉轨作业地段,由于匀缝器卡钳的卡齿作用,使钢轨接头轨头侧面呈斜条状齿痕,如图 3-143 所示。探伤中二次波在齿痕上产生反射,A 型显示的荧光屏刻度 6.0 左右显示连续、位移短、重复的回波;B 型显示在轨颚线下出现等距离图形,可根据外观和波形显示来区别。

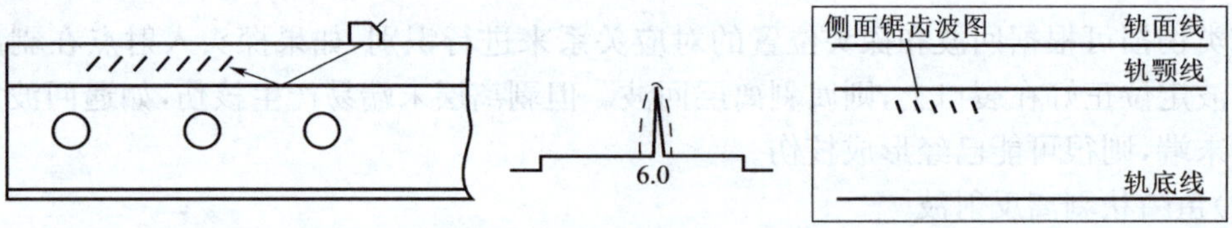

A型显示　　B型显示

图 3-143　侧面锯齿波

(6)颚部锈蚀波

轨头颚部锈蚀严重时,较深的锈损坑使超声波产生反射。会出现间断而短促的报警声,在荧光屏一、二次波交替处,显示没有移动的跳跃波,如图 3-144 所示。用砂纸打磨钢轨颚部,跳跃波会减弱或消失。为防止连续报警而干扰探伤,可打开"位移报警"功能(部分钢轨探伤仪不具备此功能),实现位移小的回波不报警。

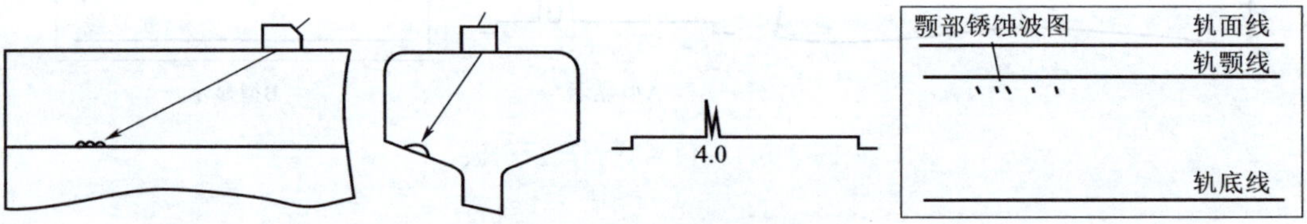

A型显示　　B型显示

图 3-144　颚部锈蚀波

(7)夹板卡损波

钢轨接头连接件夹板端头与钢轨长期摩擦,形成一定深度的磨损台阶(图 3-145),探伤中会产生回波。探头入射点距夹板(60 kg/m 钢轨)108 mm 左右时,产生报警声,并在荧光屏一、二次波交替处显示波幅稳定的单支回波。通过目视或探头调向校对鉴别,要注意卡损处向内发展的横向裂纹。

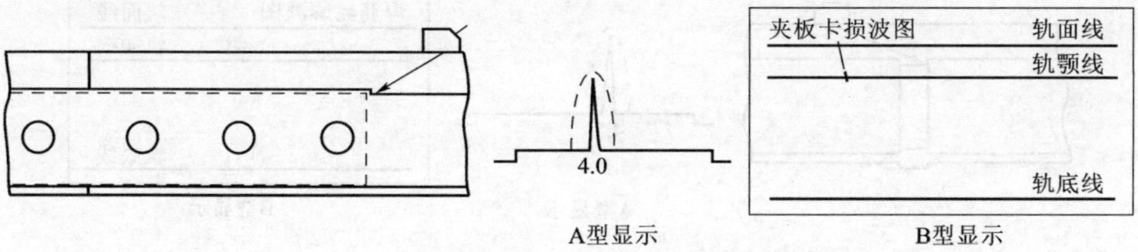

图 3-145　夹板卡损波

(8)螺孔反射波

探伤中遇钢轨磨耗严重、探头偏角和位置不当等，使入射轨头内声束方向变化，部分声波射入螺孔上产生回波。探头距螺孔 210 mm 左右，A 型显示的荧光屏刻度 9.0 左右显示螺孔反射波，如图 3-146 所示；B 型显示有轨颚线下出现斜线的图形。可以通过测量探头与螺孔间的距离，调节探头的横向位置，使螺孔反射波消失。

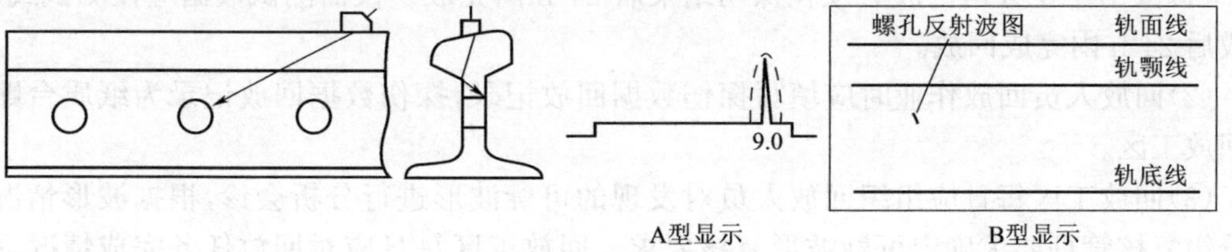

图 3-146　螺孔反射波

(9)夹板内螺孔反射波

遇接头夹板与钢轨颚部密贴，水渗入到密贴的界面处，超声波透过水耦合，入射夹板螺孔上(图 3-147)，在荧光屏刻度 9.0 左右显示螺孔反射波，一般在接头第 2 螺孔上会产生这一现象，可以通过松开接头螺栓，使夹板与钢轨分离，破坏透声途径进行判别。由于这种透声现象，在探伤中也会出现夹板内的横向裂纹产生类似轨头核伤的回波，遇接头区明显核伤回波而校对不到时，很可能是夹板内有裂纹。

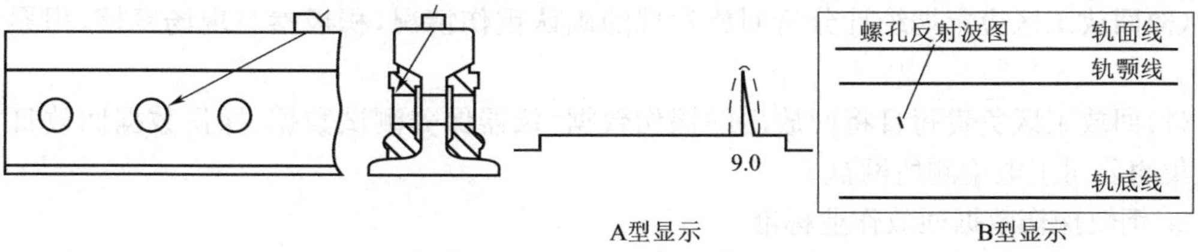

图 3-147　夹板内螺孔反射波

(10)焊筋轮廓波

无缝线路钢轨焊缝，轨头下颚都存在一个凸起的焊筋，探伤中一般都会产生回波。焊筋轮廓波在荧光屏刻度 4.5 左右显示(图 3-148)，由于焊筋几何形状不一，回波显示的位移和强弱略有差异，铝热焊接头回波强，气压焊接接头回波弱。要注意回波位移长、波幅强和多支回波同时显示的回波分析，防止焊缝内缺陷的漏检。

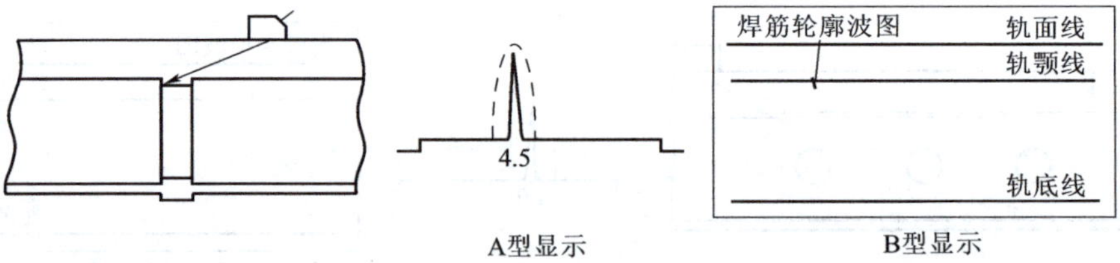

图 3-148 焊筋轮廓波

非核伤回波在不同仪器调节和轨型探测时,回波位置和位移略有差异,但基本规律相似。可以通过目视轨面状态、确定反射点位置、70°探头校对、调整探头位置和方向等方法区别核伤真假,要重视对异常波形的分析,防止回波显示相似的核伤漏检。

(五)数据回放分析

1. 钢轨探伤数据回放一般要求

(1)探伤作业数据回放必须在探伤结束后 24 h 内完成。仪器测试数据应在测试或标定完成后 24 h 内完成回放。

(2)回放人员回放作业时应填写探伤数据回放记录,探伤数据回放记录为纸质台账,存放回放工区。

(3)回放工区每日应组织回放人员对发现的可疑波形进行分析会诊,根据波形情况,按照分级复核管理要求确定可疑波形复核要求。回放工区每日应对回放任务完成情况、探伤作业违标情况、疑似伤损处所等信息进行统计汇总,提出对应建议措施,并对每条回放的数据进行质量评价,填写探伤数据回放日报、可疑波形复核通知与反馈,报探伤车间。

(4)探伤车间应根据探伤数据回放日报和可疑波形复核通知与反馈,参考回放工区建议措施,对发现的问题进行闭环管理。对违标行为进行考核整改,可疑波形由探伤车间审核后,下发可疑波形复核通知与反馈,安排探伤工区进行复核。

(5)探伤工区接到复核通知后按要求进行伤损复核,并填写可疑波形复核通知与反馈,工区保存并反馈给回放工区存档,同时上传复核数据由回放工区进行确认,并盯控复核质量。

(6)回放工区应定期统计分析回放发现的确认重伤情况,积极参与现场复核,积累判伤经验。

(7)回放工区负责每日将回放后的探伤数据、仪器保养测试数据、探伤数据回放日报上传至集团公司工电检测所网盘。

2. 钢轨探伤数据回放作业标准

(1)回放前必须进行准确的拼孔操作。一般来说,应使前发的直 70°探头端面回波和前发的斜 70°探头端面回波重合,后发的直 70°端面回波和后发的斜 70°端面回波重合,70°钢轨端面回波出波位置应与端面位置相对应;前、后 37°螺孔波形成"八"字,0°螺孔回波或失波位置应与 37°螺孔波位置相对应。

(2)所有通道使用的探头回波显示应设置成不同颜色,以防误认通道导致漏伤。

(3)回放前应了解作业计划,掌握作业区段现存监控伤损和可疑波形情况,检查探伤数据的完整性,对照计划检查探伤任务完成情况。

(4)回放人员应对探伤数据进行全程回放。检查仪器性能、探伤灵敏度是否符合要求、对中耦合是否良好、是否执行接头站停看波等探伤速度控制要求;回放中对现场各类接头进行确认,对成段鱼鳞伤地段进行确认记录,对现场放过的疑似波形结合现场标记进行确认;对疑似伤损波形进行分析,按照波形可疑程度和伤损危害程度确定复核、监控等要求;检查里程校正、回拉复核、探伤标记等探伤作业标准化执行情况。

(5)回放人员应对线上现存监控伤损进行逐一回放复核,并对现场复核要求执行情况进行检查,对现场复核数据进行回放确认。

(6)回放人员应记录作业违标、可疑波形情况,对不能保证探伤效果的地段提出复探或其他补救措施。

3. 仪器测试数据回放

(1)回放项目

包括钢轨探伤仪测试数据、焊缝探伤仪测试数据、双轨式钢轨超声波探伤仪动态标定数据、钢轨探伤车动态标定数据。

(2)回放要求

①仪器测试数据应在测试结束后 24 h 内完成回放。

②应检查仪器测试项目是否齐全,检查仪器参数设置是否符合要求,仪器状态是否良好。

③应检查各通道灵敏度及人工伤损波形检出和误报情况。

④回放作业时应填写测试数据回放记录。

⑤回放发现仪器测试结果不合格时应及时通知工区重新测试,合格后方可上道。

4. 探伤数据上传

(1)数据上传前要做好压缩分类,上传至现已建好的文件夹根目录,不得私自新建文件夹。

(2)上传的时效性:回放完成后 24 h 之内。

(3)各类数据的命名方式:以时间+工区+线名+行别+里程(作业范围)命名,例:2022 年 3 月 1 日探一工区京沪下行 K23~K26 焊缝探伤。(日期、工区、线名、行别、里程顺序不得随意调换,日期格式统一采用××年××月××日形式)

(4)探伤车报警复核数据包括本次复核数据、上周期探伤数据、复核反馈表,以及具体位置的波形截图。

(5)焊接配合的数据也须上传至焊缝探伤文件内。

5. 探伤数据质量评价

(1)回放工区应对每日探伤作业数据进行质量评价。

(2)探伤数据质量评价等级分为优良、合格、不合格。当日作业无违标的评定为优良,触及不合格项的评定为不合格,有违标的视违标数量、严重程度评定为合格或不合格。

(3)不合格项包括现场作业数据缺失、探伤仪带病上道、探伤仪探头组合不符合规定、探伤灵敏度明显异常或严重偏离测试灵敏度。

(4)评价结果为不合格的探伤数据视为无效数据,由回放工区明确需安排补探的地点。

6. JGT-6M 钢轨探伤仪回放软件使用

(1)回放软件主界面

JGT-6M 数字式钢轨探伤仪回放软件无需安装即可使用,软件打开后的界面如图 3-149 所示。

图 3-149　回放主界面

(2)回放软件功能

①安装与打开数据文件的方法。

JGT-6M 钢轨探伤仪回放软件可以在 Windows32 位和 64 位的环境下运行。安装时,将随仪器提供的 U 盘中文件夹及其所含的所有文件拷贝到硬盘中,然后直接运行文件夹里面的“JGT-6M 信息管理 . exe”即可。不得删除文件夹里面的任何文件,以免造成程序错误或不能启动。程序启动后可以打开相应的数据文件开始浏览。

点击回放软件主界面左上角(文件 1 或文件 2)“打开文件”菜单,从弹出的窗口中选择存放探伤数据的文件位置,打开探伤数据。

②为了比较两个周期的数据,或者加快浏览速度,回放时可以选择同时浏览两个文件,两个文件可以同时同步前进或后退,也可以异步浏览。

(3)显示画面上各设置选项的作用与功能(图 3-150)

①文件总里程:整个回放文件记录的总的里程(单位:m)。

②当前里程:目前回放界面所处的相对里程(可以直接输入里程进行快速跳转)。

③实时拼图:波形的 2 种显示方式,分别为按照仪器实时出波的位置显示以及按照将所有探头放在同一个原点的基准下,进行拼图查看。

④标尺线:相当于栅格,方便定位和判距。

⑤失波图:判断每个探头在现场推行的过程中没有失波。

⑥手动步长:左移、右移或键盘方向键(左键◀、右键▶可自己设置)每按一次进行移动的毫米数。

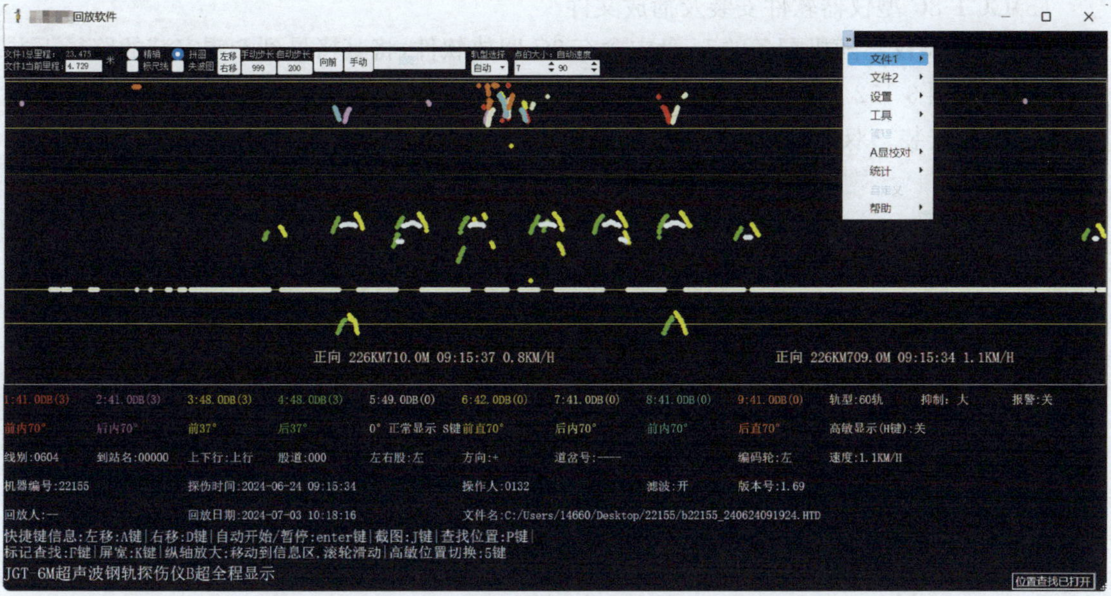

图 3-150 回放界面

⑦自动步长:按下“手动”按钮,进入自动模式,自动步长代表每次位移的毫米数,向前或向后按相对应的方向键进行切换,可以设置自动回放的速度,范围为 1～99,表示每秒钟进行移动的次数。调整点的大小可以对 B 超进行放大或缩小。

(4)拼图设置

点击“设置”选项,选择拼图设置弹出对话框,如图 3-151 所示。

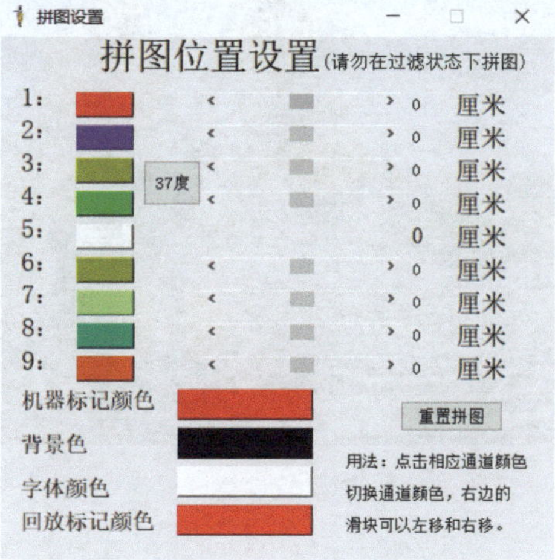

图 3-151 拼图设置界面

点击颜色块可以更改对应通道和模块颜色,移动滑块或点击左右箭头按钮可以快速拼图。

重置拼图:恢复到和仪器相同的拼图值标记列表,进行查看和删除。

(5)GCT-8C 型仪器软件安装及播放文件

GCT-8C 型仪器随机配备的 U 盘中含有 8C 回放软件,将其拷贝到希望安装的路径下并打开文件,如图 3-152 所示。右击“ ”文件,以管理员身份运行,根据系统提示重新启动电脑,即可完成安装。双击后缀为“. gcb”的探伤数据文件,即可进入软件播放界面,如图 3-153 所示。

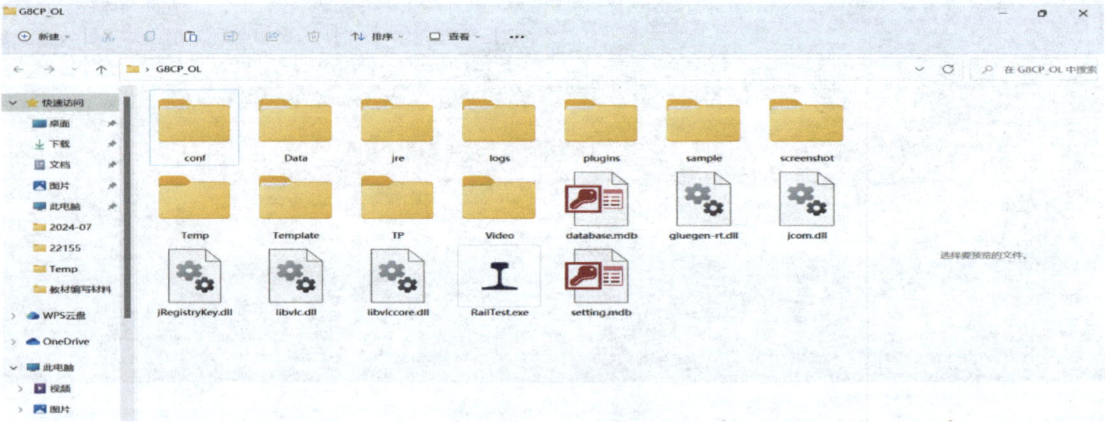

图 3-152　GCT-8C 回放软件安装文件

图 3-153　软件播放界面

探伤数据文件的播放界面显示如图 3-154 所示。

界面上方包含日期、机号、播放进度、软件设置、工具、A 显校对、数据维护、作业信息。中部窗口是 B 显探伤数据,不同颜色的点代表不同通道,伤损图像附近有倒车标记、现场手动标记、对应具体里程和速度显示,左键点击此窗口拉动,可以播放对应 B 显图像,右键点击此窗口会出现包含“word 报告”等一系列功能选项的菜单;播放界面下方是作业参数,包括回放员信息、通道编号、通道衰减、通道设置、探伤位置、探伤方向、回放批注、GPS 值等信息。

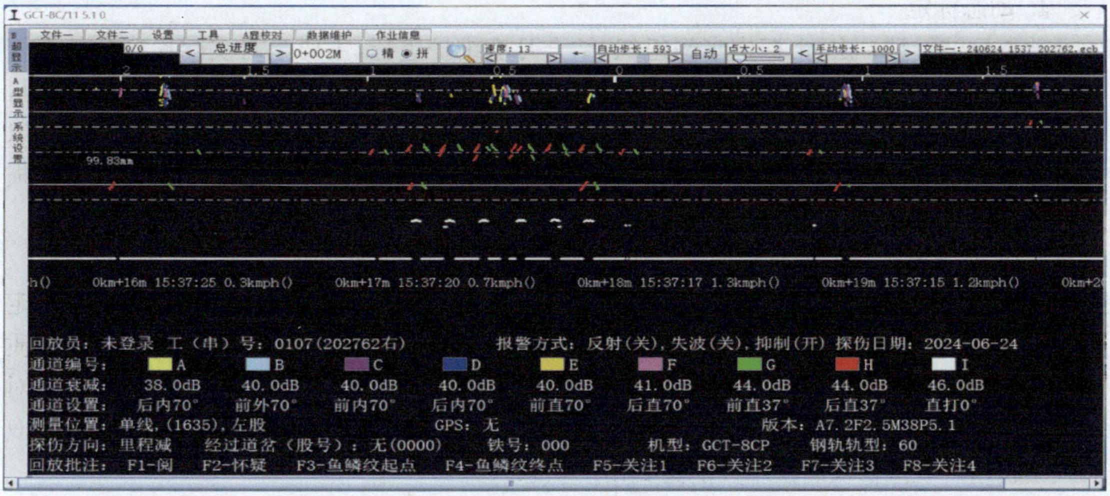

图 3-154 文件播放界面

二、双轨式钢轨超声波探伤仪探伤作业

(一)仪器保养与测试

双轨式钢轨超声波探伤仪设备维护包括：日常保养、月度维护、静态标定、动态标定和年度检定。

1. 日常保养

作业完毕后，作业组应对双轨式钢轨超声波探伤仪进行日常保养，确保次日探伤作业。日常保养包含以下内容：

(1)清洁仪器外观，检查外观完好。

(2)检查拧紧车架及对中机构螺栓。

(3)检查走行轮外观完好，定位可靠，车轴无裂纹、变形，电动机齿轮上油保持润滑良好。

(4)检查耦合水路工作正常，喷嘴位置、水量合适。

(5)检查探轮无破损，接头插接可靠，耦合液无悬浊，外膜饱满。

(6)电池充电。

2. 月度维护

探伤车间每月应组织双轨式钢轨超声波探伤仪作业组对双轨式钢轨超声波探伤仪进行一次全面的保养维护，对探伤系统进行检测，对机械部分进行整修，确保双轨式钢轨超声波探伤仪性能处于良好状态，并做好记录。

3. 静态标定

静态标定每周一次，由双轨式钢轨超声波探伤仪作业组负责，主要是对探轮和仪器综合性能的测试，新组装后的轮探头也应进行静态标定。静态标定在 GTS-60SG 试块上进行，0°探头探测螺孔 5 mm 水平裂纹，37°探头探测螺孔 3 mm 上裂，直 70°探头探测距踏面 50 mm 深 ϕ4 mm 平底孔，斜 70°探头探测 26°倾角 ϕ4 mm×20 mm 平底孔，当探测上述规定人工伤损的回波幅度为 50%时，闸门范围内的杂波(固定波除外)幅度不得高于 10%。

4. 动态标定

动态标定每月一次,由探伤车间组织,结合月度维护进行,主要是对实际检测条件下探伤能力的测试。在遇系统主机维修后、检测系统软件升级后、停止使用10天以上等情况时,恢复使用前应进行动态标定。动态标定在直标定线上进行,仪器调整到实际探伤状态后,以15 km/h(±0.5 km/h)速度连续进行5次检测,除轨底锥孔、GTS-60SG-3试块的人工伤损外,其他人工伤损应能全部检出并正常报警。

5. 年度检定

双轨式钢轨超声波探伤仪每年进行一次年度检定,受托检定单位应具有计量器具检定机构资质(或原生产厂),并按照相关文件要求配置维修检测工装设备和动态标定线,建立质量保证体系。受托检定单位须严格按照规定的检测方法和检定项目逐项进行检查测试,对不符合规定要求的,分析原因并提出维修建议方案,由设备运用单位确认后进行维修,使双轨式钢轨超声波探伤仪的技术性能达到出厂状态。

受托检定单位应根据双轨式钢轨超声波探伤仪检定结果填写检定报告,对检定结果符合相关规定的,加盖检定合格专用章。检定报告一式三份,一份由工电检测所保存,一份由受托检定单位保存,一份由设备运用单位保存,相关记录应保存至设备报废。

(二)现场探伤灵敏度调整

1. 双轨式钢轨超声波探伤仪上道后,应先调节好探头对中,在检测状态下调节各通道灵敏度。

2. 0°探头:提高增益至钢轨轨底回波前方刚出现杂波,衰减1～2 dB作为初始探伤灵敏度。

3. 70°探头:提高增益使杂波信号30%左右,衰减1～2 dB作为初始探伤灵敏度。

4. 37°探头:提高增益使杂波信号30%左右,衰减1～2 dB作为初始探伤灵敏度。

5. 检测过程中关注各通道杂波情况,动态调节探伤灵敏度使各通道有零星点状杂波为宜。

(三)探伤标准化作业

1. 作业前

(1)作业人员应按规定穿戴劳保用品。夜间作业时要检查、确认夜间照明设备是否良好。

(2)按岗位职责,作业人员须检查双轨式钢轨超声波探伤仪各部件状态;作业负责人须携带作业区段伤损监控台账和双轨式钢轨超声波探伤仪作业揭示表。

(3)作业负责人须检查耦合剂数量是否满足当天作业需要,清点上道工具、防护用品、备品备件等。

(4)作业负责人确认当天作业计划(作业区段行别、里程、作业起止时间等);确认作业区间是否存在道口、人行过道、计轴区段和其他作业等情况;作业负责人与驻站联络员确认道岔进路,驻站联络员负责联系车站确认道岔进路。

(5)作业负责人须对驻站和现场防护设置情况进行确认。

2. 作业中

(1)上道前作业负责人确认调度命令已下达,确认驻站联络员和现场防护员已就位,具备上道条件后,方可开启通道门,组织双轨式钢轨超声波探伤仪上道组装。

(2)检查确认双轨式钢轨超声波探伤仪组装紧固状态(拼接部位的闩、销及螺栓等是否连接有效、可靠)、探伤灵敏度、制动系统是否工作良好并进行试闸。确认作业人员已乘坐完毕并系好安全带,备品备件及防护用品放置牢固。

(3)探伤作业过程中,现场防护员使用停车手信号防护,随时监听列车运行情况并与驻站联络员保持联系,掌握邻线列车运行情况,邻线来车时,应通知作业人员,并暂时将停车手信号收回,避免邻线列车误认信号。

(4)根据钢轨状态和0°探头钢轨底波显示情况,及时进行轮探头的对中和耦合水的调整,确保轮探头对中和耦合良好。检测过程中每公里进行一次里程校对,确保里程准确性。

(5)发现异常回波时,必须进行复核确认并做好记录。复核前现场防护员要与驻站联络员联系确认邻线列车运行情况,加强瞭望;复核时,机械操作员要采取制动措施且不得离岗。

(6)异常回波确认后(有、无伤损),应翔实记录确认过程及结果,应对判定的伤损进行标记等处理。

(7)双轨式钢轨超声波探伤仪进入岔区前应降低速度,现场防护员在进站信号机前确认信号并与驻站防护员确认道岔开向是否正确,机械操作员确认道岔开向无误后方可以不超过5 km/h的速度通过岔区。

(8)双轨式钢轨超声波探伤仪停止作业后重新检测应倒车不少于20 m。

(9)作业负责人做好日志记录,内容包括双轨式钢轨超声波探伤仪检测系统工作状态、伤损记录、故障及排除情况、各种因素造成的检测质量问题等。

(10)检查结束后,将双轨式钢轨超声波探伤仪分解并撤出线路以外;邻线有车通过时,应停止分解作业。

(11)作业负责人检查确认人员、机具备品、双轨式钢轨超声波探伤仪等按规定撤出栅栏网(非封闭区段撤出线路)以外,在具备开通条件后,通知驻站联络员进行销记。双轨式钢轨超声波探伤仪未撤出栅栏网(非封闭区段撤出线路)外前,驻站联络员不得销记开通线路。

(四)数据回放分析

双轨探伤数据回放是双轨探伤作业的重要组成部分。双轨探伤数据回放主要是通过对数据B超图形及作业信息的回放分析,检查现场双轨探伤作业标准化执行情况,对数据中的异常波形进行综合分析。

双轨探伤数据回放主要通过以下两个部分的检查来完成:

1. 双轨探伤作业信息检查

(1)检查双轨探伤作业灵敏度校验及使用情况。

(2)根据作业计划检查数据中各类线路信息是否正确。

(3)检查数据中各类标记、作业时间及速度等是否符合要求。

2. 探伤数据B超图形检查

(1)检查接头部位固有回波B超图形是否正常。

(2)检查双轨探伤作业过程中各通道草状波情况。

(3)对双轨探伤数据中各类B超图形进行检查,针对异常波形进行重点综合分析。

三、钢轨探伤车探伤作业

(一)探伤装置维护保养与探伤系统测试

1. 探伤装置维护保养

基于转向架安装形式的探伤检测系统的机械执行机构与承载的结构部分统称探伤装置。它是一种安装在车体转向架下面的一套机械装置,主要用来固定和调整探伤轮以实现对钢轨的探伤。探伤装置主要由探伤装置框架、探伤轮横向及纵向单元组成。整个探伤装置通过探伤装置框架的纵梁组件实现与探伤车转向架的连接,探伤轮横向和纵向单元安装在探伤装置框架上,通过水平伺服电机实现探伤轮的横向运动,通过气动气缸实现探伤轮的垂直升降运动。

维护基本要求,采用一、二、三、四、五级修程修制。

一级修:为日常检查保养内容。

二级修:包括一级修内容,一般周期为 3 个月。

三级修:指每年对整车进行全面检查、测试,修复不良部件,恢复整机性能和功能。

四级修:一般周期为 3～4 年,根据整车状态,对某些系统、大部件进行状态检查或专门修理,修复不良部件,更换到期配件,恢复整机性能和功能。

五级修:指整车返厂大修。整车在出厂运用 8 年或运行(160 000±5 000) km,应进行返厂大修。

2. 轮探头静态测试

(1)轮探头静态测试包括晶片入射角度校正和各通道灵敏度余量、信噪比测试。每月应对所有(含备用)轮探头进行不少于一次的性能静态测试,探轮内配件维修后及新组装的轮探头应及时进行性能静态测试。

(2)轮探头晶片角度校准方法。

轮探头的晶片角度调节采用 0°试块底面回波校准方法。将轮探头置于专用性能测试台,连接轮探头及超声波探伤仪。转动轮探头轴芯,使试块底面回波达到最高,横向移动轮探头轴芯,使试块底面回波达到最高,固定轮探头轴芯锁定螺钉,即完成轮探头晶片角度校准。

(3)轮探头各通道灵敏度余量与信噪比测试方法和要求。

①测试时关闭超声检测系统的抑制。

②检查轮探头外观无泄漏、无破损,转动无卡滞,接线卡槽良好,轮内超声探头和线缆无脱落。

③0°探头对长 5 mm 螺孔水平裂纹进行测试,灵敏度余量不小于 50 dB,信噪比应大于等于 18 dB。

④45°探头对螺孔长 3 mm 的 37°下裂纹进行测试,灵敏度余量不小于 50 dB,信噪比应大于等于 18 dB。

⑤直 70°探头对轨头直径为 4 mm 的平底孔进行测试,灵敏度余量不小于 50 dB,信噪比应大于等于 18 dB。

⑥XF70°探头使用轨面下方 12 mm 直径 3 mm 的轨头横通孔二次回波进行测试,灵敏度余量不小于 40 dB,信噪比应大于等于 18 dB。

3. 探伤车动态标定

(1)探伤车应定期进行等速动态标定，普速铁路运用的探伤车每季度应安排不少于一次动态标定，高速铁路运用的探伤车应适当加密。

(2)探伤车动态标定在专用试验线上进行，专用试验线应符合《铁路大型养路机械 钢轨探伤车》(GB/T 28426—2021)要求。

(3)标定要求。

①设置各通道闸门延迟、闸门宽度、阈值(侧打通道关闭不用)。60 kg/m 钢轨：0°通道检测钢轨轨面下深度范围 25～165 mm，底波监视范围为 170～180 mm；中间直 70°通道检测深度范围 12～55 mm；两侧直 70°通道检测深度范围 12～45 mm；XF70°通道检测深度范围 30～80 mm；37°通道检测深度范围为 46～185 mm。

②调节同侧探头位于一直线上(在车上调节对中水平位移时，要求同侧三探头 0°底波同起同落)。

③在直线区段缓慢移动探伤车。调节各轮探头对中状态至良好，调节各轮探头压力至适当。

④调节各通道检测灵敏度及轮探头位置，使系统能检出规定的标准人工伤损，同时尽量减少误报和杂波。

⑤应从低到高逐步提高标定速度，在最高标定速度下连续进行 10 次检测，统计标准人工伤损检出和波形误报情况，要求规定的伤损检出率为 85%，波形误报率低于 15%。

⑥填写动态标定记录表，并附各通道参数设置情况，记录 40 km/h、60 km/h 以及最高速度下的标定灵敏度作为后续实际探伤作业时的基准灵敏度。

(二)现场探伤灵敏度调整

探伤车各通道探伤灵敏度按最高检测灵敏度为原则进行设置，原则上不应低于动态标定灵敏度。

现场探伤灵敏度调节方法：调节各通道进波报警监视门增益，宜使门内出现一定幅度的杂波，杂波高度不宜超过满幅度 20%，探伤过程中应根据出波情况对各通道探伤灵敏度进行适当修正。宜使各通道出波满足下列要求：螺孔 45°监视单通道出波不少于 4 点；0°监视单通道出波不少于 3 点，0°通道底波失波单通道不小于 20 mm；70°各通道在钢轨端头出波均不少于 3 点，如图 3-155 所示。

(三)探伤标准化作业

指导探伤车检测操作人员正确使用探伤车检测系统，通过探伤标准化作业不断提高探伤质量。

1. 作业前

(1)探伤车作业人员作业前应充分休息，出乘时身体状态良好，作业前提前到岗，按规定着装，持证上岗。

(2)全员参加班前会，工(班)长布置检测运行计划和作业任务，明确安全注意事项，根据当日作业情况做好充分的安全预想和卡控措施，并做好记录。

(3)上道前进行班组点名，安全员进行安全布置并带队行走，进入车站经安全通道列队行走，跨越线路时须执行“手比、眼看、口呼”制度。

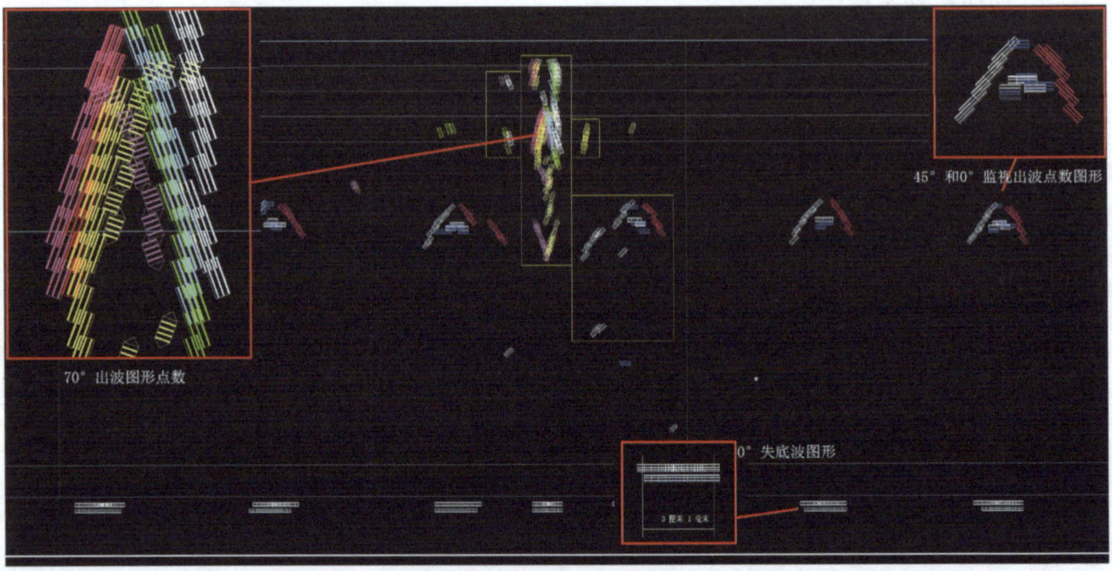

图 3-155 各通道标准出波图形

(4)探伤车司机在出库前提前启动发动机,按轨道作业车管理有关规定对车辆状态进行检查和制动系统试验,确认并保持车辆状态良好。按要求对“三项设备”(机车信号装置、列车运行监控记录装置、无线列车调度通信设备)进行性能试验,试验完毕后及时撤除防溜、防护措施。

(5)探伤车司机根据车次、运行区段共同进行 GYK 设定数据核对、CIR 注册、运行揭示导入及复核。

(6)检测人员提前 30 min 预热检测系统,检查操作台仪表显示、按钮功能、自动对中、里程定位以及检测系统是否工作正常。设置当日线路、操作员等作业信息,预调探伤作业参数,检查各通道出波情况,调节各通道探伤灵敏度,校正里程位置和自动对中装置。

(7)机械维护人员检查检测系统机械设备状态;检查轮探头保护膜磨损程度、轮探头胎压、轮探头轴承旋转是否顺畅;检查轮探头降落止位装置、定位销、防脱销;检查水平移动电机联结螺栓、倾角螺栓、自动对中传感器、里程计组件;检查耦合水喷嘴水量、方向及风机吹风量;检查小车架各梁连接装置、管路和线缆;启动轮探头恒温系统,检查轮探头恒温系统泵工作压力;打开恒温系统房间的空调,检查阀板间水泵开关、压力表;检查耦合水、生活水的数量;冬季检测时,检查各加热系统并做好预热;做好备用轮探头的维修和调试。

2. 作业中

(1)探伤车检测运行时,司机要认真执行车机联控、道机联控及呼唤应答制度。按规定进行巡视,对发动机、发电机、变扭器、另一端司机室等相关部件进行检查。严格按信号显示行车,按要求严格控制曲线、道岔等区段运行速度,确保运行安全和检测质量。

(2)检测人员应实时观察 A、B 型波形显示情况,根据线路、钢轨实际状态调整探伤灵敏度和探头位置,结合检测情况通知司机控制运行速度,确保良好的探伤效果。提前预报并关注监控伤损,填写监控伤损复核结果。详细记录检测时发现的伤损信息图形和未检区段及原因。对发现的长大伤损信息要立即通知工务段添乘人员安排现场复核确认处理。实时观察检测小车摄像监控，发现异常及时汇报负责人安排处理。检测人员要记录通过车站的股道，及时对已检测区段进行一次回放，并编制初步检测日报。

(3)机械维护人员应定时巡视阀板间，检查耦合水泵工作是否正常，巡视轮探头恒温系统间，检查轮探头恒温系统是否漏液，检查轮探头恒温系统泵工作压力是否正常，同时及时维修损坏的轮探头。

(4)检测中发生探轮外膜扎破时，利用垂直天窗运行的高速铁路可在做好防护的条件下停车更换，其余情况应向列车调度员申请在前方站停车更换。

(5)检测过程中探伤车出现故障时，探伤车负责人应及时联系调度所，同时迅速组织车上人员进行处理，排除故障后再继续进行检测。

3. 作业后

(1)车辆在到达终点站后，司机应与车站值班员加强联系，并按其要求转线或入库(停留线)。入库(停留线)后，应认真做好车辆的防溜、防护工作。对监控装置数据进行转储，按规定上报。做好车辆保养与记录工作。

(2)检测人员保存作业参数，拷贝当日检测数据，将制作好的当日初步检测日报和当日检测数据交予负责人。与机械维护人员一起对检测系统进行日常检查和保养，确认检测系统全部工作正常后关闭检测系统。

(3)探伤车工(班)长按计划组织做好油料补充和耦合水、生活水上水工作，并进行班后小结，分析、总结本次检测运行、安全、设备、探伤质量情况。

(4)当日作业全部结束后，工(班)长对全车进行一次检查，离车前关闭门窗和电源，做好防盗工作。

(四)异常波形的识别与处理

钢轨探伤车在执行超声波检测任务时，会遇到一些异常波形，这些异常波形可能是由于钢轨的裂纹、腐蚀或者其他损伤造成的。异常波形通过分析识别作为伤损报警处理。

1. 伤损报警分类

伤损报警主要分为七类：轨头横向裂纹(轨头核伤)、轨头轨腰纵向水平裂纹、螺孔裂纹、闪光焊/气压焊接头轨头和轨腰疲劳裂纹(以下简称焊缝伤损)、轨腰斜裂纹、轨底的轨腰投影区处横向裂纹(以下简称轨底横向裂纹)和其他伤损。

其中，轨头横向裂纹、螺孔裂纹、轨头轨腰纵向水平裂纹、轨腰斜裂纹和轨底横向裂纹指的是从探伤车 B 显图形中判断非焊缝区域的伤损报警，包括母材和道岔区域，如不特殊指明，这里均为母材区域。

焊缝伤损指的是伤损报警位于焊缝区域(探伤车 B 显图形中可直接判断或者通过相邻参照物可辅助判断为该处为焊缝)，具体包括轨头横向裂纹、轨头轨腰纵向水平裂纹、轨腰斜裂纹和轨底横向裂纹等伤损报警。

其他伤损指的是不包括在上述六类伤损报警中的其他伤损报警，包括擦伤掉块、机械损伤、鱼鳞伤、多孔、扩孔等。

2. 伤损报警分级

按照《钢轨探伤车运用管理办法》要求，分为三级伤损报警，分级原则如下：

一级伤损报警，即 B 型图未形成明显的伤损形态走势。

二级伤损报警，即 B 型图形成较为明显的伤损走势。

三级伤损报警,即B型图显示为严重伤损。

在三级伤损报警基础上,增加"关注波形信息"。"关注波形信息"需附在日报或关注波形报告中,不设复核时限要求,但需要钢轨探伤仪下周期检测期间重点关注并复核。

3. 伤损报警判定原则

在使用现有技术手段无法区分是否为伤损报警时,要遵循有伤推定原则。未注明出波通道数量的,均指所有出波通道的出波点数来判定伤损报警等级。

4. 钢轨折断判定原则

探伤车检测期间发现钢轨折断情况,随车分析人员应填写断轨通知单,立即通知上级部门和设备管理单位添乘人员,设备管理单位收到通知单应立即按照钢轨折断进行处理。

探伤车B型图显示出现以下情况,按照钢轨折断处理情况:

(1)贯穿轨头截面或轨腰的裂纹。

(2)螺孔裂纹发展至轨头、轨底、轨端或双向总长度大于50 mm。

(3)轨腰水平裂纹或轨腰斜裂纹长度大于100 mm。

(4)钢轨全截面断裂。

5. 数据回放分析

(1)钢轨探伤车探伤数据回放应建立二级回放制度,探伤车检测人员负责一次回放工作,探伤数据地面分析组负责二次回放工作。

(2)一次探伤数据回放工作应在当日检测工作结束后2 h内完成,地面回放人员应在探伤结束后24 h内完成探伤数据回放工作。

(3)回放人员回放前应了解作业计划,掌握作业区段现存监控伤损情况,检查探伤数据的完整性,对照计划检查探伤任务完成情况。

(4)回放人员应对探伤数据进行全程回放,回放时不得使用过滤功能,应逐屏回放,确认波形信息。

(5)地面回放中应检查探伤车各通道参数设置是否符合要求、对中耦合是否良好;检查探伤速度控制、里程校正、线路标记输入等探伤作业标准化执行情况;对疑似伤损波形进行周期比对分析,按照波形可疑程度和伤损危害程度确定复核、监控等要求。对线上现存监控伤损和关注波形信息进行回放复核。

(6)地面回放人员应记录作业违标、可疑波形情况,对不能保证探伤效果的地段提出补探要求,回放结束后编制超声检测日报告,车间审核后报工电检测所及相关线路设备管理单位。

(7)车间每月不少于2次安排回放人员参加现场复核。

第六节　典型伤损分析

一、核　　伤

钢轨大腰轨头核伤,核伤宽12 mm、高9 mm,距轨面10 mm,B超图谱如图3-156(a)所示。该伤损部位轨压塌陷,轨面光带不是一条直线,并且轨面靠作用边处有细小裂纹,如图3-156(b)所示。从波形上看,A超走波位移0.8~1.6大格,B超多个斜70°探头都有回波，部分通道出波达 6～8 个点，37°通道出波约 4～5 个点，0°探头失波。

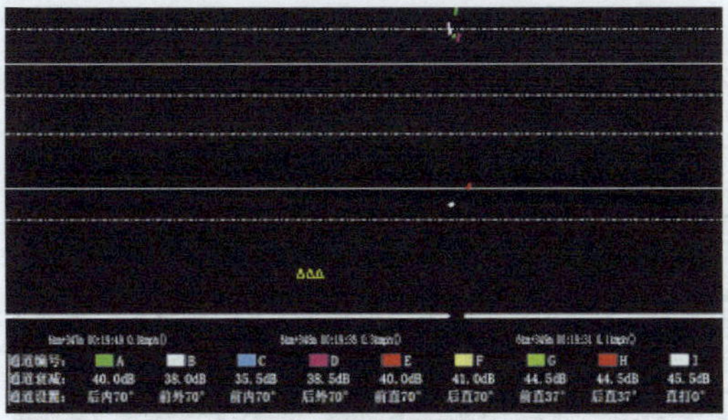

（a）B超图谱

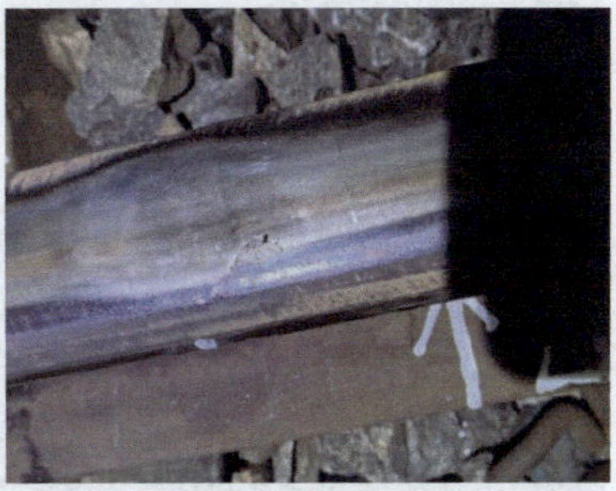

（b）现场局部照片

图 3-156　轨头核伤 B 超图谱及照片

二、接头部位伤损

胶接接头一孔向二孔向上裂纹，长度约 5 mm。B 超图谱后 37°通道出波约 3～4 个点，如图 3-157 所示。

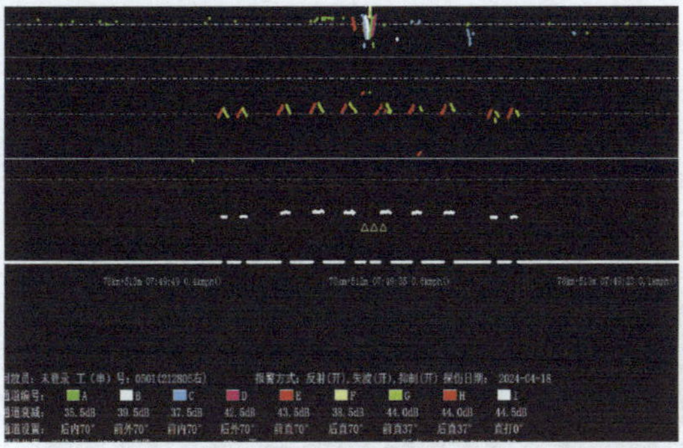

（a）B超图谱

（b）现场局部照片

图 3-157　接头部位伤损 B 超图谱及照片

三、钢轨纵向水平和垂直裂纹

轨端水平裂纹，长度约 7 mm。B 超图谱后 37°通道出波约 4～5 个点，0°通道出波约 5～6 个点，如图 3-158 所示。

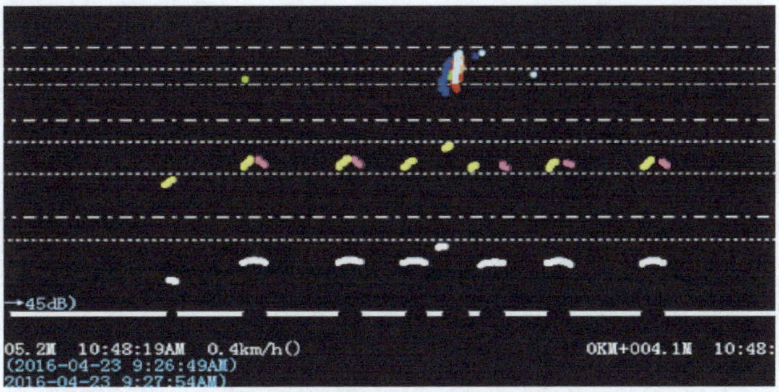

图 3-158　轨端水平裂纹 B 超图谱

四、钢轨轨底裂纹

轨底横向裂纹 B 超图谱如图 3-159 所示,前、后 37°通道出波约 4~5 个点。

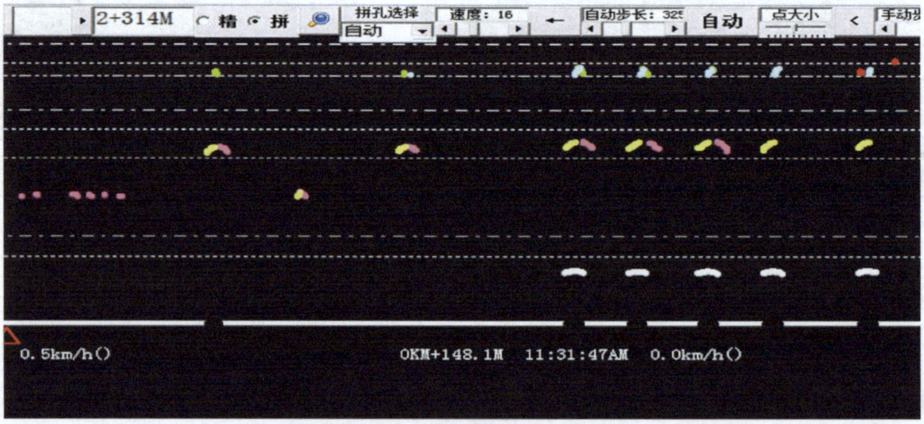

图 3-159 轨底横向裂纹 B 超图谱

五、钢轨焊缝缺陷

钢轨焊缝轨头核伤 B 超图谱如图 3-160 所示,1A 通道出波约 7~8 个点。

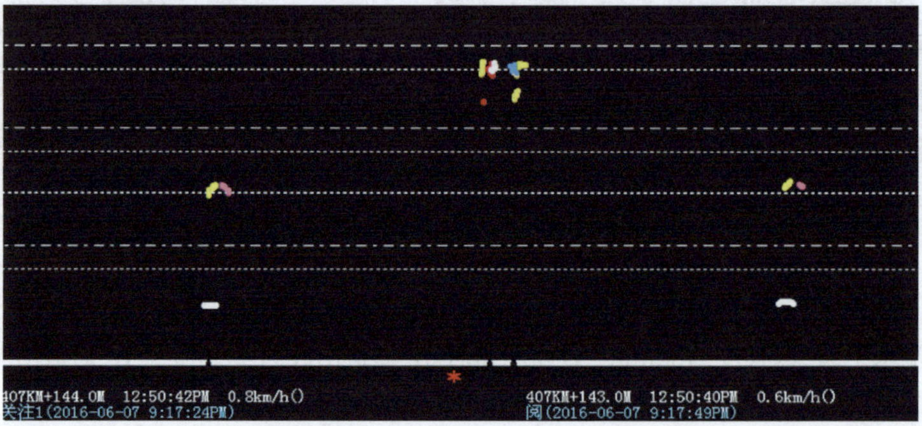

图 3-160 钢轨焊缝缺陷 B 超图谱

复习思考题

1. 50 kg/m、60 kg/m 钢轨截面及轨端侧面尺寸各为多少?
2. 钢轨伤损如何定义?哪些情况属于钢轨折断?
3. 钢轨顶面擦伤的重伤标准是什么?如何对伤损钢轨做标记?
4. 钢轨其他伤损包含哪几类?
5. 从钢轨超声波探伤分析,钢轨伤损有哪几类?其中核伤形成的原因有哪些?

6. 钢轨接头螺孔裂纹产生的原因有哪些？轨头下颚裂纹形成的原因和特点是什么？
7. 钢轨纵向水平和垂直裂纹的产生原因是什么？
8. 钢轨轨底裂纹的产生原因有哪些？
9. 70°探头的探测原理和作用是什么？
10. 37°探头探测钢轨接头时应注意的“三看”内容包括哪些？
11. 0°探头灵敏度调节注意事项包括哪些？
12. 双轨式钢轨超声波探伤仪上道后，0°、37°、70°探头探伤灵敏度应如何调整？

第四章 钢轨焊缝超声波探伤

本章主要介绍钢轨焊接基础、钢轨焊缝伤损、钢轨焊缝探伤方法、钢轨焊缝探伤设备及作业标准。通过学习应了解钢轨焊接的类型与特点、金属工艺学等基础知识，熟悉钢轨焊缝伤损及焊缝探伤设备，掌握熟悉钢轨焊缝超声波探伤方法及作业标准，提高钢轨焊缝探伤实作能力。

第一节 钢轨焊接基础

一、钢轨焊接的类型与特点

目前我国的钢轨焊接方式主要有闪光焊、气压焊和铝热焊三种，其中闪光焊又分为工厂焊(固定式闪光焊接:用闪光焊机在基地或车间焊轨作业线的焊接工位焊接钢轨，焊接电源由电力网经配电变压器供电)和现场焊(移动式闪光焊接:用闪光焊机在工地焊接钢轨，焊机及其配套设备的电源由独立的车载式发电机组供电)两种。

这些焊接方式在无缝线路中各占钢轨焊缝比例不同，以闪光焊焊缝为最多，铝热焊其次。随着现场闪光焊技术的成熟，移动气压焊占有的比例会越来越少，但近几年随着大型数控气压焊技术的成熟，现场已经开始逐步进行应用移动气压焊。

1. 闪光焊

闪光焊是电阻焊的一种，它将低电压大电流加在被焊钢轨上，通过预热和烧化使之加热至表面熔化状态，然后断电并立即加压，在压力作用下两钢轨端面相互结晶，使两节钢轨焊接在一起。该法是目前我国厂焊的主要方法，它把标准长度的钢轨焊成 250～500 m 长的轨条。

2. 气压焊

气压焊分为熔化气压焊和塑性气压焊两种。国内绝大多数采用塑性气压焊。塑性气压焊焊接时，将钢轨两清洁端面紧密贴合，并对贴面用气体火焰加热，待贴合面及附近被加热至塑性状态，金属原子具有足够的活化能，穿过界面互相急剧扩散时，即对贴合面加以顶锻，以达到原子间的金属键连接，完成重新再结晶，使两根钢轨焊接在一起。

3. 铝热焊

铝热焊又称铸焊法，它是把预先配制好的焊剂，用高温火柴点燃后，发生激烈的化学反应和冶金反应，使其瞬间温度达到 1 200～1 300 ℃，钢水下沉，氧化铝以渣的形态浮于熔化金属上面，然后把钢水注入预热好的砂模铸型内，与预热温度达 900 ℃以上的钢轨端部熔合，高温钢水将铸型内的两节钢轨端部熔化，冷却后把两节钢轨焊接在一起。该方法主要用于无缝线路铺设和无缝线路曲线侧面磨耗严重钢轨更换，以及钢轨折断抢修之中。

二、钢的微观组织及热处理

金属材料，特别是钢铁材料在铁路运输生产中具有广泛的应用，工务部门使用的钢轨、道岔、垫板、扣件都是钢铁材料。由于钢铁的性能是由其微观状态下的组织形状决定的，为更好利用钢材的特性，充分挖掘其潜能，现就钢的微观组织及热处理进行简单介绍。

（一）铁碳合金

1. 铁碳合金的基本组织

钢主要是由铁、碳元素组成，是铁碳合金的一种铁原子在不同温度下不同的晶格排布，当铁原子晶格排布为体心立方晶格时，称为 α-Fe；当铁原子的晶格排布为面心立方晶格时，称为 γ-Fe。铁碳合金中的碳元素既可以与铁作用形成金属化合物，也可以溶解在铁中形成间隙固溶体，或者形成化合物与固溶体组成机械混合物。下面介绍铁碳合金的几种基本组织：

（1）铁素体

碳溶于 α-Fe 中所形成的间隙固溶体，称为铁素体，用符号 F（或 α）表示。在 600 ℃时，α-Fe 中能溶解碳 0.008%。随着温度的升高，晶体缺陷增多，α-Fe 的溶碳量逐渐增加，当温度升高到 723 ℃时，溶碳量可增至 0.02%。由于 α-Fe 的溶碳量很小，所以铁素体的性能几乎和纯铁相同，即强度、硬度低，而塑性和韧性高。

（2）奥氏体

碳溶于 γ-Fe 中所形成的间隙固溶体，称为奥氏体，用符号 A（或 γ）表示。γ-Fe 的溶碳能力比 α-Fe 高。在 723 ℃时碳的最大溶解度为 0.8%，随着温度升高，其溶解度增加，在 1 147 ℃时，最大溶碳量为 2.06%。奥氏体的强度不高，但塑性好。故轧钢或锻造时，常把钢加热到奥氏体状态，钢轨轧制时也是将其加热到奥氏体状态。

（3）渗碳体

由于碳在 α-Fe 或 γ-Fe 中的溶解度有限，所以当碳的含量超过在铁中的溶解度时，多余的碳就会和铁以一定的比例形成化合物，称为渗碳体，用符号 Fe_3C（或 C）表示。渗碳体的含碳量为 6.67%，它是一种具有复杂晶体结构的化合物，硬度很高，脆性很大，几乎没有塑性。它的形态、大小及分布方式对钢的性能有很大的影响。

（4）珠光体

由铁素体和渗碳体组成的机械混合物，称为珠光体，用符号 P 表示。珠光体的平均含碳量为 0.77%。由于它是由硬的渗碳体和软的铁素体相间组成的混合物，所以其机械性能介于渗碳体和铁素体之间，强度较高，硬度适中，有一定的塑性。

（5）莱氏体

莱氏体是由奥氏体和渗碳体组成的机械混合物，用符号 Le 表示。室温时，莱氏体是由珠光体和渗碳体组成的机械混合物。一般将奥氏体和渗碳体组成的莱氏体称为高温莱氏体，用符号 Le 表示；而将珠光体和渗碳体组成的莱氏体称为低温莱氏体，用符号 Le′表示。莱氏体的性能和渗碳体相似，硬度很高（HB>700），塑性极差。

在铁碳合金的五种基本组织中，铁素体、奥氏体、渗碳体都是单相组织，称为铁碳合金的基本相，而珠光体和莱氏体是由基本相混合组成的多相组织。

2. 铁碳合金状态图

铁碳合金状态图是铁碳合金在极缓慢加热(或冷却)的条件下,不同成分的铁碳合金,在不同的温度下所具有的状态或组织的图形。从铁碳合金状态图中可以了解铁碳合金的成分(主要是含碳量)、组织与性能之间的关系,它不仅是可作为选择材料和制定有关热加工工艺的参考,也是钢进行热处理的理论基础。

(二)典型合金的结晶过程

按照含碳量和室温组织的不同,一般有三种不同的结晶过程:共析钢(含碳量 0.77%),显微组织是珠光体;亚共析钢(含碳量小于 0.77%),显微组织是铁素体+珠光体;过共析钢(含碳量大于 0.77%),显微组织是珠光体+渗碳体。

1. 共析钢的结晶过程

共析钢的结晶过程如图 4-1 所示,1 点温度以上为液体(L),当缓冷至稍低于 1 点的温度,开始从液体中结晶出奥氏体(A),奥氏体的数量随温度的下降而增多;温度降至 2 点时,液体全部凝固为奥氏体;在 2～3 点间是单一的奥氏体组织;继续缓冷至 3 点温度(723 ℃)时,奥氏体发生共析反应,转变成珠光体。故室温下共析钢的组织为珠光体。

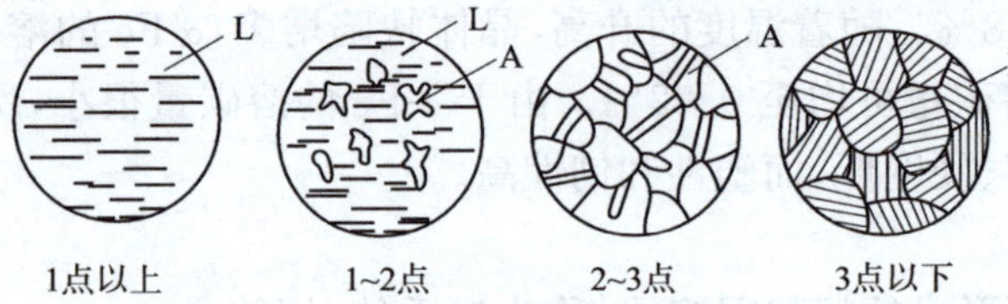

图 4-1 共析钢的结晶过程

2. 亚共析钢的结晶过程

以含碳量为 0.45%的铁碳合金为例,亚共析钢的结晶过程如图 4-2 所示。合金在 1 点以上为液体;缓冷至稍低于 1 点,开始从液体中结晶出奥氏体,冷却至 2 点结晶终了;在 2～3 点区间,合金为单一的奥氏体组织;当冷却到 3 点时,开始从奥氏体中析出铁素体;当温度降至 4 点(723 ℃)时,剩余奥氏体含碳量增加到 0.8%,于是奥氏体发生共析反应,转变为珠光体。故钢的室温组织为铁素体+珠光体。

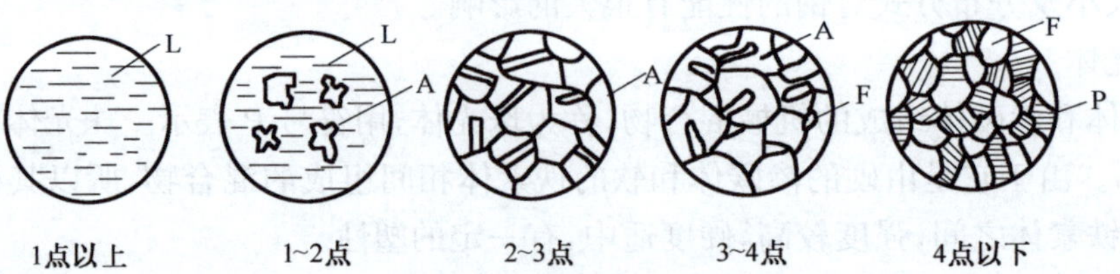

图 4-2 亚共析钢的结晶过程

3. 过共析钢的结晶过程

以含碳量为 1.2%的铁碳合金为例,过共析钢的结晶过程如图 4-3 所示。合金在 1 点以上为液体;2～3 点区间是含碳量为 1.2%的奥氏体组织;缓冷至 3 点时,奥氏体开始析出渗碳体;3～4 点区间的组织为奥氏体加二次渗碳体;降至 4 点,奥氏体发生共析反应,转变为珠光体,故室温组织为珠光体加二次渗碳体。

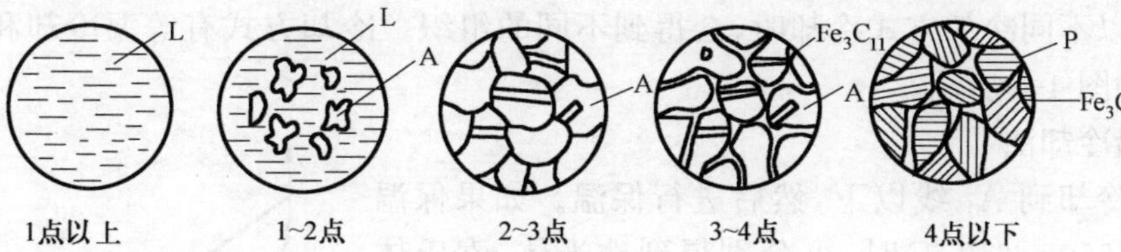

图 4-3　过共析钢的结晶过程

(三)钢的热处理

热处理是强化钢材、使其发挥潜在能力的重要工艺。钢的热处理就是将钢在固态范围内加热到一定的温度，并在此温度保持一定的时间，然后以选定的冷却速度冷却下来，改变钢的内部组织，从而获得所需要性能的一种工艺方法。钢的热处理过程由加热、保温和冷却三个阶段所组成，如图 4-4 所示。

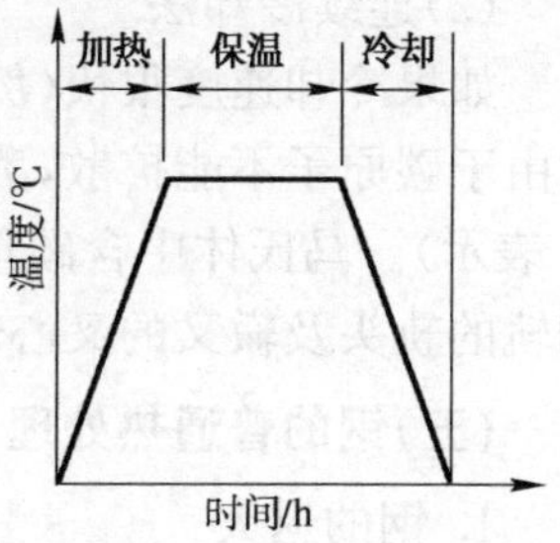

图 4-4　热处理工艺曲线示意

热处理工艺方法日益繁多，根据热处理的目的以及加热和冷却方法不同，可将热处理分为普通热处理和表面热处理。普通热处理包括退火、正火、淬火、回火。表面热处理包括表面淬火及化学热处理，在钢轨的热处理中常用表面淬火的方法进行热处理。

(四)钢在加热及冷却时的组织转变

1. 钢在加热时的组织转变

钢在加热到 A_3 线及 A_{cm} 线以上会形成奥氏体组织，以共析钢为例，共析钢的室温组织是珠光体，加热到临界点以上，晶格重构，发生相变，珠光体转变为奥氏体，碳原子进行扩散。其中奥氏体形成是通过形核和核长大过程实现的，珠光体向奥氏体转变可以分为四个阶段(图 4-5)：奥氏体晶核的形成→奥氏体晶核的长大→残余渗碳体的溶解→奥氏体成分的均匀化。

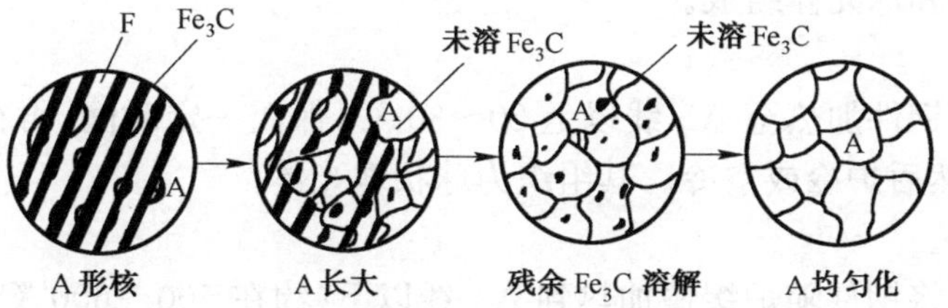

图 4-5　共析钢奥氏体形成过程示意

钢中奥氏体晶粒的大小直接影响到冷却后的组织的性能，奥氏体晶粒较小时，其转变物的晶粒也较细小，性能较好；反之，如果奥氏体晶格粗大，则其性能也较差。通常希望钢在加热时能获得较为细小均匀的奥氏体晶粒，因此在生产中常采取一些措施来控制奥氏体晶粒的长大。

2. 钢在冷却时的组织转变

奥氏体以不同冷却方式冷却时，会得到不同的组织。冷却方式有等温冷却和连续冷却两种方式，如图 4-6 所示。

(1)等温冷却法

先快速冷却到 A_1 线以下，然后进行保温。如果保温时的温度在 550～650 ℃时，可分别得到珠光体、索氏体(用 S 表示)、托氏体(用 T 表示)；如果保温温度在 350～550 ℃时，可得到贝氏体(用 B 表示)。珠光体的硬度一般为 HB190，索氏体的硬度一般为 HRC30，而托氏体的硬度则能达到 HRC38。

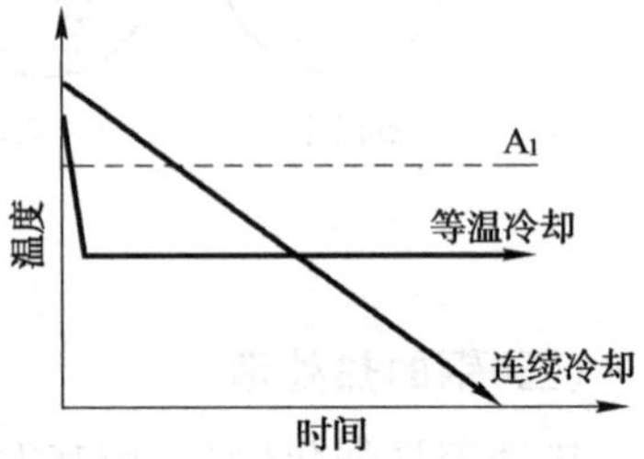

图 4-6 钢的冷却曲线图

(2)连续冷却法

如果冷却速度很快(例如采用水冷或盐水冷却方式)，奥氏体很快被过冷到 M_S 温度，此时由于碳原子不能扩散，奥氏体将被直接转变成一种含碳量过饱和的固溶体，即马氏体(用 M 表示)。马氏体中含碳量愈高，硬度也愈高，而塑性、韧性愈低，其硬度可达 HRC45～55。钢轨的轨头及辙叉的叉心部分微观组织为马氏体。

(五)钢的普通热处理

1. 钢的退火

退火是将钢加热到高于或略低于临界点(A_{c3} 或 A_{c1})的某一温度，保温一定时间，然后缓慢冷却，以获得接近平衡组织的一种热处理工艺。

(1)退火的目的：一是使退火后钢的组织接近于平衡组织，降低钢的硬度，以利于切削加工；二是消除铸件或锻件中的残余应力，以防变形和开裂；三是消除铸件或锻件中的组织缺陷，如粗大晶粒、成分不均匀等，为随后热处理做好组织上的准备。

(2)退火的种类有完全退火、球化退火和去应力退火。

①完全退火。

完全退火是将亚共析成分的钢件加热到 A_{c3} 以上 30～50 ℃，保温一定时间，然后随炉缓慢冷却(或埋入砂子或石灰中)到室温，或随炉冷却到 500 ℃后出炉空冷。完全退火后的室温组织由铁素体和珠光体组成。

②球化退火。

球化退火是将钢件加热至 A_{c1} 线以上 20～30 ℃，保温一定时间，再在 A_{r1} 以下 20 ℃左右保温一段时间，然后炉冷或空冷。其组织为球状珠光体。

③去应力退火。

去应力退火是将钢件随炉缓慢加热到 A_{c1} 线以下(约在 500～600 ℃)，经一定时间保温后，随炉缓慢冷却到 300～200 ℃以下出炉空冷。钢在去应力退火过程中并无组织变化。

2. 钢的正火

正火是将钢件加热到 A_{c3} 或 A_{cm} 以上 30～50 ℃或更高温度，保温一段时间，达到完全奥氏体化和均匀化，然后在自然流通的空气中冷却。

正火的目的是调整钢件的硬度、细化晶粒及消除网状碳化物，并为淬火做好组织准备。正火与退火的主要区别是正火冷却速度比退火稍快，因此，正火后得到的组织比退火细，机械性能也有所提高。

3. 钢的淬火

淬火是将亚共析钢或共析钢钢件加热到 A_{c3} 以上 30～50 ℃，保温一定时间，然后急速冷却下来，以获得高硬度组织的一种热处理工艺。一般钢轨在出厂前会进行淬火处理。

(1)淬火的目的

改变钢的内部组织，获得高的硬度和强度，更好地发挥钢材的性能潜力。

(2)淬火温度

碳钢的淬火加热温度，一般只允许比临界点高 30～50 ℃。亚共析钢淬火后为均匀细小的马氏体组织。过共析钢淬火后的组织由细小的马氏体和少量未溶的渗碳体组成。合金钢，如高锰钢辙叉，由于大多数合金元素(除锰、磷外)都阻碍奥氏体晶粒长大，因此它们的淬火温度允许比碳钢稍微提高一些，这样可使合金素充分溶解和均匀化，以便获得较好的淬火效果。

(3)淬火冷却介质

常用的淬火介质包括水、食盐水溶液及油。由于水容易获得且价格经济，因而是用得最广泛的淬火介质。水淬的优点是冷却速度很快，使过冷奥氏体通过这一温度范围时不转变为珠光体型组织。但由于冷却速度太快，零件内外温差大，产生很大组织应力，易使零件造成严重变形，甚至开裂。食盐水溶液是在水中加入适量的食盐(NaCl)作为淬火介质。用盐水淬火时，可使零件获得均匀的高硬度和更深的淬硬层，但组织应力较大，易使零件变形或开裂。油也是应用较为广泛的淬火剂，目前多用 10 号、20 号、30 号机油或变压器油等。在高温时油比水的冷却能力要小得多，造成的组织应力小，引起变形和开裂的倾向性也小。

(4)钢的淬透性

钢的淬透性是指钢在淬火后获得淬硬层深度的能力。钢的淬透性是钢材很重要的热处理工艺性能。淬硬层愈深，表明钢的淬透性愈好。钢的淬透性与淬火临界冷却速度有着密切关系，因此，凡是影响过冷奥氏体稳定性的诸因素都会影响钢的淬透性，大致可归纳为以下几个方面：

①钢的化学成分的影响：一般说来，在亚共析钢中，随着含碳量的增加，淬透性有所增加；而在过共析钢中，淬透性有所降低。

②奥氏体化温度及保温时间的影响：适当提高奥氏体化温度和延长保温时间，有助于增加过冷奥氏体的稳定性，提高钢的淬透性。

③钢的原始组织的影响：碳化物愈细小，转变温度也愈低，钢的淬透性也愈高。

(5)淬火应力

淬火冷却时，为了获得马氏体组织和足够的淬硬层深度，必须快速冷却。但赤热零件的急速冷却必然导致表面与心部、厚的部分与薄的部分，形成很大温差，从而使零件各部分的体积变化和组织转变不能同时进行，因而产生了淬火应力。淬火钢轨应降低淬火应力，以提高淬火钢轨的质量。

4. 钢的回火

将淬火后的钢件重新加热到 A_{c1} 以下某一温度，保温一定时间，然后以一定方式冷却下来的一种热处理操作，称为回火。

(1)回火的主要目的：

①降低脆性：消除或减少工件淬火后存在的很大淬火应力和脆性。

②获得工作所要求的机械性能：通过适当回火配合调整硬度，减小脆性，得到所需要的韧性和塑性。

③稳定构件尺寸：回火处理后，可以使工件在以后的使用过程中不再发生尺寸和形状的改变。

(2)回火方法：

①低温回火(150～250 ℃)：回火后组织为回火马氏体，这种回火主要是为了降低钢中淬火应力和脆性，保持钢淬火后的高硬度和耐磨性。

②中温回火(350～650 ℃)：回火后组织为回火屈氏体，中温回火可使钢具有高的弹性极限、屈服极限和较高的韧性。

③高温回火(500～650 ℃)：回火后的组织为回火索氏体，这种回火主要目的是为了获得强度、塑性和韧性都较好的综合机械性能。

(六)钢的表面热处理

对一些钢铁构件如钢轨，其轨头表面层承受着比内部高的应力，且不断地被磨损，因此对表面层提出了强化的要求，要求其表面具有高的强度、硬度、耐磨性和疲劳强度，而内部仍保持足够的塑性和韧性。因此生产上广泛采用表面热处理方法，如钢轨的表面淬火就可以在一定程度上满足上述的性能要求。

1. 钢的表面淬火

钢的表面淬火是一种不改变钢件表面层化学成分，只改变表面层组织的局部热处理方法。它利用快速加热使钢件表面很快地达到淬火温度，而不等热量传至心部，迅速予以冷却，可使表面层被淬硬，而心部仍是未淬火组织。根据加热方法不同，表面淬火方法主要有：感应加热表面淬火和火焰加热表面淬火。

(1)感应加热表面淬火

感应加热表面淬火是使工件表面产生一定频率的感应电流，将零件表面迅速加热，然后迅速淬火冷却的一种热处理操作方法。感应加热时，一般感应加热温度在 A_{c3} 以上 80～150 ℃。感应加热表面淬火有以下特点：

①生产效率高，适用于大批量生产。

②由于加热速度很快，淬火表面层能获得非常细小的针状马氏体组织，它使表面硬度增加并有较高的疲劳强度和较低的脆性。

③由于加热时间极短，故显著减少工件的氧化与脱碳。

(2)火焰加热表面淬火

火焰加热表面淬火法是利用乙炔-氧混合气体燃烧的火焰，喷射到工件表面上，使之快速加热，当达到淬火温度时立即喷水冷却，从而获得预期硬度和淬硬层深度的一种表面淬火方法。火焰加热表面淬火的淬硬层深度一般为 2～6 mm。

2. 钢的化学热处理

钢的化学热处理是将零件放在某种化学介质中加热、保温和冷却，使介质中的某些元素渗入到零件表面，从而改变零件表面层的化学成分和组织，使零件表面层具有某些特殊性能的一种热处理工艺。常用于一些有特殊要求零件的热处理。

第二节 钢轨焊缝伤损

一、焊缝缺陷种类

因焊接设备、焊接材料、气温条件和操作工艺等因素都会影响焊接质量，导致在焊缝内产生缺陷。焊缝缺陷的种类、特征、形成原因和危害性，见表 4-1。

表 4-1 钢轨焊缝缺陷

焊接方式	缺陷名称	特征	产生部位	形成原因	危害性
闪光焊	灰斑	暗灰色平滑，有时有放射性条纹的片状夹杂物	焊缝的任何部位，其中轨脚边居多	焊接时间短，次级电压高，连续闪光发生中断	大大降低焊缝的疲劳强度和韧性，极易造成断轨
	裂纹	开口性斜裂和焊缝中暗裂	多数发生在焊缝腰部和热影响区	可焊性差和端面切割不良或存在重皮	垂直和斜向折断
	烧伤	轨面和轨底的钳口部位存在烧伤痕迹	离焊缝中心 130～330 mm 区域	钳口部位不洁，通电后电阻加大或加热时间过长	脆性折断或烧伤引起横向裂纹
气压焊	光斑	断口表面呈银灰色，平滑，手感不涩手	焊缝的轨头和轨底部位	温度低或顶锻力不足，造成钢轨接触面的不连续性。火焰不正常，出现回火、放炮等导致的端面污染和氧化	减少钢轨的有效截面积，在其缺陷边缘应力集中，极易折断
	过烧	断口呈暗色，松散的微粒状组织	两轨脚和轨头与轨腰接合处的凸出量部位	主要是加热温度过高。在钢轨表面产生松散的微粒组织	塑性减弱，脆性增大，存在轨脚两端，很易折断
	未焊透	断口呈暗灰色，平整有毛刺，在毛刺之间有平滑的微小白斑	焊缝的任何部位	端面不洁，间隙过大，顶端量过小，顶端过焊，或加热器火焰不正，摆动量不均匀	与光斑危害相似
铝热焊	夹渣	断口处存在不规则体积型夹杂，一般呈暗灰色	任何部位	打塞（钉）过早使未上浮的溶渣、氧化皮及夹杂物进入焊缝	焊接质量良好，铝热焊接头的屈服强度只有母材的 70%左右，如果存在缺陷，其强度明显下降，尤其低温季节，接头本身受到巨大的温度拉应力，再加上列车动弯应力的联合作用，铝热焊接头最易引起折断
	气孔	气孔大小不均，有单个或蜂窝状的气孔群体	任何部位	焊接工艺不当，渗水、漏油。轨端端面不洁或焊剂受潮	
	夹砂	焊缝中可见细小的砂粒	多数存在于轨脚两侧	砂模封口不准，使混入溶液中的砂粒无法溢出	
	缩孔	断口处呈暗灰色的空穴	浇铸部位或端面中心	预热不够或浇注口散热过快，导致溶液的凝固收缩	
	疏松	多孔性和不致密性，似海绵状，呈银白色	轨底三角区	溶液凝固时，因体积收缩或气体上浮造成晶间空隙	
	未焊透	断口呈未融合状态，平整	轨脚两侧居多	预热温度不够，焊缝间隙不一	
	裂纹		焊缝与母材间	焊接时冷热分布不均匀或加热时金属体积改变，组织应力破坏	

二、焊接接头伤损标准

根据铁道行业标准《钢轨焊接》(TB/T 1632.1～1632.3)规定:

1. 焊接接头及其附近钢轨表面不应有裂纹、明显压痕、划伤、碰伤、电极灼伤、打磨灼伤等伤损。

2. 闪光焊焊缝的断口应无未焊合、过烧、夹渣缺陷;允许存在少量灰斑:单个灰斑面积不大于 10 mm^2,灰斑总面积不大于 20 mm^2。

3. 铝热焊焊缝的断口不应出现疏松、缩孔或由焊接引起的裂纹等缺陷。可出现少量气孔、夹渣或夹砂等缺陷,其尺寸及数量如下:最大尺寸 2 mm 时,允许数量 1 个;最大尺寸 1 mm 时,允许数量 2 个。

4. 气压焊焊缝的断口应无未焊合、过烧、夹渣缺陷;可存在少量光斑;单个面积不大于 8 mm^2,光斑总面积不大于 50 mm^2。

在超声波探伤中,因为光斑和灰斑缺陷厚度极薄,而形状也无规则,当超声波入射到该缺陷面时,有一部分声波能量透过缺陷继续向前传播,一部分被反射回来,反射回来的能量往往很弱,因此,对于钢轨气压焊和闪光焊缝中的光斑和灰斑缺陷往往不易探测到或探测不到,一般灵敏度条件下发现的缺陷多数大于允许存在的缺陷面积。为此,焊缝的轨底部位探伤中如发现缺陷均判重伤。轨头、轨腰可按上述标准酌情处理。

第三节 钢轨焊缝探伤方法

钢轨焊缝探伤方法主要包括长期使用的常规焊缝探伤工艺方法以及近几年兴起的爬波、相控阵等新工艺、新设备。

一、常规焊缝探伤方法

随着列车运行速度提高,无缝线路铺设占正线比例越来越大,为满足现场铺设需要,无缝线路中除闪光焊和移动气压焊外,铝热焊接头也占有一定比例。这三种焊缝中,以铝热焊焊缝探伤难度为最大,主要原因为焊筋回波对伤损波形识别进行干扰。下面介绍适用于 60 kg/m 钢轨铝热焊焊筋宽度小于 45 mm 的焊缝探伤,该探伤方法也可作为气压焊和闪光焊焊缝的探伤参考。

(一)焊缝轨头探伤

1. 焊缝轨头探伤扫查

为使钢轨焊缝轨头得到全面扫查,$K2.5$ 探头在轨顶面采用纵向移动和偏角纵向移动两种方式,即锯齿形扫查、偏角扫查。

(1)纵向移动扫查(锯齿形扫查)。$K2.5$ 探头置轨面上,探头纵向中心平行于轨头侧面,在偏角为 0°的情况下纵向前后移动探头,移动区域为距焊缝中心 0～300 mm,通过多次移动探头确保超声波对探测范围的全覆盖。本次扫查主要利用一次波检出钢轨头部焊缝中及热影响区内的缺陷,如图 4-7 所示。

(2)探头偏角纵向移动扫查(偏角扫查)。由于轨头顶面作用边呈圆弧状,探头接触面过小,在无偏角纵向移动扫查中不利于焊缝轨头内外侧上角缺陷的检出,因此,需要采用偏角纵向移动法进行探测。$K2.5$ 探头置轨面中心线上，以 20°偏角纵向移动探头，利用轨颚反射波检出焊缝内外侧部位的缺陷，如图 4-8 所示。

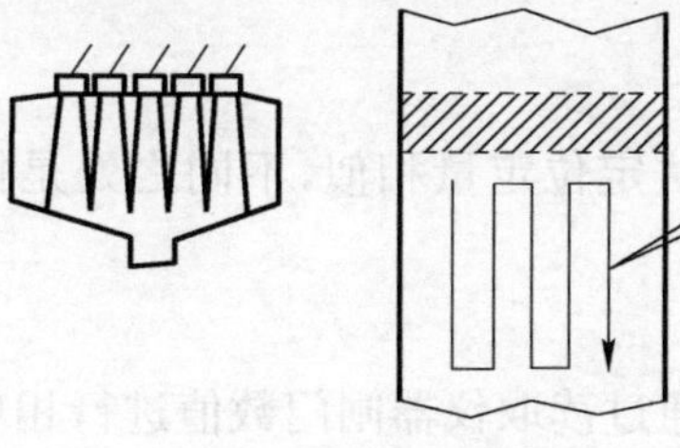

图 4-7　探头纵向移动扫查示意

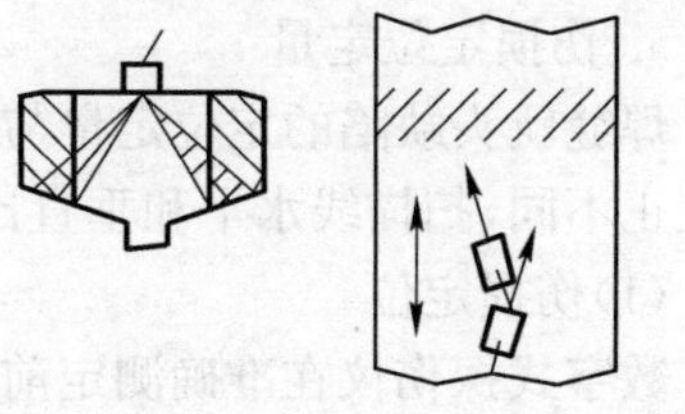

图 4-8　探头偏角纵向移动扫查示意

2. 正常焊缝轨头回波显示

探测铝热焊接头轨头时，探头距焊缝中心 80 mm 左右，在荧光屏水平刻度 4.0 左右显示焊筋轮廓波。其他形式焊缝(气压焊和闪光焊)，轨头下颚也存在不同厚度的焊筋，探伤时均会在一、二次波交替范围内显示焊筋轮廓波，由于各种焊筋厚度的不规则性，产生的回波幅度和位移会有差别。

3. 焊缝轨头缺陷回波显示

焊缝轨头缺陷回波与 70°探头探测钢轨轨头核伤的显示规律基本相似，唯一区别在显示缺陷回波的过程中夹有焊筋轮廓波。当缺陷直径小于超声束宽度，且缺陷距轨颚较近时，超声束可同时在缺陷和焊筋上产生反射，荧光屏上会同时出现缺陷波和焊筋轮廓波显示现象，如图 4-9 所示；若缺陷距轨颚较远时，缺陷波和焊筋轮廓波交替显示。

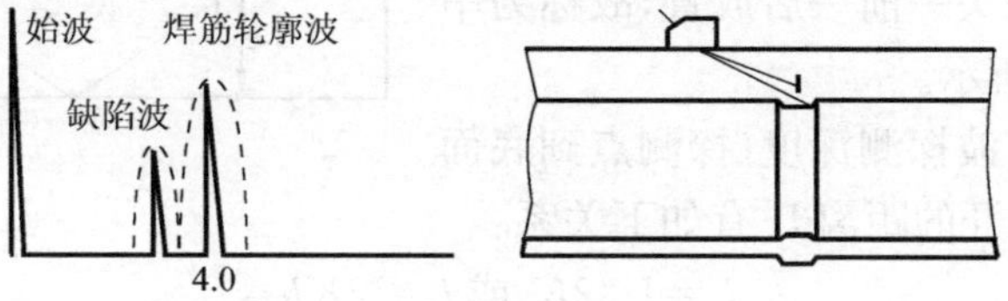

图 4-9　焊缝小缺陷回波

当缺陷直径大于超声束宽度，完全阻挡超声波向前传播，使荧光屏上只显示缺陷波，不显示焊筋轮廓波，如图 4-10 所示。

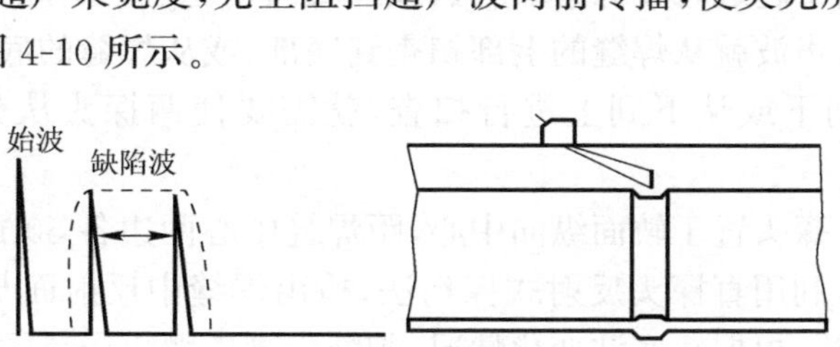

图 4-10　焊缝大缺陷回波

4. 探伤注意事项

(1)注意回波分析。在焊缝轨头探测中，遇有焊筋轮廓波明显延长或重复显示，除因焊筋轮廓不规则和焊渣影响外，多数是由于焊筋与母材间存在缺陷，应注意分辨，防止误判和漏检。

(2)注意焊筋轮廓波的干扰。尤其铝热焊接头,不仅有对侧焊筋反射波,还会出现本侧焊筋端角波。一般缺陷回波显示在对侧焊筋反射波前后,当缺陷存在于焊缝中间,有时会显示在两个焊筋轮廓波之间。

5. 伤损定位定量

焊缝轨头缺陷的定位定量与钢轨轨头核伤的基线法定位定量相似,不同之处是探测范围校正不同,扫描线水平和垂直比例系数有差别。

(1)伤损定位

数字式探伤仪在准确测定前沿、K 值的前提下,可通过读取仪器闸门数值进行相应波形的定位。

(2)伤损定量

缺陷直径较小时,采用当量法确定缺陷大小,用焊缝试块平底孔作为当量基准;缺陷直径较大时,用延伸度法确定缺陷大小,根据缺陷波在荧光屏上位移量直读出缺陷的垂直高度,缺陷横向宽度可按钢轨核伤校对方法确定。

(二)焊缝轨腰探伤

钢轨焊缝轨腰缺陷的检测,通常使用串列式双探头探测和直探头探测两种。串列式扫查多使用一种双探头(2.5 MHz,$K0.75$～$K1$)串列式扫查架进行探伤。

1. 轨腰探伤扫查

(1)双探头串列式扫查。

声波经缺陷和底面两次反射后返回探测面,被另一探头接收,两探头一前一后放置,故称为串列式扫查,如图 4-11 所示。

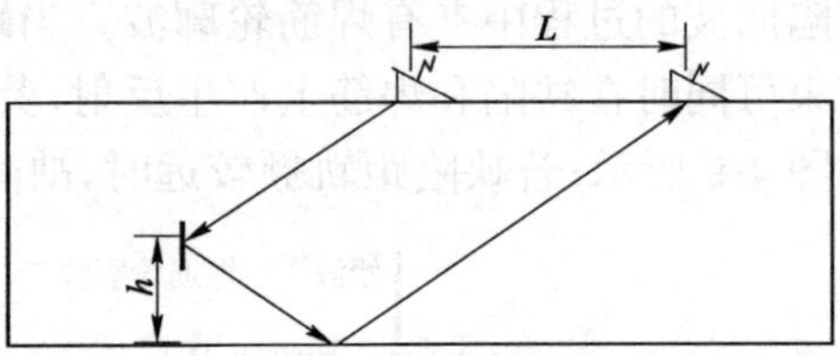

图 4-11 串列式扫查

串列式扫查时,声波探测深度(探测点到底面的距离)h 与两探头分开的距离 L 有如下关系:

$$h=L/2K \text{ 或 } L=2Kh$$

式中,K 为探头的 K 值,一般取 $K=0.8$ 或 1。

从上式可以看出,h 和 L 成正比,L 越大,h 也越大,即两探头分开的距离越远,探测点越高。反之,两探头离得越近,探测点就越低,或离底面就越近。由此可见,当两探头由分到合或由合到分变化时,声波就从焊缝的上部扫查到底部,或从焊缝的底部扫查到上部。也可以说,要对焊缝从上到下或从下到上进行扫查,就需要使两探头从分到合或从合到分地移动。

(2)直探头探测。探头置于轨面纵向中心,距焊缝中心两边各 50 mm 的区域内,纵向缓慢移动探头进行扫查,利用直探头反射式探伤法,检出焊缝中反射面与探测面平行的缺陷,也可利用穿透式探伤法,根据轨底波变化情况,判断焊缝轨腰投影范围内的缺陷。

2. 焊缝轨腰正常回波显示

(1)串列式扫查架正常回波。在正常铝热焊焊缝(包括闪光焊焊缝、气压焊焊缝)检查中,如有伤损,应在荧光屏 7.5 左右显示缺陷波,若无伤损,荧光屏上应不显示回波。

(2)直探头探测。直探头探测焊缝探伤过程中,出现轨底波消失或在底波前显示其他回波,说明焊缝中存在缺陷,但要注意观察探头位置是否偏离,轨腰推瘤不良造成轨腰焊筋不平整,可能会产生反射回波,可根据眼看、手摸来确定。

3. 探伤注意事项

(1)注意焊缝外观与仪器的回波分析。焊缝中心两侧各 150 mm 范围内如轨面粗糙不平、轨底有坑洼以及轨底焊筋两侧的焊渣与母材紧紧粘连有可能引起失波报警,探伤时应做具体分析,以免误判。

(2)新焊接头轨面粗糙,略有突起,容易产生误报警,影响轨头与轨腰连接区域伤损探测。这个区域正是钢轨探伤中 70°探头探测的盲区。初次检查时要认真细查,在复查中要注意发展、变化。

4. 伤损定位定量

(1)定位

①串列式双探头:缺陷距探测面深度从扫查架刻度尺上读取,刻度尺的指示刻度即为伤损距探测面的深度。

②直探头:根据缺陷回波处仪器显示数值读取深度。

(2)定量

①串列式双探头根据刻度尺的起落波点确定伤损的长度。

②直探头根据缺陷回波幅度来确定缺陷大小,缺陷直径较小时,用当量法确定,缺陷直径较大时,用延伸度法确定。

(三)钢轨轨底探伤

1. 探伤扫查

为了便于扫查,将轨底分成轨底两侧(简称轨脚)和轨腰与轨底连接部分(简称轨底三角区),根据轨脚和声束宽度对应关系,确保轨脚得到全面扫查,又将轨脚划分四个探测区,如图 4-12 所示。使用 $K2.5$ 探头分别按不同的偏角和位置进行纵向移动扫查,利用二次波探测焊缝上半部分,一、三次波探测焊缝下半部分。

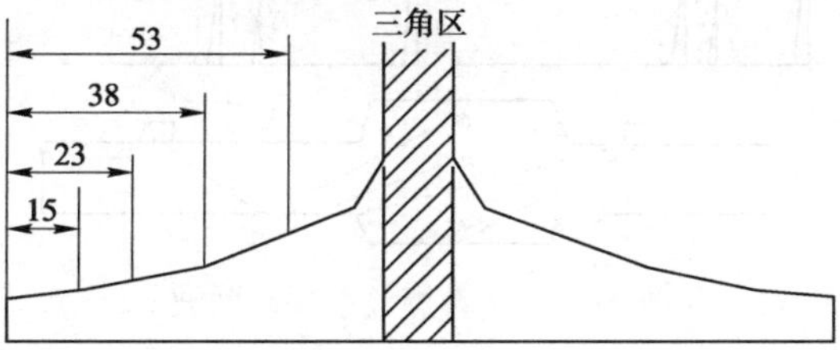

图 4-12 轨底扫查区划分示意(单位:mm)

轨脚扫查应结合锯齿形扫查和偏角扫查等多种扫查方式进行。

2. 焊缝轨脚正常回波显示

探伤中只有熟悉和掌握焊筋轮廓波的显示规律,才能对焊缝轨脚缺陷回波做出正确判断。

(1)扫查轨脚 1~2 档时,探头入射点距焊缝中心约 65 mm(二次波),在荧光屏水平刻度 3.0 左右,显示焊筋上轮廓波;探头距焊缝中心约 90 mm(三次波),在荧光屏水平刻度 4.5 左右,显示焊筋下轮廓波,当使用前沿长度小于 12 mm 的探头时,探头紧靠焊筋边,在荧光屏水平刻度 2.0 左右,显示一次波生产的焊筋下轮廓波,但该波并不是主声束在焊筋上的反射,而声束的前扩散部分反射,所以回波显示位置与实际深度存在不对应。

(2)扫查轨脚 3～4 档时，探头入射点距焊缝中心约 40 mm(一次波)，在荧光屏水平刻度 2.5 左右，显示焊筋下轮廓波；探头距焊缝中心约 95 mm(二次波)，在荧光屏水平刻度 4.8 左右，显示焊筋上轮廓波，如图 4-13 所示。

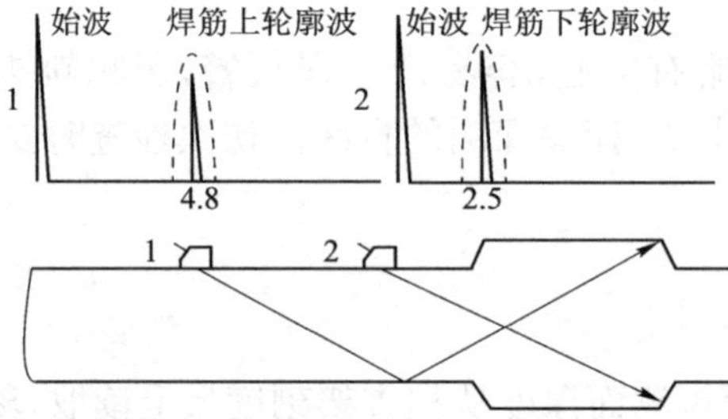

图 4-13 轨脚 3～4 档焊筋回波

由于轨脚 1～2 区厚度较薄，以及声束纵向有一定宽度，焊筋上、下轮廓波常会同时显示在扫描线上，随探头位移而移动。此外因焊筋几何形状不规则、推瘤方式不同，以及扫描线的校正误差，焊筋轮廓波的显示位置和幅度略有差异。

3. 缺陷回波规律

(1)小缺陷波形显示

缺陷直径小于超声束宽度时，会出现缺陷波和焊筋轮廓波同时显示(图 4-14)，且缺陷波显示于焊筋轮廓波之前，两波间隔一般为 1.0 左右，如两波间隔越小，则说明缺陷与对侧焊筋越近，反之，间隔越大，则缺陷越靠近本侧焊筋边。缺陷波显示在焊筋上轮廓波前，则缺陷在焊缝上方，若缺陷显示在焊筋下轮廓波前，则缺陷在焊缝下方。

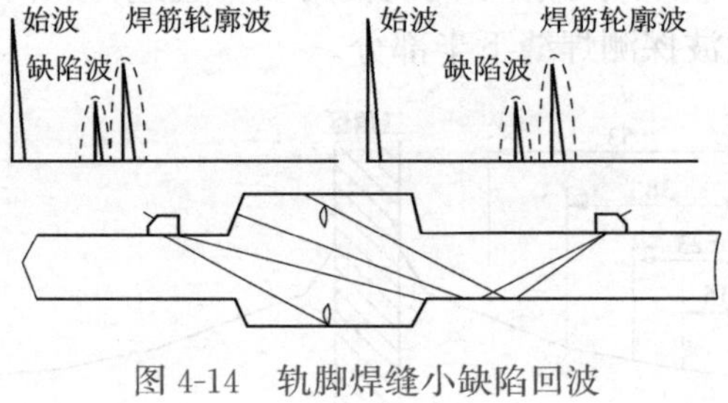

图 4-14 轨脚焊缝小缺陷回波

(2)大缺陷波形显示

由于缺陷对超声束完全阻挡，荧光屏上只显示缺陷波，而无焊筋轮廓波出现，如图 4-15 所示。

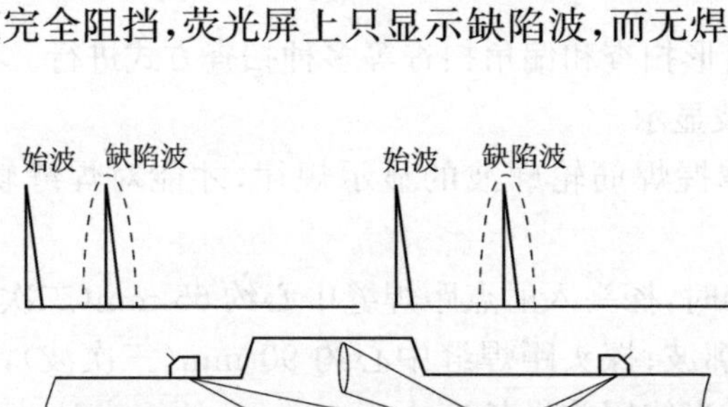

图 4-15 轨脚焊缝大缺陷回波

(3)热影响区内缺陷波形显示

缺陷直径小于声束宽度时,荧光屏可同时显示缺陷波和焊筋轮廓波,如缺陷在本侧,缺陷波与焊筋轮廓波间隔距离达 2.0 及以上[图 4-16(a)];缺陷较大时只显示缺陷波[图 4-16(b)];如缺陷在对侧,则缺陷波显示在焊筋轮廓波之后[图 4-16(c)],可将探头放置在焊缝另一边,用二次波进一步复核确认。

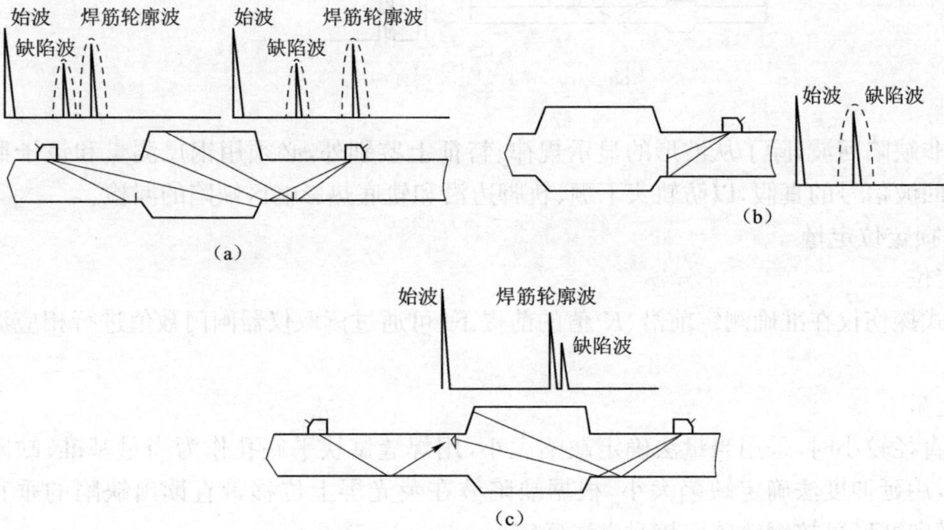

图 4-16　轨脚焊缝热影响区缺陷回波

4. 非缺陷回波识别

(1)焊渣回波

焊缝边留有焊渣,焊渣与母材粘连后,超声波在焊渣处会产生反射,如图 4-17 所示。焊渣回波位移小、波幅低,可通过定位和手摸确认。

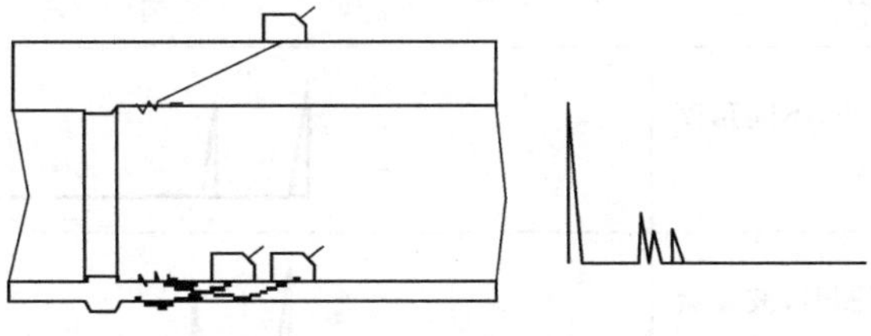

图 4-17　焊渣回波显示

(2)位移不动波

探测面不平整,耦合条件差,有时会在示波刻度 1.0 左右显示波幅宽大的回波,如图 4-18 所示。

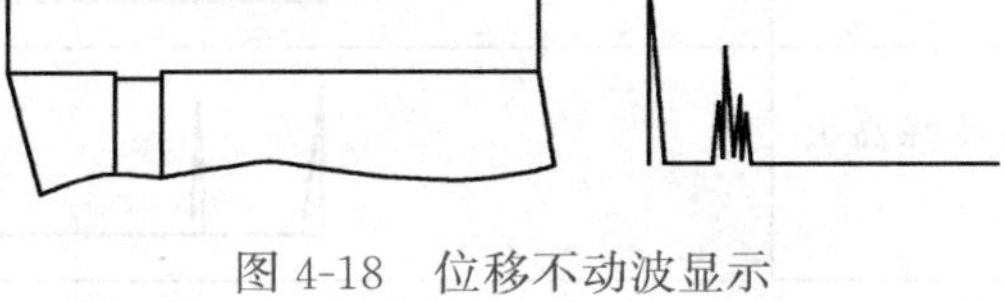

图 4-18　位移不动波显示

(3)油层回波

在轨脚探伤中,油质较厚和油污堆积于探头前沿时,会显示波幅较高、宽度较大的回波,如图 4-19 所示。油层波位移量不大,时有时无,可用手擦净油污予以识别。

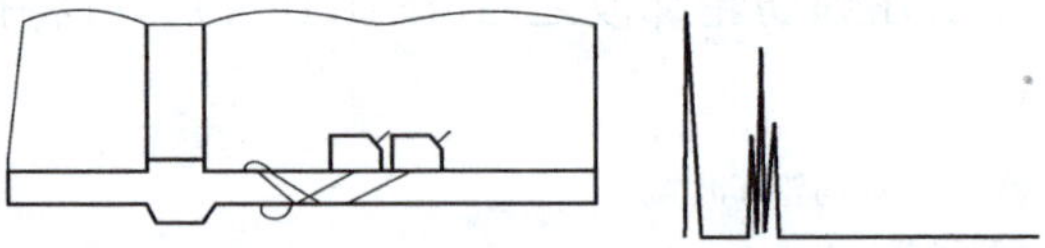

图 4-19　油层回波显示

上述非缺陷回波,除了从波形的显示规律、特征上鉴别外,必须用钢尺测量和镜子照的方法确定回波信号的真假,以防轨头下颚、轨脚边沿和轨底热影响区缺陷的漏检。

5. 伤损定位定量

(1)定位

数字式探伤仪在准确测定前沿、K 值的前提下,可通过读取仪器闸门数值进行相应波形的定位。

(2)定量

缺陷直径较小时,采用当量法确定缺陷大小,用焊缝试块平底孔作为当量基准;缺陷直径较大时,用延伸度法确定缺陷大小,根据缺陷波在荧光屏上位移量直读出缺陷的垂直高度,缺陷横向宽度可按钢轨核伤校对方法确定。

6. 焊缝缺陷波形特征

钢轨焊接由于工艺控制不良,在焊缝中会产生各种各样的焊接缺陷,不同的焊接方式产生的缺陷类型亦不相同。由于缺陷性质、形状和表面状态不同,每一种缺陷回波显示各有差异,见表 4-2。

表 4-2　焊缝缺陷波形特征

缺陷名称	波形特征	图　示
气孔	波幅稳定位移小,不同角度探测时,波形相似	
夹杂	在不同角度探测时,波幅会出现较大的变化。	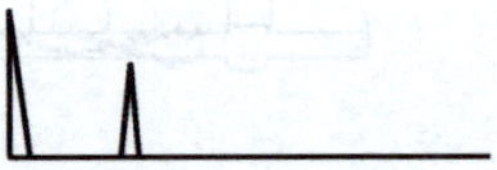
缩孔、疏松	回波松散,有些波峰呈树枝状	
未焊透	波幅不高或跳跃,有些呈多支波同时显示	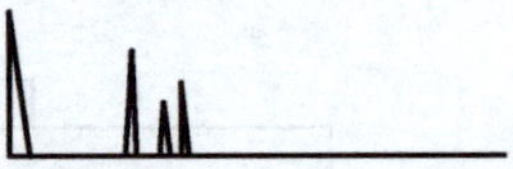
光斑、灰斑	波形单一稳定,波峰高大尖锐	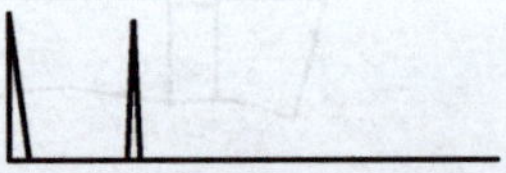

续上表

缺陷名称	波形特征	图　示
过烧	波跟宽大，波峰呈树枝状	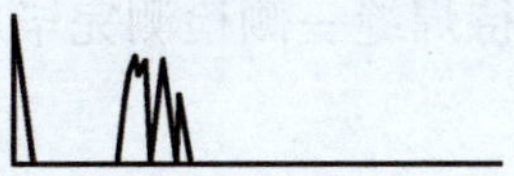
裂纹	波形稳定、强烈，有一定的波移量	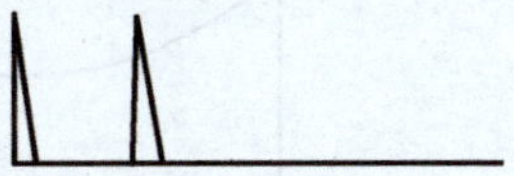

二、爬波探伤工艺

1. 平面爬波探头

采用平面爬波探头，从钢轨母材的平面或凸面耦合面（如轨头踏面、轨距角、轨头侧面、轨腰、轨底上斜坡、轨底侧面、轨底面等）进行扫查，扫查范围应保证与相邻弧面探头扫查范围覆盖，如图 4-20 所示。

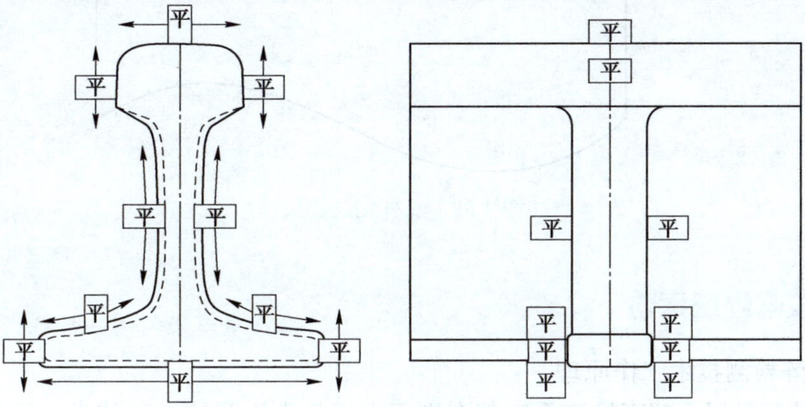

图 4-20　平面爬波工艺

2. 弧面爬波探头

采用弧面爬波探头，从钢轨母材的凹面耦合面（如头腰结合部圆弧区、腰底结合部圆弧区）对同侧焊筋边缘至焊缝进行扫查，扫查范围应延伸至凹面部位之外较平整区域，保证与相邻平面探头扫查范围覆盖，如图 4-21 所示。

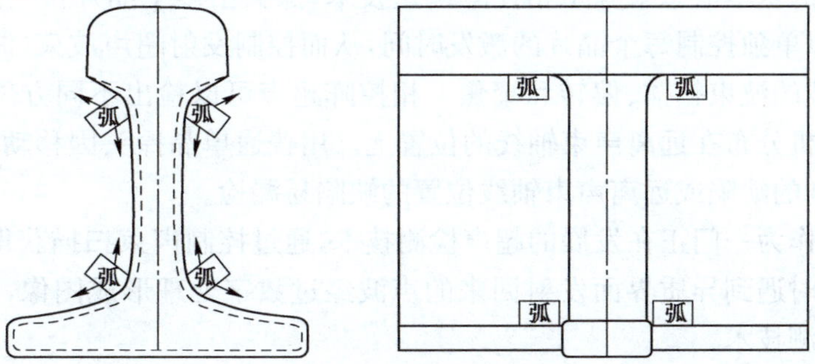

图 4-21　弧面爬波探头

3. 长杆爬波探头

采用长杆爬波探头,在轨底下底面,声束发射方向指向焊缝,从钢轨轨底角一侧向另一侧进行蛇行扫查,待焊缝一侧检测完毕后,再扫查焊缝另一侧,如图 4-22 所示。

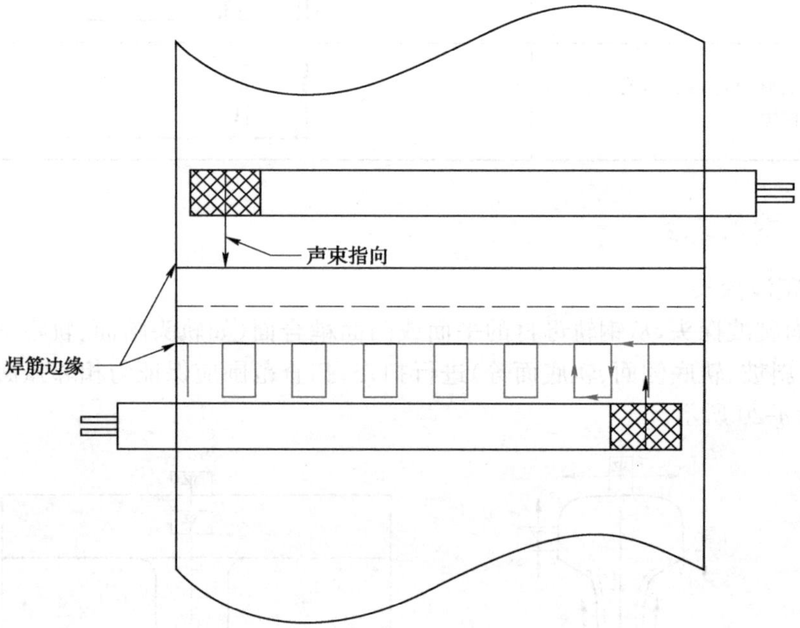

图 4-22　长杆爬波探头

三、相控阵焊缝探伤

1. 相控阵检测技术工作原理

超声相控阵是属于超声检测系统却有别于常规超声检测的一种技术。进入 21 世纪以来,工业超声检测系统的重要的发展之一是超声相控阵检测技术,该技术逐渐获得公众认可,并成功应用于实践检验中。超声相控阵换能器由伴随着可单独脉冲激发的不同数目的阵元组成,可以进行折射角范围自由调节的扇形区域扫查,沿线性路径扫查或者深度方向上设置不同动态焦点扫查,这与传统超声检测缺陷的扫查方式存在着极大的区别,超声相控阵技术提供了足够的检测灵活性和检测效率,这对焊缝检测而言具有很大优势。

相控阵超声的基本概念来源于相控阵雷达技术,探头由多个晶片按一定的规律分布排列,通过软件可以单独控制每个晶片的激发时间,从而控制发射超声波束(波阵面)的形状和方向,实现超声波的波束扫描、偏转和聚焦。相控阵超声可以检出不同方位及取向的缺陷,这些缺陷可能随机分布在远离声束轴线的位置上。用普通单晶探头因移动范围和声束角度有限,对方向不利的缺陷或远离声束轴线位置的缺陷易漏检。

超声相控阵作为一门正在发展的超声检测技术,通过控制声束扫描获得超声成像,是利用在工件内传播时遇到异质界面发射回来的声波经过数字处理形成图像,从而反映缺陷存在与否的一种检测技术。

早在 19 世纪初期英国科学家托马斯·杨发现了同相的波相遇相互加强,不同相的波相遇互相减弱的干涉现象。在20世纪60年代，研究学者开始利用干涉原理特征控制声束传播，即在一个超声换能器中镶嵌多个小晶片，几个压电晶片在不同的时间上独立地被激发或接收，为了产生超声聚焦高能声束，使各个阵元遵循时间延迟规律，从而调整波源传播声波的相位，得到各个波源的合成干涉声束。超声相控阵检测技术的工作原理是利用计算机控制相控阵探头中各个小晶片的激发和接收，用合适的延时法则激发探头中所有阵元或部分阵元，使各个晶片的波阵面干涉合成一个整体的声束，最终实现声束能量聚焦或偏转的效果。

为了获得在工件待检测内部的干涉加强声波，相控阵探头中的每一个独立的阵元必须由电脑按照聚焦法则控制激发顺序。这种合成的超声相控阵声束类似于常规超声换能器产生的超声波束，与常规超声的区别仅仅在于探头发射和接收的方法不同，超声相控阵波束的发射和接收都依据特定的聚焦法则。

2. 相控阵聚焦法则

聚焦法则的设置包含阵元个数、幅度、时间延迟规律等参数。每一个阵元的时间延迟规律与检测配置、偏转角度、楔块和探头类型等因素有关。相控阵探头中各个阵元激发时采用的时间延迟规律影响着声束的聚焦和偏转的性能。

3. 相控阵声束偏转

(1)通过软件控制每一个晶片激发的延时时间，使超声波传播的波阵面沿特定角度传播。

(2)通过控制探头晶片的延时可以改变波束的偏转角度。

(3)使用单一的探头可以进行多角度检测。

(4)使用一维阵列时，仅能在一个平面上进行波束控制。

4. 相控阵扫查介绍

(1)相控阵线性扫查(电子扫查)

线性扫查(E-Scan)：阵列中的晶片组依次切换，且每组晶片都使用相同的聚焦法则。声束以恒定角度沿相阵列探头长度方向进行。

(2)相控阵扇形扫描(方位扫描)

扇形扫查(S-Scan)：又称方位扫描或角扫描，使阵列中相同晶片发射的声束对某一聚焦深度在扫描范围内移动。对其他不同焦点深度可增加扫描范围，扇形扫描区大小可变。

第四节　钢轨焊缝探伤设备

一、焊缝探伤仪

以焊缝探伤仪CTS-1010为例，配置有六个专用检测通道，每个通道参数独立可调节。参数设置界面采用全屏参数显示方式。每个通道与快捷按键F1～F6对应，通道切换方便，在进行探伤工作时，更换探头后切换至相应的通道即可。

二、焊缝探伤试块

焊缝探伤试块根据检定部门和使用环境可分为标准试块和对比试块两类。

1. 焊缝探伤使用的标准试块为 CSK-ⅠA 试块和 CS-1-5 试块。

2. GHT-1 试块两端共钻有 13 个 ϕ3 mm、深为 70 mm 的平底孔,主要用于 60 kg/m 钢轨焊缝探伤双斜探头 K 型或串列式探伤灵敏度的校准,如图 4-23 所示。

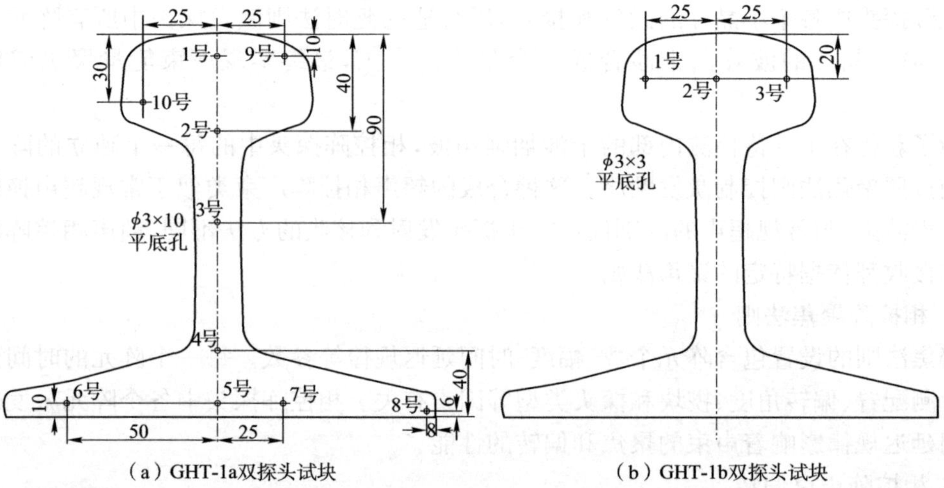

图 4-23 GHT-1 试块(单位: mm)

3. GHT-5 试块主要用于 60 kg/m 钢轨焊缝探伤灵敏度的校准,如图 4-24 所示。

(1)A 区钻有 7 个 ϕ5 mm 横通孔,主要用于 0°探头探伤灵敏度的校准。

(2)B 区钻有 8 个 ϕ3 mm 横通孔,主要用于轨头和轨腰单斜探头探伤灵敏度的校准。

(3)C 区钻有 2 个 ϕ4 mm 竖孔,主要用于轨底单斜探头探伤灵敏度的校准。

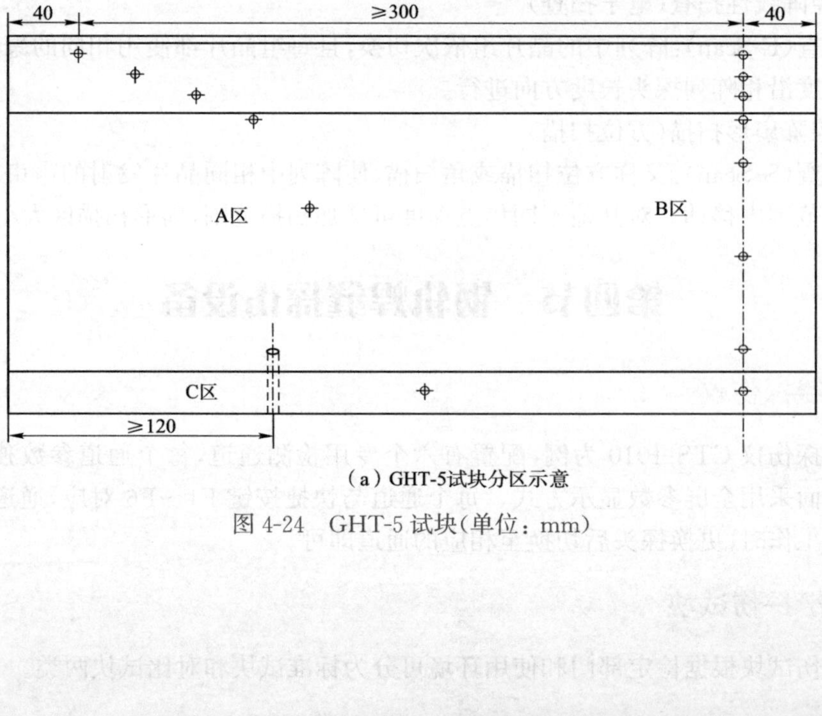

(a) GHT-5试块分区示意

图 4-24 GHT-5 试块(单位: mm)

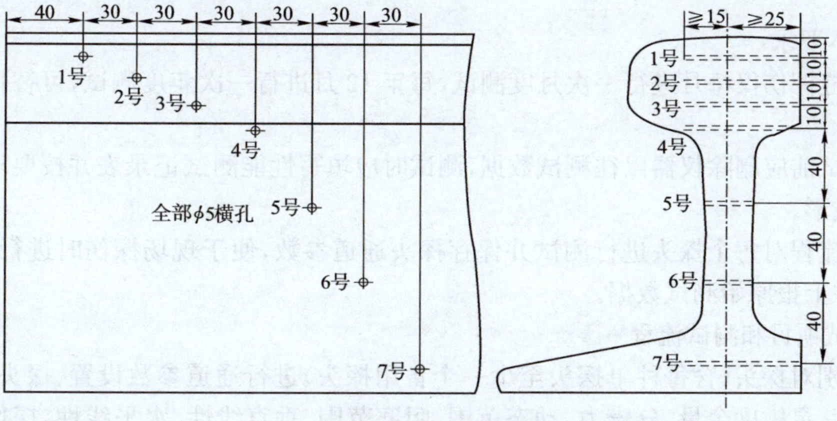

（b）GHT-5试块0°探头区(A区)

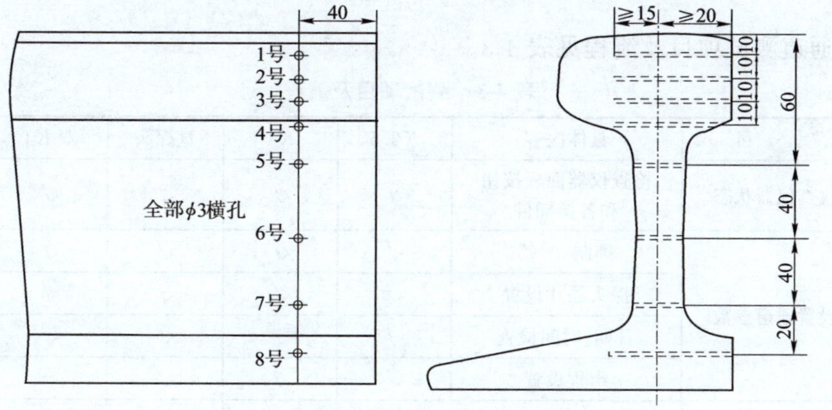

（c）GHT-5试块轨头和轨腰探头区(B区)

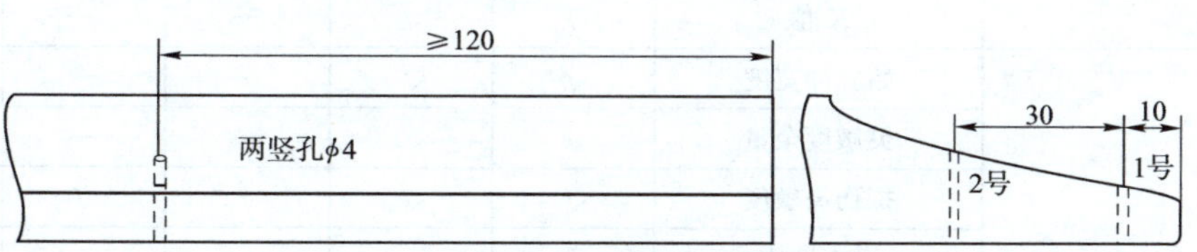

（d）GHT-5试块轨底探头区(C区)

图 4-24　GHT-5 试块(单位：mm)(续)

第五节　钢轨焊缝探伤作业

在了解焊缝类型、伤损、探伤方法及焊缝探伤设备后，下面将重点介绍焊缝探伤作业中的部分关键环节。

一、焊缝探伤仪测试方法

1. 基本要求

(1)焊缝探伤仪每月进行一次月度测试,每年12月进行一次年度测试,可替代当月月度测试。

(2)测试前应删除仪器以往测试数据,测试时应填写性能测试记录表并按要求保存有关测试动态波形。

(3)按流程对每个探头进行测试并保存探头通道参数,便于现场探伤时进行通道调用,同时转存并上报原始测试数据。

2. 测试项目和测试流程

(1)分别对探头(含每种单探头至少一个备用探头)进行通道参数设置、探头参数标定、始脉冲宽度、灵敏度余量、分辨力、动态范围、阻塞范围、垂直线性、水平线性、探伤灵敏度测定以及DAC曲线制作。填写性能测试记录表,按照探头编号(通道标题设为探头编号)保存通道数据。

(2)各通道测试项目及流程见表4-3。

表4-3 测试项目及流程

流程	项目	具体内容	$K2.5$	$K1$	直探头	双$K1$	双$K0.8$
1	检查仪器状态	检查仪器面板按钮和各接插件	√	√	√	√	√
2	设置通道参数	抑制“0%”	√	√	√	√	√
3		探头晶片设置	√	√	√	√	√
4		日期、时间检查	√	√	√	√	√
5		声程设置	√	√	√	√	√
6	探头参数标定	延时	√	√	√	—	—
7		前沿长度	√	√	—	—	—
8		K值	√	√	—	—	—
9	性能测试	始脉冲宽度	√	√	—	—	—
10		灵敏度余量	√	√	√	—	—
11		探伤灵敏度	√	√	√	√	√
12		动态范围	—	—	√	—	—
13		分辨力	√	√	√	—	—
14		水平线性(年度)	—	—	√	—	—
15		垂直线性(年度)	—	—	√	—	—
16		阻塞范围(年度)	—	—	√	—	—
17	DAC曲线制作	判废线设置	√	√	√	—	—
18		评定线设置	√	√	√	—	—
19		DAC曲线制作	√	√	√	—	—
20	通道数据保存		√	√	√	√	√
21	探伤能力校验		√	√	√	√	√

3. 测试要求和方法

(1)通道参数设置

发射电压:200 V,阻尼:400 Ω,检波方式:全波,频带:窄,抑制:0%。按实际探头设置探伤晶片,检查仪器日期、时间。

K2.5 探头声程设 250 mm 或按深度 1∶1 标定;K1 探头设 300 mm 声程;直探头设 200 mm 声程;双探头串列扫查设 300 mm 声程;双探头 K 型扫查设 250 mm 声程。

(2)探头参数标定

单斜探头对延时、前沿长度和 K 值进行标定,直探头标定延时。

(3)探头性能测试

①始脉冲宽度。

斜探头置于 CSK-ⅠA 试块上,测 R100 mm 圆弧,找到最高回波并调至 50%波高,将探头置于空气中擦净油污,增益 40 dB,始脉冲幅度 20%处所对应的基线声程值即为始脉冲宽度。

②灵敏度余量测试。

斜探头置于 CSK-ⅠA 试块上,测 R100 mm 圆弧,找到最高回波并调至 50%波高,灵敏度余量(仪器增大增益值－增益读数值)应大于等于 65 dB。

直探头置于 CS-1-5 试块上,测 200 mm 深 ϕ2 mm 平底孔,找到最高回波并调至 50%波高,灵敏度余量值(仪器增大增益值－增益读数值)应大于等于 55 dB。

③动态范围测试。

直探头探测 CS-1-5 试块深度 200 mmϕ2 mm 平底孔作为参照波。调节衰减器或增益器降低参照波,并读取参照波幅度自垂直满刻度的 100%下降至刚能辨认之最小值(一般约为 3%～5%)时的衰减器或增益器的调节量,此调节量则定为该探伤仪在给定频率下的动态范围。

④分辨力。

a. 直探头分辨力测量步骤:

仪器抑制置零,连接探头并置于 CSK-ⅠA 试块上,探测声程分别为 85 mm 和 91 mm 反射面的反射波,移动探头使两波等高,改变仪器灵敏度使两波幅同时达到满幅度的 100%,测量波谷高度 h,探头的分辨力 $R=20\lg(100/h)$;若 $h=0$ 或两波能完全分开,则取 $R>30$ dB。

b. 斜探头分辨力测量步骤:

探头置于 CSK-ⅠA 试块的 K 值测量位置,耦合良好,探测试块上 A(ϕ50 mm)、B(ϕ44 mm)两孔的反射波,移动探头使两波等高。调节仪器灵敏度和探头位置,使 A、B 两波波幅同时达到满幅度的 100%,然后测量波谷高度 h,则该探头分辨力 $R=20\lg(100/h)$;若 $h=0$ 或两波能完全分开,则取 $R>30$ dB。

⑤水平线性。

使用 0°通道声程设为 125 mm,探测 CSK-ⅠA 试块 25 mm 厚面,分别读取第二、第三、第四次底波在相同幅度情况下其前沿与水平刻度"4""6""8"的偏差 L_n,找出取其最大偏差 L_{max},水平线性即为 $\frac{|L_{max}|}{100}\times100\%$。

⑥垂直线性。

直探头探测 CS-1-5 试块深度 200 mmϕ2 mm 平底孔，找到最高回波，调节灵敏度使波高达到 100%，用探头压块固定好探头。以每次 2 dB 的变化量调节衰减值，每次调节后用满刻度的百分值记下回波幅度填入表 4-4 内，一直继续到衰减 26 dB，计算出实测与理论的偏差值（d=实测刻度－理论刻度）。表中最大正偏差 d(+)和最大负偏差 d(－)的绝对值之和即为垂直线性。

表 4-4 垂直线性记录表

衰减量/dB	0	2	4	6	8	10	12	14	16	18	20	22	24	26
波高理论(100%)	100	79.4	63.1	50.1	39.8	31.6	25.1	20.0	15.8	12.5	10.0	7.9	6.5	5.0
波高实测(100%)														
偏差值 d														

⑦阻塞范围。

连接探头并置于 DB-D1 试块 48 mm 厚处，使第一次底波 B1 最高，调节探伤仪使此底波幅度恰为垂直满刻度的 80%。在 DB-D1 试块上由厚至薄测量底波 B1 的幅度，找出此幅度保持在垂直满刻度 70%以上的最小板厚 L，L 即为在这一探伤灵敏度下的阻塞范围，并以钢中纵波传播距离表示，$L \leqslant 10$ mm。

⑧探伤灵敏度测试。

测试完成后记录探伤灵敏度，保存测试动态波形。

视频

焊缝探伤仪K2.5探头（轨头）测试

K2.5 探头轨头：将 GHT-5 试块上 B 区 5 号（深 60 mm）ϕ3 mm 横孔反射波高调整到满幅度的 80%，再增益 6 dB 作为 K2.5 探头轨头部位的探伤灵敏度基准。

K2.5 探头轨底：将 GHT-5 试块上 C 区 2 号 ϕ4 mm 竖孔上棱角的二次反射波调整到满幅度的 80%，再增益 6 dB 作为 K2.5 探头轨底部位的探伤灵敏度基准。

K1 探头：将 GHT-5 试块上 B 区 8 号（深 160 mm）ϕ3 mm 横孔反射波高调整到满幅度的 80%作为 K1 探头探伤灵敏度基准。

直探头：将 GHT-5 试块上 7 号（深 160 mm）ϕ5 mm 横孔反射波幅度调整到满幅度的 80%作为直探头的探伤灵敏度基准。

双探头串列式扫查：双探头串列式扫查探测 GHT-1a 试块 4 号（距轨底面 40 mm）ϕ3 mm 平底孔，调节平底孔波幅到满幅的 80%作为探伤灵敏度基准。

视频

焊缝探伤仪K2.5探头（轨底）测试

双探头轨头 K 型扫查：探测 GHT-1b 试块上 2 号 ϕ3 mm 平底孔，调节波幅到满幅的 80%作为探伤灵敏度基准。

双探头轨底 K 型扫查：探测 GHT-1a 试块上 5 号 ϕ3 mm 平底孔，调节波幅到满幅的 80%作为探伤灵敏度基准。

(4)DAC 曲线制作

选择所测通道，进入 DAC 参数设置。K2.5 探头评定线设“－12 dB”，定量线设“0 dB”，判废线设“－6 dB”。其他探头评定线设“－6 dB”，定量线设“0 dB”，判废线设“0 dB”。

进入DAC曲线制作界面。将单探头置于GHT-5试块上，$K2.5$ 轨头探测1～5号 $\phi3$ mm横孔，$K2.5$ 轨底探测两 $\phi4$ mm竖孔的上下棱角共4个点以及1号竖孔五次回波（深度约65 mm），$K1$ 探头探测1～8号 $\phi3$ mm横孔，直探头探测2～7号 $\phi5$ mm横孔。记录各反射回波最高时波幅为80%时的dB值，直至该通道测试完成后保存曲线。

视频
焊缝探伤仪 $K1$ 探头测试

视频
焊缝探伤仪直探头测试

视频
焊缝探伤仪双探头串列式扫查架测试

（5）探伤能力校验

通道测试结束后，在试块上进行探伤能力校验，双探头扫查应能探出GHT-1试块各人工平底孔缺陷，且信噪比不低于10 dB。单探头应能探测出GHT-5试块上各部位最远声程处的人工缺陷，且信噪比不低于10 dB。

4. 测试数据的保存

测试结束后导出测试数据。每台仪器每次测试数据一般应包含不少于9段测试数据，分别为：2个 $K2.5$ 轨头、2个 $K2.5$ 轨底、2个 $K1$、2个 $K0$、1个双 $K0.8$。焊缝探伤仪测试记录表见表4-5。

表4-5　焊缝探伤仪测试记录表

仪器编号				仪器软件版本号								
探头名称	探头编号	月测试项目								年检项目		
		延时/μs	前沿/mm	K值/折射角	始脉冲宽度/mm	灵敏度余量/dB	动态范围	分辨力	探伤基准灵敏度	垂直线性	水平线性	阻塞范围
$K2.5$							—			—	—	—
$K2.5$							—			—	—	—
$K1$							—			—	—	—
$K1$							—			—	—	—
直探头			—	—	—							
直探头			—	—	—							
双 $K0.8$		—	—	—	—	—	—		—	—	—	
双 $K1$		—	—	—	—	—	—		—	—	—	
测试人					记录人							

二、焊缝探伤作业

1. 现场灵敏度校验

探伤前必须认真检查仪器的工作状态（包括电源电压）和探头线、接插件作。现场作业前应进行探伤系统灵敏度校验（图4-25）：$K2.5$ 在轨脚边横向测钢轨对边轨脚边；$K1$ 探头在钢轨轨面横向测轨头外侧下角；直探头在钢轨轨面测轨底，要求回波波幅与该探伤系统在对比试块上用同样方法校验时的波幅误差在±4 dB以内。此种灵敏度校验方法可以及时发现整体探伤系统出现的一些影响焊缝探伤质量的问题,应在现场持续使用。

2. 扫查灵敏度

各探头探伤灵敏度基准和DAC曲线测定后予以保存。探伤时根据探测面条件,适当进行表面增益补偿,一般为0～6 dB,单探头表面补偿应在DAC界面里进行设置。斜探头现场探伤时应再提高增益不少于4 dB作为扫查灵敏度。

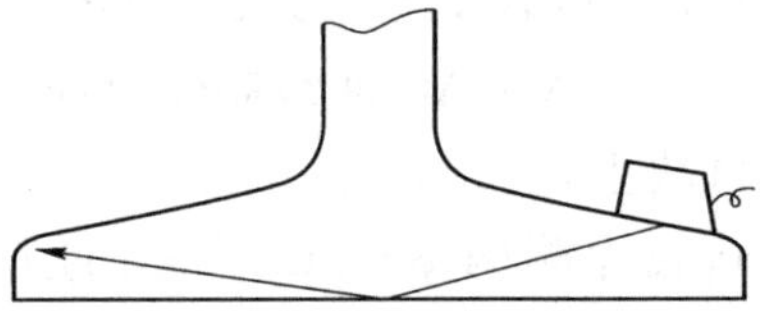

图4-25 灵敏度校验

3. 扫查

(1)扫查速度和力度

探头在探测面上移动速度小于100 mm/s,当扫查速度过快,不宜对回波识别,易造成焊缝内的缺陷漏检。同时,应给探头以适当和一致的压力,否则会导致接触不良或者使耦合层厚度发生变化,从而引起探伤灵敏度不稳定。

(2)扫查方式

①在役焊缝探伤。

用$K2.5$单探头从钢轨踏面或侧面对轨头进行扫查,从轨脚上斜面对轨脚部位进行扫查;用直探头从钢轨踏面对轨头、轨腰、轨底部位进行扫查;用双探头从钢轨踏面对轨头、轨腰、轨底部位进行串列式扫查。

②现场新焊焊缝探伤。

用$K2.5$单探头从钢轨踏面或侧面对轨头进行扫查,从轨脚上斜面对轨脚部位进行扫查;用直探头从钢轨踏面对轨头、轨腰、轨底部位进行扫查;用双探头从钢轨踏面对轨头、轨腰、轨底部位进行串列式扫查;用$K1$单探头从钢轨踏面对轨腰至轨底进行扫查。

③工厂闪光焊检验。

用$K2.5$单探头从钢轨踏面或侧面对轨头进行扫查,从轨脚上斜面对轨脚部位进行扫查;用双探头从钢轨踏面对轨头、轨腰、轨底部位进行串列式扫查;用$K1$单探头从钢轨踏面对轨腰至轨底进行扫查;宜用双探头从轨头侧面对轨头部位进行K型扫查;宜用双探头从轨底侧面对轨底部位进行K型扫查。

(3)扫查要求

①轨头、轨脚用单斜探头采用锯齿形扫查方式扫查(图4-26),根据缺陷存在的部位、钢轨受力状态和始波占宽影响,必须运用偏20°角的二次波探测轨头两侧上方缺陷,用偏角扫查方式加强对轨脚边沿和变坡点下方以及头腰结合部焊筋边缘缺陷的探测(图4-27)。在焊缝本侧和轨底对侧用偏角二次波扫查方式加强对底腰结合部焊筋边缘上缺陷的探测(图4-28)。对头腰结合部焊筋边缘缺陷应加强本侧焊筋边缘部位的扫查(探头置于轨头中部,探头偏角不宜大,声束方向应指向头腰结合部位),可在轨头对侧侧面进行校对。为防止轨头近表面缺陷漏检,在焊后质量检验中,应增加轨头两侧向轨头上方的扫查。轨头及轨脚3、4档扫查距离不小于300 mm,轨脚其他部位扫查距离不小于150 mm。

②直探头在焊缝部位的轨头踏面作纵向、横向移动扫查,确保对轨腰投影范围的全面探测。

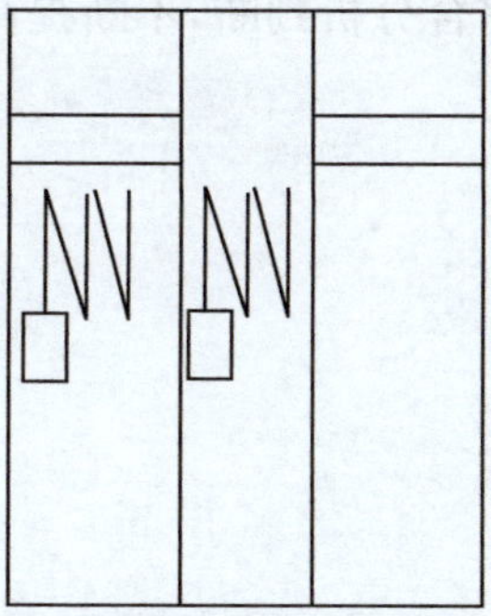

图 4-26　锯齿形扫查

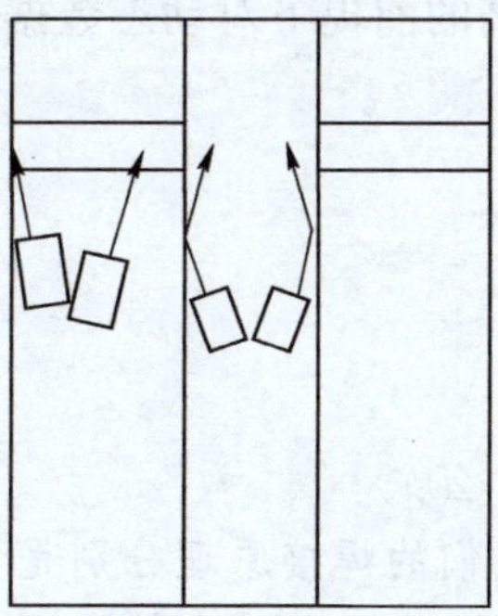

图 4-27　轨头轨脚偏角扫查

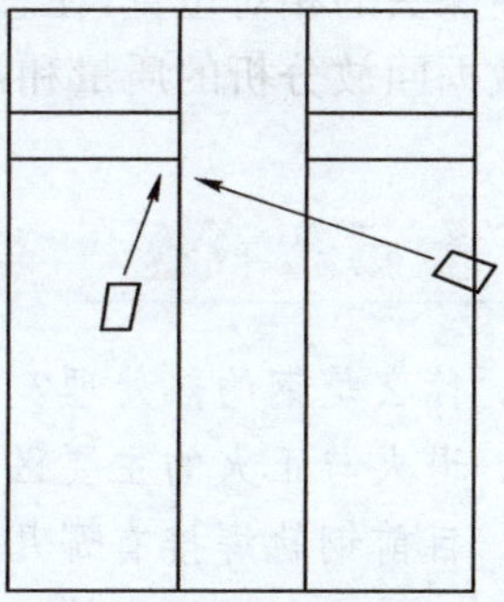

图 4-28　本侧和对侧扫查

③串列式探伤将串列式探头架侧面刻度尺零位分别对准焊缝中心及铝热焊两侧焊筋边缘各扫查一遍。

④$K1$ 探头在新焊焊头跟踪探时使用。探头在焊缝轨头踏面作纵向扫查，扫查距离不少于 300 mm，确保对轨腰投影范围的全面探测。

三、数据回放分析

焊缝探伤数据回放是焊缝探伤工作的重要环节，焊缝探伤数据录制存储的是 A 超波形，其主要作用是卡控现场作业标准、监督探伤任务落实情况、总结提高伤损波形识别能力。

目前 CTS-1010 数字式焊缝探伤仪探伤数据文件夹命名规则为"作业日期(仪器串号)"，其中作业日期以年-月-日来表示[示例：24-07-03(TG 25016)]，如仪器串号未在仪器内录入保存，则数据文件夹括号内显示为空。在焊缝探伤数据文件夹内，焊缝探伤数据则以"录像 0001"的命名形式依据现场作业录制数量而依次记录和保存。

主要通过对以下三个部分的检查来完成焊缝探伤数据回放分析工作：

1. 静态检查

充分利用好回放软件信息列表，在信息列表部分检查的主要内容包括：探伤扫查时间、各探头探伤灵敏度、作业地点、探伤作业起讫时间和仪器各类标记等。发现简化扫查程序、探伤灵敏度不符合要求、扫查时间不足等违反作业标准化的行为。

2. 播放界面静态检查

(1)检查焊缝探伤仪器各项参数设置是否正确。

(2)检查单探头通道 DAC 曲线设置是否正确。

(3)检查焊缝、道岔专项探伤中使用的探头是否正确。

(4)检查仪器测试数据中主、备探头的测试情况及项目是否符合要求等。

3. 播放界面动态检查

(1)通过回波移位情况分析判断现场扫查过程是否符合要求，对扫查范围进行分析判断。

(2)检查现场焊缝探伤是否执行了闸门及标记的使用要求。

(3)检查已判伤损或非伤损异常波形是否按照要求进行了标记。

(4)检查仪器测试数据中各相关参照标准是否正确、曲线制作是否符合要求等。

根据探头扫查带来的焊筋轮廓波、草状杂波等固有回波的移动规律，大致判断现场焊缝探伤中探头的相对位置，在总结提高的前提下对动态数据进行综合分析判断，不断提高焊缝探伤数据回放分析的质量和效果。

复习思考题

1. 什么是钢的热处理？

2. 退火与正火的主要区别是什么？

3. 目前钢轨焊接有哪几种？它们的焊接原理分别是什么？

4. 移动式气压焊焊接工艺有哪些步骤？什么情况下应停止焊接重新处理端面？

5. 钢轨轨头探伤采用哪几种扫查方法？其作用分别是什么？轨头焊缝缺陷回波的规律是什么？

6. 轨腰焊缝缺陷的探伤方法有几种？双探头串列式探测如何确定轨腰缺陷的高度？

7. 轨底探伤分哪几部分？轨脚分哪几个档及分别如何扫查？

8. 轨底角焊缝缺陷回波特点有哪些？应如何识别？

9. 轨底角焊缝探伤中会产生哪些非缺陷回波？简述这些回波的产生原因、波形特征及识别方法。

10. 钢轨焊缝探伤应注意哪些事项？

第五章　道岔钢轨探伤

本章主要介绍道岔主要轨件类型、道岔探伤方法、道岔探伤设备和典型伤损分析。通过学习应了解铁路道岔的基本构成、分类，熟悉道岔探伤设备，掌握道岔不同轨件的探伤办法。

第一节　道岔主要轨件类型

道岔可分为普通单开道岔和特殊道岔（可动心轨道岔、交分道岔），其主要由转辙器、连接部分、辙叉及护轨以及岔枕等组成，如图 5-1 所示。

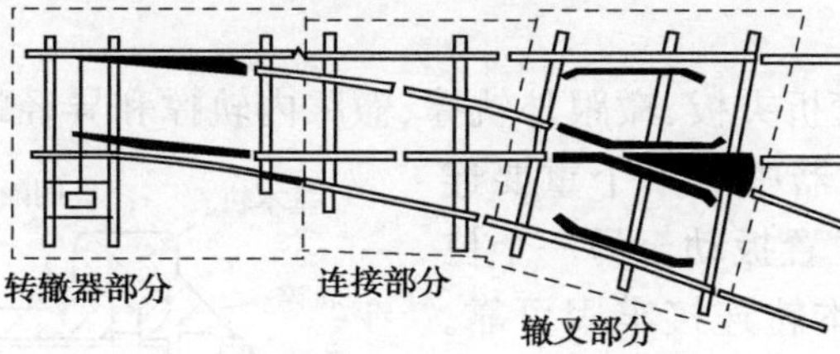

图 5-1　普通单开道岔

一、转 辙 器

转辙器是引导列车进入道岔不同方向的设备，其作用是将尖轨扳动到不同位置，使列车沿直线或侧线运行。

转辙器的主件有基本轨和尖轨，联结零件，跟端结构以及辙前垫板、辙后垫板等，如图 5-2 所示。此外，转辙器中还包括有转辙机械等设备。

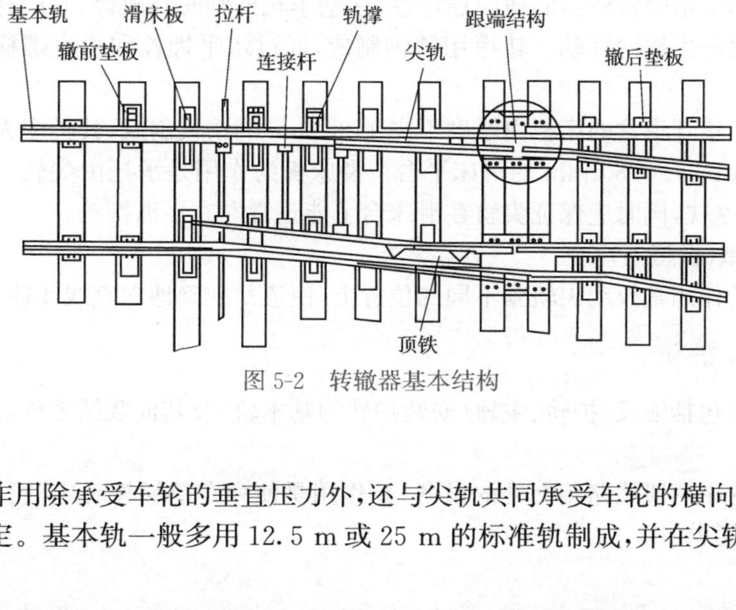

图 5-2　转辙器基本结构

1. 基本轨

基本轨的作用除承受车轮的垂直压力外，还与尖轨共同承受车轮的横向水平力，并保持尖轨位置的稳定。基本轨一般多用 12.5 m 或 25 m 的标准轨制成，并在尖轨尖端前后相应的范围内进行液火,增加钢轨的强度,以提高其耐磨强度。

2. 尖轨

尖轨是用与基本轨同类型的标准钢轨或特种断面钢轨刨制而成。尖轨的作用是依靠其被刨尖的一端与基本轨紧密贴靠,以正确引导车轮的运行方向,列车靠它引进直股或侧股线路上。

尖轨按平面形状分为直线尖轨和曲线尖轨两种,如图 5-3 和图 5-4 所示。直线尖轨工作边与基本轨工作边所成的夹角 β 称为转辙角,也是尖轨的冲击角。冲击角较大时,尖轨所受的冲击力也较大,限制了列车侧向通过道岔的速度。

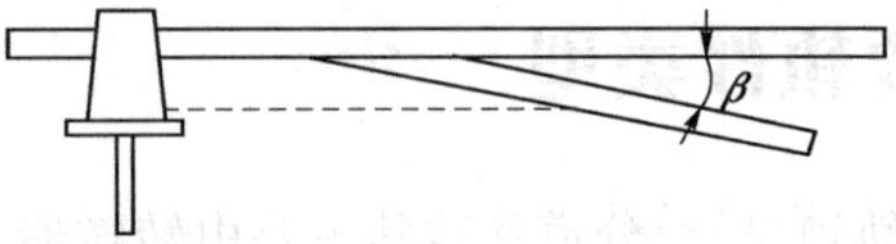

图 5-3 直线尖轨

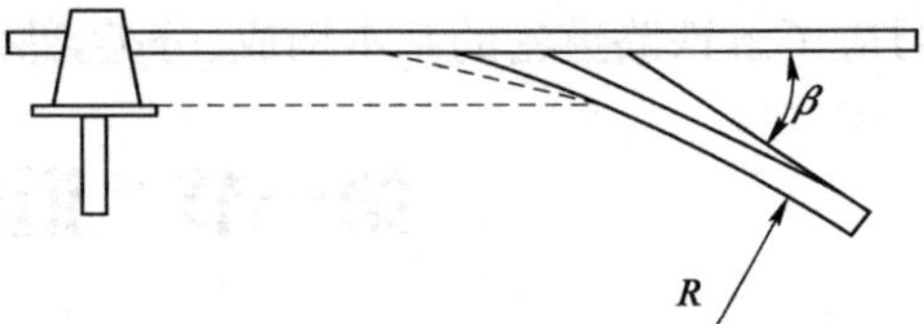

图 5-4 曲线尖轨

3. 跟端结构(活接头)

尖轨跟端由间隔铁、弯折夹板、辙跟外轨撑、辙跟内轨撑和异径螺栓(或螺栓套管)等组成。尖轨跟端结构是转辙器中的一个重要连接点,应保证尖轨由一个位置扳动至另一个位置时摆动灵活,以及与基本轨连接牢固可靠。跟端结构构造简单、维修方便,如图 5-5 所示。

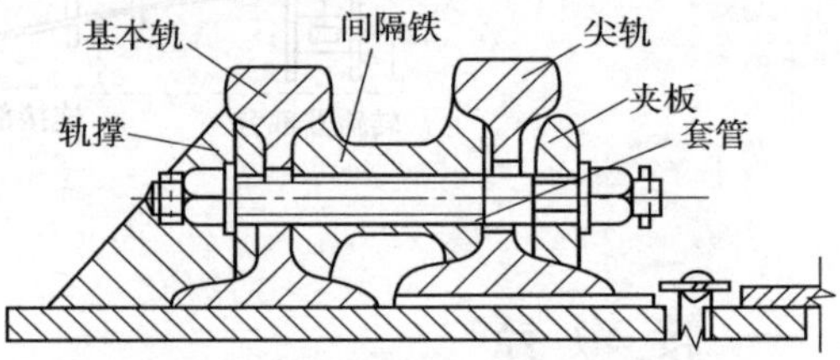

图 5-5 夹板间隔铁式跟端结构

4. 其他零件

(1)连接杆:连接杆的作用是将两根尖轨联结成一个框架式整体一起摆动,同时保持两尖轨在平面上的相对位置。连接杆多用扁钢制成,安装在尖轨最前面。转辙连接杆须用方钢制造。

(2)顶铁(轨距卡):为了保证尖轨在列车通过时不被车轮横向压力所挤弯,应在尖轨轨腰上安装顶铁,使得车轮作用于尖轨的横向力通过顶铁传递至基本轨。

(3)轨撑:为了增强转辙器的横向稳定性,在基本轨外侧安装轨撑,它的作用是承受横向力和防止基本轨产生横向移动。轨撑用铸钢制成,通过水平螺栓和垂直螺栓分别与基本轨和垫板连接。

(4)滑床板:单开道岔的床板由厚度不少于 20 mm 的钢板制成,其长度为 570 mm,在板面上有凸出高 6 mm、宽 80 mm 的滑床平台。滑床板的作用是承托由尖轨与基本轨传来的压力,并传递至岔枕,同时应保证尖轨在滑床台上能正常左右平滑摆动。

5. 转辙机械(扳道器)

转辙机械的作用是扳动尖轨到不同的位置上,使道岔准确地向直线或侧线开通。

二、辙叉及护轨

辙叉及护轨包括辙叉、护轨、主轨(安装护轨的基本轨)及其他联结零件,如图 5-6 所示。

1. 辙叉

辙叉是道岔中两股线路相交处的设备,其作用是使列车能够按确定的行驶方向跨越线路,并正常通过道岔。

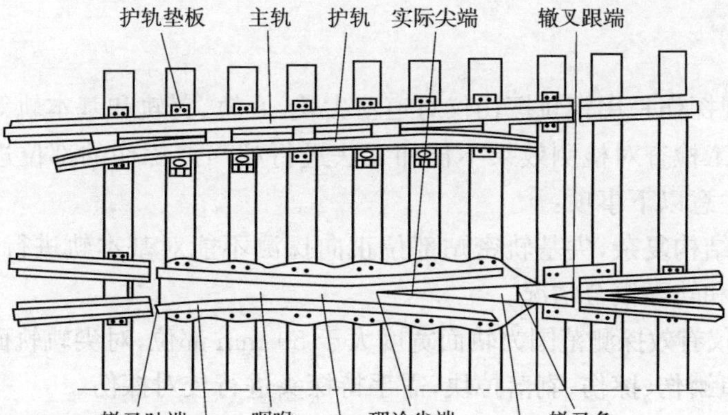

图 5-6 辙叉及护轨

辙叉由翼轨和心轨组成。翼轨的始端称为辙叉趾端,叉心末端称为辙叉跟端,叉心两个工作边的交点称为辙叉理论中心(理论尖端),叉心实际尖端处有 6～10 mm 的宽度称为实际尖端,叉心两个工作边的夹角 α 称为辙叉角(道岔角)。

辙叉类型按构造材料分类,有锰钢整铸式和钢轨组合式之分;按翼轨与心轨的固定关系分类,有固定式和可动心轨式之分。其中锰钢整铸式辙叉具有较高的强度,良好的冲击韧性,优良的整体性和稳定性,且表面有良好的耐磨性,是现在广泛使用的一种辙叉。

2. 护轨

护轨设于固定辙叉的两侧,用以控制车轮的运行方向,使之正常通过叉心,而不错入轮缘槽,并且能保护辙叉尖端不被轮缘冲击撞伤。其平面结构及布置如图 5-7 所示。

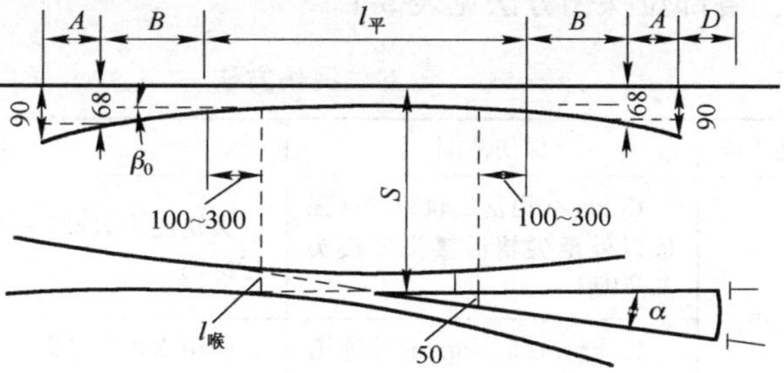

图 5-7 护轨尺寸(单位：mm)

三、连接部分

连接部分是转辙器和辙叉之间的连接线路。它包括四股钢轨,即由两股直线钢轨和两股曲线(导曲线)钢轨重叠组成。

第二节 道岔探伤方法

道岔钢轨结构复杂,单一探伤方式无法对道岔进行全覆盖探伤,应采用超声波探伤、涡流探伤与手工检查相结合的方式。道岔探伤方法包括常规探伤和专项探伤。

一、常规探伤

道岔钢轨常规探伤是用钢轨探伤仪对道岔尖轨、心轨、翼轨和基本轨等轨件进行超声波探伤，同时结合手工检查对检测效果不佳和无法进行超声波探伤的部位进行检查。常规探伤作业过程中应注意以下事项：

（1）道岔钢轨结构复杂，尖基轨密贴部位正向探测不能对基本轨进行有效探伤，需反向探测，并注意探头和轨面耦合情况。

（2）钢轨探伤仪有效探测范围为轨面宽度大于 50 mm 部位，对尖轨轨面宽度小于 50 mm 部位存在的严重鱼鳞伤、擦伤、剥落掉块，需手持探头进行校对探伤。

（3）合金钢组合辙叉心轨必须用前直 70°探头进行探伤，如探测面磨耗严重影响探测，则必须手持探头进行校对探伤。必须重视对岔心附近翼轨间隔铁螺孔裂纹的检测，仪器在岔心附近翼轨的推行距离须保证前、后 37°探头对翼轨螺孔的探测。翼轨耦合不良时需手持探头进行轨面校对，必要时应进行正反向检查。

（4）高锰钢整铸辙叉和道岔中无法进行探伤的部位应手工检查，钢轨组合辙叉必须仪器和手工结合检查。

（5）高锰钢整铸辙叉岔趾、岔跟引轨接头应提高 37°和 0°探头灵敏度进行校对，也可使用小角度探头进行校对。AT 轨轨腰螺孔需调整探头位置进行多次探测。

二、专项探伤

对于常规探伤不能进行有效检测的道岔钢轨，使用道岔钢轨涡流探伤仪结合超声波探伤仪（对同一部位的探伤可只选择使用其中一种合适的探伤仪）对可放置探头实施检测的道岔钢轨进行专项探伤。各部位探伤方法见表 5-1。

表 5-1　各部位探伤方法

<table>
<tr><th>轨件</th><th>道岔类型</th><th>探伤手段</th><th>探伤范围</th><th>探伤方法</th></tr>
<tr><td rowspan="7">尖轨</td><td rowspan="2">小号码道岔</td><td rowspan="2">超声</td><td>43 kg/m 道岔尖轨跟端补强板以外至尖轨活接头夹板头部范围</td><td>尖轨使用 K2.5 探头在轨底面对内外侧轨底进行探伤</td></tr>
<tr><td>43 kg/m、50 kg/m 对称道岔尖轨为补强板以外轨底脚全长范围</td><td>使用 K2.5 探头进行探测，内侧坡面探测范围为坡面 1、2 档，外侧坡面不能够检查的区域采用 K1 探头从内侧轨脚边进行探伤</td></tr>
<tr><td rowspan="5">非小号码道岔（含钢轨伸缩调节器）</td><td rowspan="3">超声</td><td rowspan="2">轨面宽度小于 50 mm 范围的轨头、轨腰部位</td><td>使用 K2.5 探头在轨头踏面对轨面宽度小于 50 mm 范围的轨头部位进行探伤</td></tr>
<tr><td>使用 K1 探头在轨头踏面对轨头、轨腰及轨底三角区部位进行探伤</td></tr>
<tr><td>轨底刨切部位全长及其前后 100 mm 范围的轨底</td><td>使用 K2.5 探头在轨底坡面对轨底刨切部位全长及其前后 100 mm 范围的轨底进行探伤</td></tr>
<tr><td rowspan="2">涡流</td><td rowspan="2">尖端至尖轨第一处扣件范围轨底角无遮挡部位</td><td>使用 L 形或 T 形探头对尖轨内侧轨底角上、下表面及轨底侧边进行探伤</td></tr>
<tr><td>使用 T 形探头对尖轨外侧轨底角上、下表面及轨底侧边进行探伤</td></tr>
</table>

续上表

轨件	道岔类型	探伤手段	探伤范围	探伤方法
基本轨	非小号码道岔（含钢轨伸缩调节器）	超声	基本轨轨头内侧刨切部位及其前后 100 mm 范围	使用 $K2.5$ 探头在轨头踏面对基本轨轨头刨切部位及其前后 100 mm 范围进行探伤
		超声或涡流	基本轨轨底（CN 道岔滑床台直接扣压的重点区域必须使用超声波探伤）	使用 $K2.5$ 探头在轨脚坡面对轨底部位进行探伤，使用 $K1$ 探头在基本轨外侧轨脚侧面对内侧轨底进行探伤
				使用 L 形或 T 形探头对内侧轨底角上、下表面及轨底侧边进行探伤
翼轨	可动心道岔	超声	心轨前第一间隔铁至轮对接触范围内的轨头、轨腰部位	使用 $K2.5$ 探头在轨头踏面对轨头部位进行探伤
				使用 $K1$ 探头在轨头踏面对轨头、轨腰及轨腰投影范围进行探伤
			翼轨轨底部位（不与车轮接触的翼轨区段除外）	使用 $K1$ 探头在翼轨外侧轨脚侧面对内侧轨底刨切部位进行探伤
				使用 $K2.5$ 探头在轨脚坡面对轨底部位进行探伤，对宽度小于 10 mm 的轨底坡面宜采用小晶片斜探头
		涡流	翼轨内侧轨底刨切部位	使用 T 形探头对翼轨内侧刨切部位的轨底脚上下表面及侧面进行探伤
心轨	CN 系列可动心道岔	超声	轨面宽度小于 50 mm 范围的轨头、轨腰部位（含第一牵引点）	使用 $K2.5$ 探头在轨头踏面对轨头部位进行探伤
				使用 $K1$ 探头在轨头踏面对轨头、轨腰及轨腰投影范围进行探伤
			第二牵引点及下拉装置的圆弧部位	使用 $K1$ 探头在轨头踏面对第二牵引点及下拉圆弧装置进行探伤
		涡流	第一牵引点圆弧部位	使用斧式探头对 CN 道岔心轨第一牵引点圆弧部位进行探伤
			心轨轨底刨切部位	使用 L 形或 T 形探头对轨底刨切部位的轨底角上下表面及侧面进行探伤
	非 CN 系列可动心道岔	超声	轨面宽度小于 50 mm 范围的轨头、轨腰部位	使用 $K2.5$ 探头在轨头踏面对轨面宽度小于 50 mm 范围的轨头部位进行探伤
				使用 $K1$ 探头在轨头踏面对轨面宽度小于 50 mm 范围的轨头、轨腰及轨腰投影范围进行探伤
			长、短心轨密贴范围	使用 $K1$ 探头在长、短心轨轨脚侧面对密贴范围的轨脚部位进行探伤
		涡流	GLC（06）01、SC325、CZ2516GZ 等道岔心轨转换凸缘前后轨底	使用 T 形或斧式探头对转换凸缘前后轨底进行扫查
			长、短心轨轨底刨切部位	使用 L 形或 T 形探头对轨底刨切部位的轨底脚上下表面及侧面进行探伤
			第一牵引点轨底圆弧部位	使用 T 形或斧式探头检查第一牵引点轨底圆弧部位

续上表

轨件	道岔类型	探伤手段	探伤范围	探伤方法
其他直向通过钢轨	可动心道岔	涡流	其他直向通过钢轨轨底	用L形或T形探头对轨底脚上下表面及侧面进行探伤
		超声	其他直向通过钢轨轨底	使用 $K2.5$ 探头在轨脚坡面对轨底边沿部位进行探伤

第三节　道岔探伤设备

道岔探伤设备包括钢轨探伤仪、焊缝探伤仪和道岔钢轨涡流探伤仪，其中钢轨探伤仪、焊缝探伤仪前面已经介绍，下面介绍道岔钢轨涡流探伤仪及相关探头、试块。

一、ETK-1S 道岔专用视频涡流探伤仪

ETK-1S 道岔专用视频涡流探伤仪外观如图 5-8 所示，按键功能详见表 5-2。

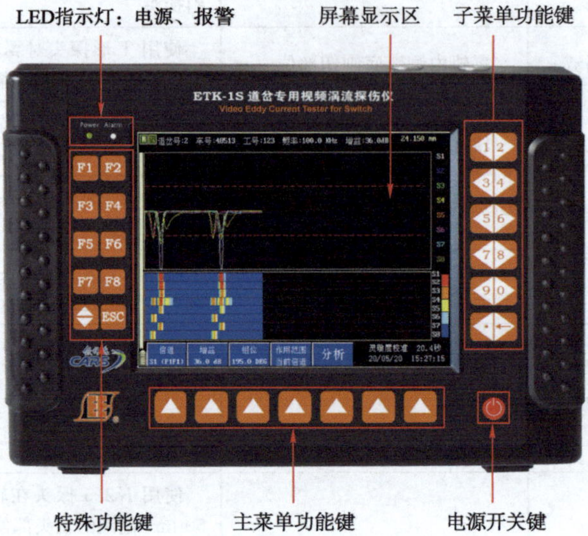

图 5-8　仪器外观图

表 5-2　特殊功能键定义

按　键	按键功能	按　键	按键功能
F1	帮助键	F6	清除缓存键
F2	清屏键	F7	视频显示/隐藏切换键
F3	保存数据/视频检测模式切换全屏显示	▲▼	确认/ENTER 键
F4	平衡/调零键	ESC	退出/返回上级菜单键
F5	屏幕截图键		

1. 主菜单功能键

在显示屏幕下方七个“▲”键对应七个主菜单。连续按“▲”键可切换主菜单页码。

2. 子菜单键

在显示屏幕右边有六个“ ”键，对应六个子菜单，按“ ”键可修改子菜单参数。

3. 电源开关机按键

长按“ ”键约 1～3 s，直到电源灯亮时表示仪器已经启动；

长按“ ”键约 2～10 s，仪器关机（电源灯灭掉）。

ETK-1S 道岔专用视频涡流探伤仪顶部示意如图 5-9 所示。

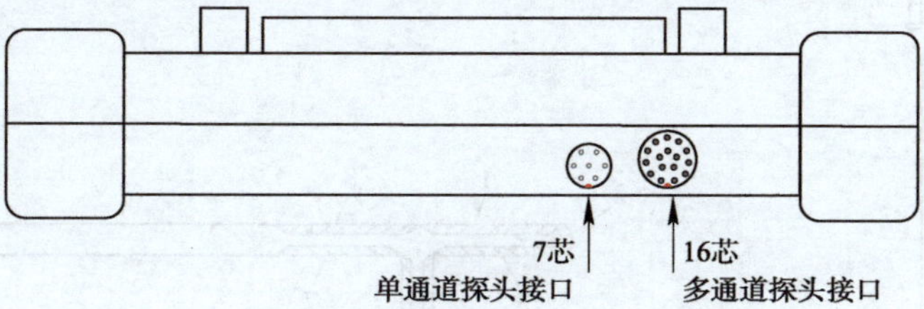

图 5-9　仪器顶部示意

ETK-1S 道岔专用视频涡流探伤仪背面示意如图 5-10 所示。

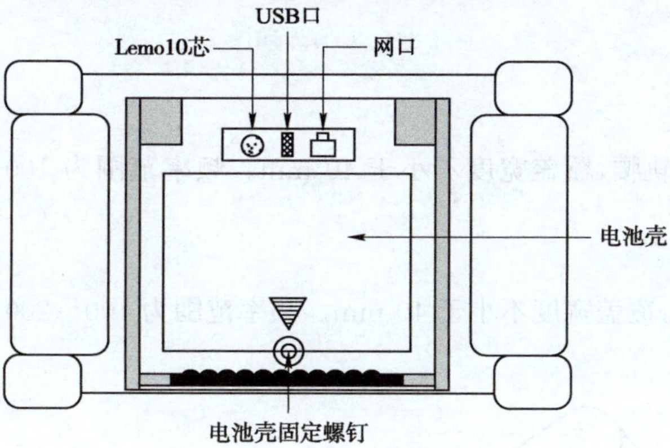

图 5-10　仪器背面示意

二、涡流探头

1. L 形阵列探头

用于检测轨底角，单面检测覆盖宽度不小于 12 mm。频率范围为 100～200 kHz，通道数 8 个，如图 5-11 所示。

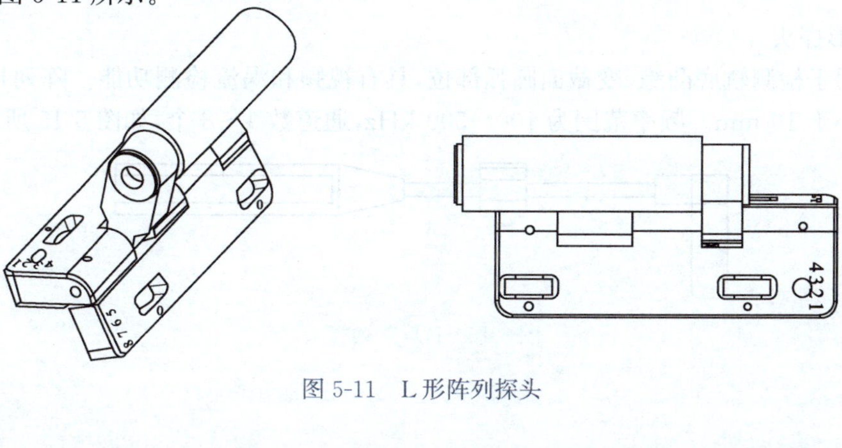

图 5-11　L 形阵列探头

2. T 形阵列探头

用于检测轨底角及狭窄区域,具有 8 个检测面,除两个点端,其余每个检测面检测覆盖宽度不小于 8 mm。频率范围为 50～200 kHz,通道数 8 个,如图 5-12 所示。

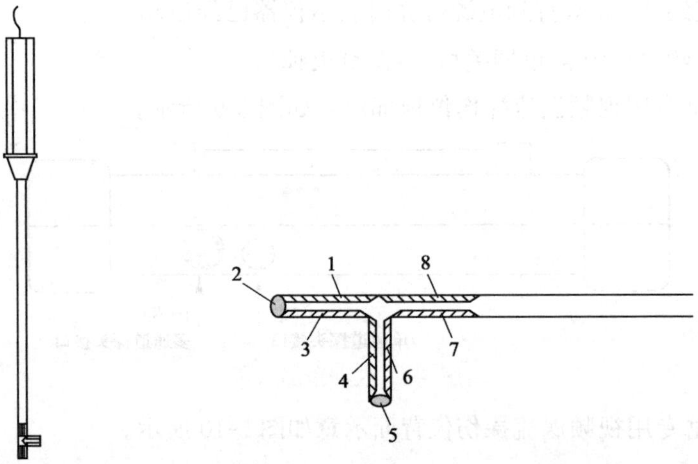

图 5-12 T 形阵列探头

3. U 形阵列探头

用于检测轨颚和轨腰,覆盖宽度不小于 40 mm。频率范围为 100～200 kHz,通道数 8 个,如图 5-13 所示。

4. I 形阵列探头

用于检测轨底面,覆盖宽度不小于 40 mm。频率范围为 100～200 kHz,通道数 8 个,如图 5-14 所示。

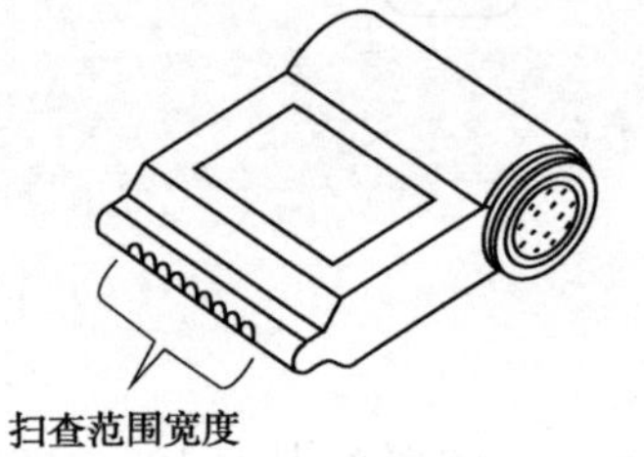

图 5-13 U 形阵列探头

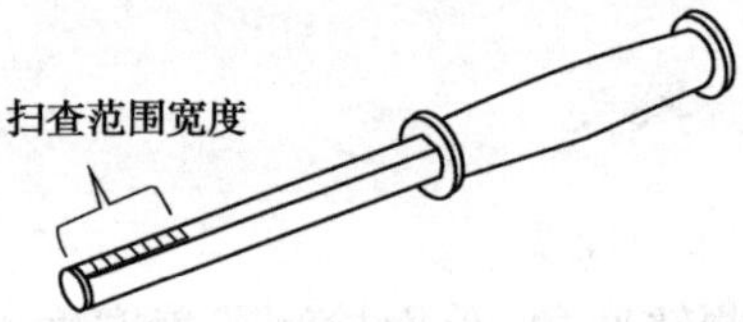

图 5-14 I 形阵列探头

5. F 形探头

主要用于检测轨底凸缘、变截面圆弧部位,具有视频和涡流检测功能。阵列扫查检测覆盖宽度不小于 10 mm。频率范围为 100～500 kHz,通道数 1～8 个,如图 5-15 所示。

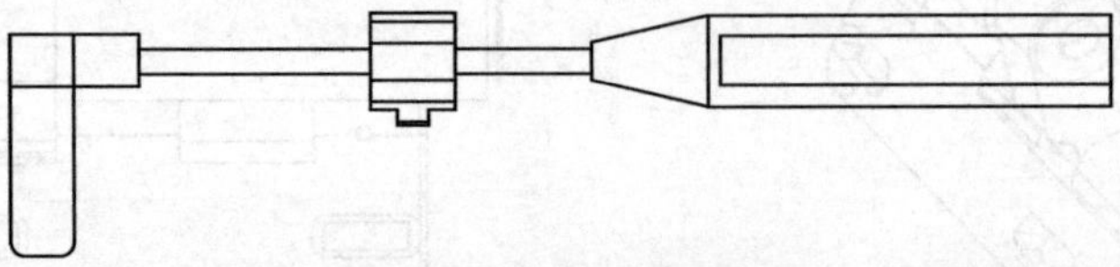

图 5-15 F 形阵列探头

6. B形探头

用于裂纹深度评估，检测面为单点。频率范围为50～500 kHz，通道数1个，如图5-16所示。

图5-16　B形阵列探头

三、涡流试块

涡流标准试块材质符合《钢轨　第1部分：43 kg/m～75 kg/m钢轨》(TB/T 2344.1)的60 kg/m新制钢轨。人工刻槽宽度为0.12 mm，深度分别为0.5 mm、1 mm和2 mm，尺寸公差为±0.05 mm，涡流标准试块如图5-17所示。

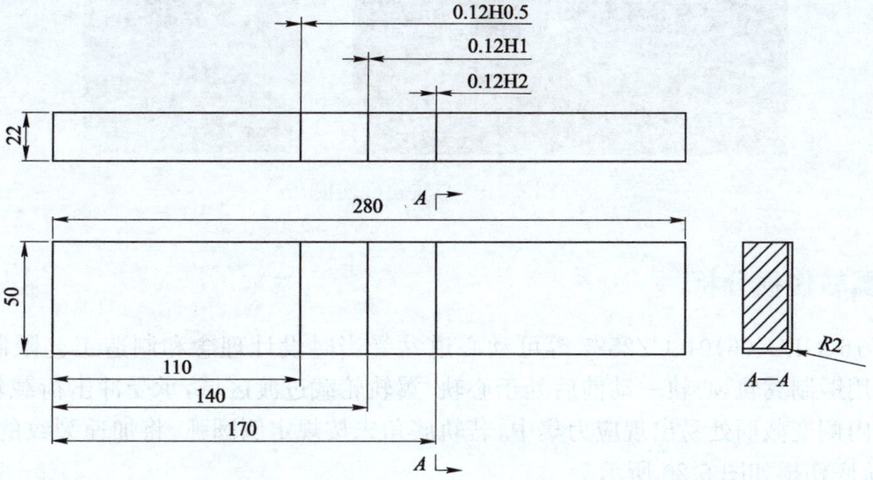

图5-17　涡流标准试块(单位：mm)

第四节　典型伤损分析

一、尖轨伤损分析

尖轨是轨底横向裂纹的多发处所，同时受滑床板影响，现场可能还存在轨底划痕回波的干扰，因此现场和回放均应高度重视前、后37°探头对尖轨轨底部位的探测，发现典型异常波形应及时校对确认。该处波形经打磨处理后消除，尖轨轨底伤损如图5-18所示。

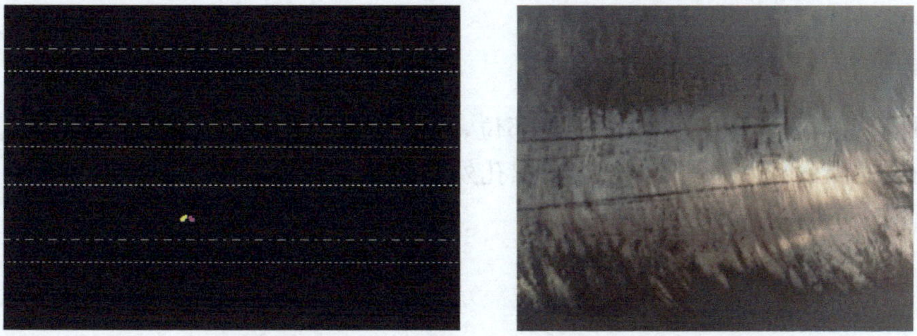

图5-18　尖轨轨底伤损

二、心轨伤损分析

轨底角侧边处存在外伤是造成钢轨折断的主要原因,外伤表面存在塑形变形层,降低了材料的韧性,容易产生应力集中,在轨底拉应力作用下外伤处萌生疲劳裂纹,并向横向疲劳扩展,最终导致钢轨的横向断裂。心轨轨底伤损如图 5-19 所示。

图 5-19 心轨轨底伤损

三、翼轨伤损分析

CZ2516、GLC(06)01、CZ2527 等可动心道岔受当时设计理念和制造工艺限制,可动心辙叉均采用锻制翼轨,心轨一动前后处于心轨、翼轨轮载过渡区域,承受冲击荷载较大,使得翼轨轨底内侧变截面处易出现应力集中,若轨底角未按规定倒圆弧,将加速裂纹的产生和发展,翼轨轨底伤损如图 5-20 所示。

图 5-20 翼轨轨底伤损

四、基本轨伤损分析

现场螺孔裂纹的检查多集中于接头部位,从而忽视了其他部位各类孔上形成的异常波形,受钢轨受力及线路状态影响,除接头螺孔外其他各类孔也有存在裂纹的可能。基本轨轨撑伤损如图 5-21 所示。

图 5-21　基本轨轨撑孔伤损

复习思考题

1. 道岔主要轨件有哪些?
2. 道岔钢轨探伤时需要注意哪些事项?
3. 道岔钢轨探伤可分为哪几类?
4. 道岔哪些部位需要结合手工检查?

第六章　手 工 检 查

本章主要介绍钢轨探伤手工检查的方法、技巧和注意事项。通过学习应熟悉钢轨探伤手手工检查的重点部位及常见伤损类型，掌握钢轨探伤手工检查基本方法及注意事项。

一、基本方法

手工检查钢轨主要依靠人的视觉、听觉和触觉等感官来检查钢轨的外部状况。通过观察钢轨表面状态、敲击钢轨听声音等方式，判断钢轨是否存在明显的缺陷或伤损。"一看、二敲、三照、四卸"是手工检查钢轨的基本方法，"观察、敲击、测量"则是手工检查钢轨过程中的重要手段。

1. 看（主要采取目视检查的方式进行）：全面观察钢轨表面状态，注意发现伤损钢轨具有的特征，以此综合判断钢轨有无伤损。

(1)观察钢轨顶面光带，背向阳光，跨着钢轨或站在钢轨两侧向前看 10～30 mm 范围内钢轨顶面（根据个人视力可远可近），看白面（白光）与黑面相交的地方是否成直线，白面中有否黑线或扩大，轨头是否肥大，轨面有无塌陷等。

(2)观察轨头下颚部位是否下垂、铁渣剥落和透锈，轨底是否向上翘起。如有轨头扩大或下垂，表明有纵向裂纹存在，有铁渣剥落、锈痕或轨底上翘，应仔细看有无裂纹。

(3)利用自然条件检查钢轨伤损，霜雪天气时，裂纹处沾着的霜雪往往较其他部位少，而且融化较慢，并有残留霜雪痕迹。雨后裂纹处留有明显的水痕和流锈现象，干后尚有红锈痕迹存在。

(4)对手工检查过程中发现的各类掉块、高锰钢整铸辙叉水平裂纹及垂直裂纹、钢轨轨腰或轨底锈蚀等伤损应准确测量其长度或深度等数值，并按照相关标准进行伤损判定。

2. 敲（主要使用手工检查锤进行敲击检查）：用手工检查锤敲击发现的可疑处所或不良接头、道岔部位。手工检查锤的重量应根据轨型而定。43 kg/m 以下钢轨用 0.5 kg 手工检查锤，50 kg/m 钢轨用 0.7 kg 手工检查锤，60 kg/m 及其以上钢轨用 1.0 kg 手工检查锤。

(1)敲击时蹲在钢轨外侧（在桥上进行手工检查时应蹲在钢轨内侧），手握锤柄，轻松自如，使锤头高出轨面 30～50 mm，让手工检查锤自由落下，平敲轨面，做到眼看跳动，耳听声音，手感振动，如钢轨良好，手工检查锤将连续跳动 3～5 次，声音清脆。如钢轨有伤，手工检查锤落下后，跳动次数明显减少，跳动的高度也很小，发出的声音破浊不清，锤把振动无力。遇到长大斜裂纹或水平裂纹时，手工检查锤在敲击时如同遇到磁铁一般，几乎不起跳。手工检查锤敲击如图 6-1 所示。

(2)如手工检查锤敲击后，不能准确判断伤损时，可将小石子或硬币放在轨面上，再用手工检查锤敲击，看小石子或硬币是否随着手工检查锤的敲击而跳动，如果跳动，证明钢轨有伤；或用二指分别触摸接头端部两轨底，感受手工检查锤敲击的振动，一般钢轨无损伤则感觉良好，钢轨有损伤则感觉相反。

(3)用手工检查锤敲击接头时应注意以下事项：

①应将夹板范围内全部敲到，最好从轨缝一侧轨端向夹板端部敲，再折回至另一端，按序敲回至轨缝，以确保敲击的覆盖面积足够大，如图 6-2 所示。

图 6-1　手工检查锤敲击

②遇夹板、铁垫板与钢轨不密贴，螺栓松动，轨头肥边，枕木吊板以及雨后敲击时，手工检查锤跳动与发音均有变化，应注意鉴别。

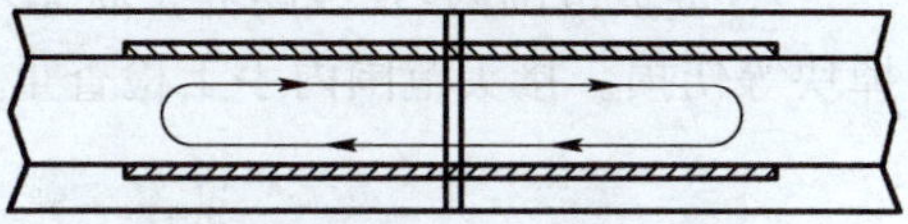

图 6-2　钢轨接头小锤敲击落点轨迹

③手工检查锤敲击时如有疑问，可用铁丝(或钢片)伸入钢轨接缝内，沿钢轨断面或钢轨腰部缓慢滑动，体会是否有挂钩的感觉。

3. 照(主要使用镜子或手电筒进行检查)。

(1)照轨头侧面、轨头下颚及轨腰，从镜子中观看裂纹、锈线或其他伤损特征。镜子照检查如图 6-3 所示。

图 6-3　镜子照检查

(2)将小镜子伸入轨底，从轨缝处向上反光或从上面反射光线射入轨缝内(阴天、隧道内可用手电)，查看轨端裂纹。

(3)卸下一个螺栓，用双面小镜或袖珍手电筒插入螺栓孔内，查看螺栓孔裂纹。

4. 卸(主要通过拆卸螺栓或夹板进行检查)：用看、敲、照等方法检查后，发现有疑问而不能确定时，应卸下螺栓或夹板进行检查。卸夹板时，应按更换夹板作业设好防护，钢轨探伤中需要拆检，应通知线路工区进行。

二、重点部位及常见伤损类型

1. 高锰钢整铸辙叉范围内：高锰钢整铸辙叉心轨、翼轨部位易出现水平裂纹；叉趾、叉跟轨头下颚部位易出现水平裂纹、垂直裂纹；心轨及叉趾、叉跟轨头顶面易出现掉块伤损。

高锰钢整铸辙叉如图 6-4 所示。

图 6-4　高锰钢整铸辙叉

2. 接头范围内:在线路养护状态不良的接头部位易出现长大斜裂纹或水平裂纹、核伤、掉块等伤损。接头范围内手工检查重点如图 6-5 所示。

图 6-5　接头范围内手工检查重点

3. 尖轨、心轨范围内:主要观察尖轨、心轨轨头宽度小于 50 mm 部位是否存在裂纹、掉块;AT 尖轨变截面范围内轨底是否存在裂纹等伤损。尖轨、心轨重点手工检查范围如图 6-6 所示。

图 6-6　尖轨、心轨重点手工检查范围

4. 其他部位:在线路养护不良地段或钢轨状态不良地段(如接头高低错牙、接头左右错牙、擦伤、掉块、压陷等),以及探伤仪器回波显示不正常等处,如站专线、隧道、道口、灰坑、货场、煤场及老杂轨地段的钢轨,由于受钢轨服役年限较长、铺设环境的影响,可能存在轨腰或轨底锈蚀严重,及其他长大疲劳伤损,应结合探伤仪器回波显示情况进行手工检查。

三、注意事项

1. 手工检查前应熟悉钢轨，尤其是道岔范围内轨件的结构特点和常见伤损类型，以便有针对性地进行检查。对存在透锈情况且未能目视发现伤损时，可采取手持探头的方式进行综合分析和判断。

2. 手工检查时应保持注意力集中，仔细观察手工检查范围内钢轨的每一个细节，避免遗漏任何可能的伤损。若检查部位存在油污，应在擦去油污后再进行检查。

3. 在使用敲击方法进行手工检查时，应注意对敲击力度和频率的控制，避免对钢轨造成不必要的损伤。

4. 对于在手工检查过程中发现的各类钢轨伤损，应及时按照相关要求进行记录和标记，以便后续做好盯控和处理工作。

5. 在手工检查过程中，应注意作业人员的自身安全，遵守相关规定和操作规程，避免发生意外事故。

复习思考题

1. 手工检查的基本方法有哪些？
2. 不同轨型使用手工检查锤的质量分别是多少？
3. 高锰钢整铸辙叉必须进行手工检查的主要原因是什么？
4. 手工检查高锰钢整铸辙叉范围内重点部位及常见伤损类型有哪些？

附录一　GTS-60C 钢轨实物对比试块 B 超图谱

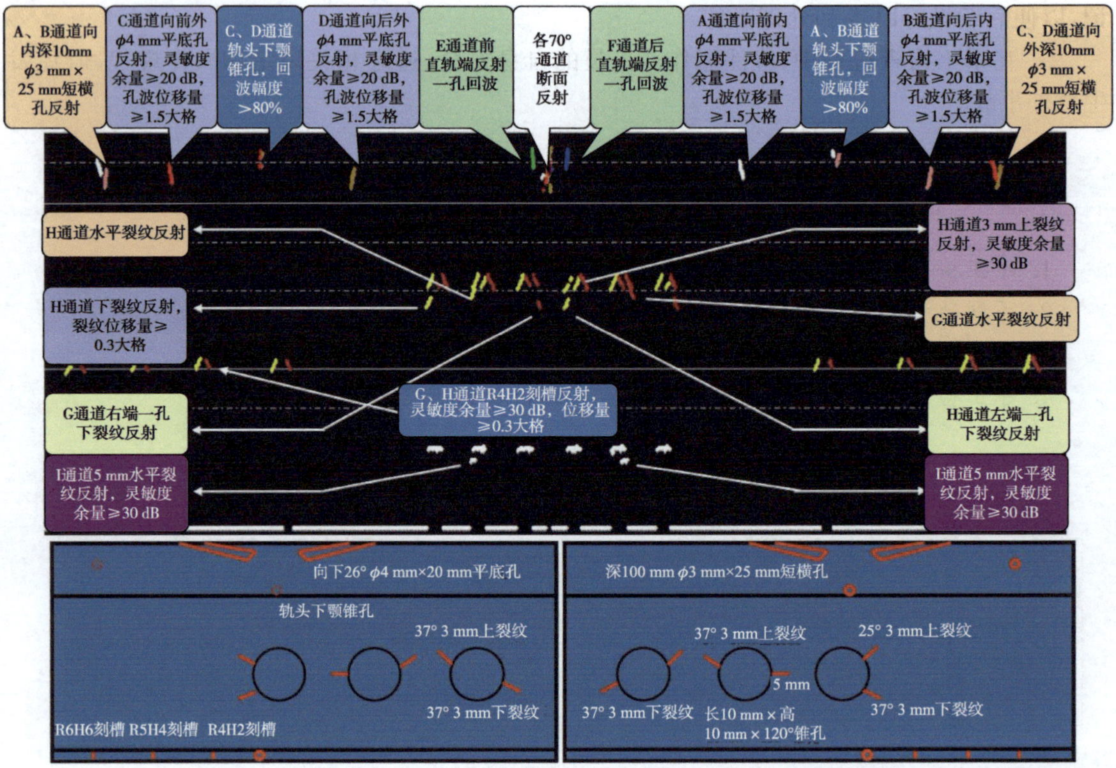

附图 1-1　GTS-60C 钢轨实物对比试块 B 超图谱(GCT-8C 型单轨探伤仪)

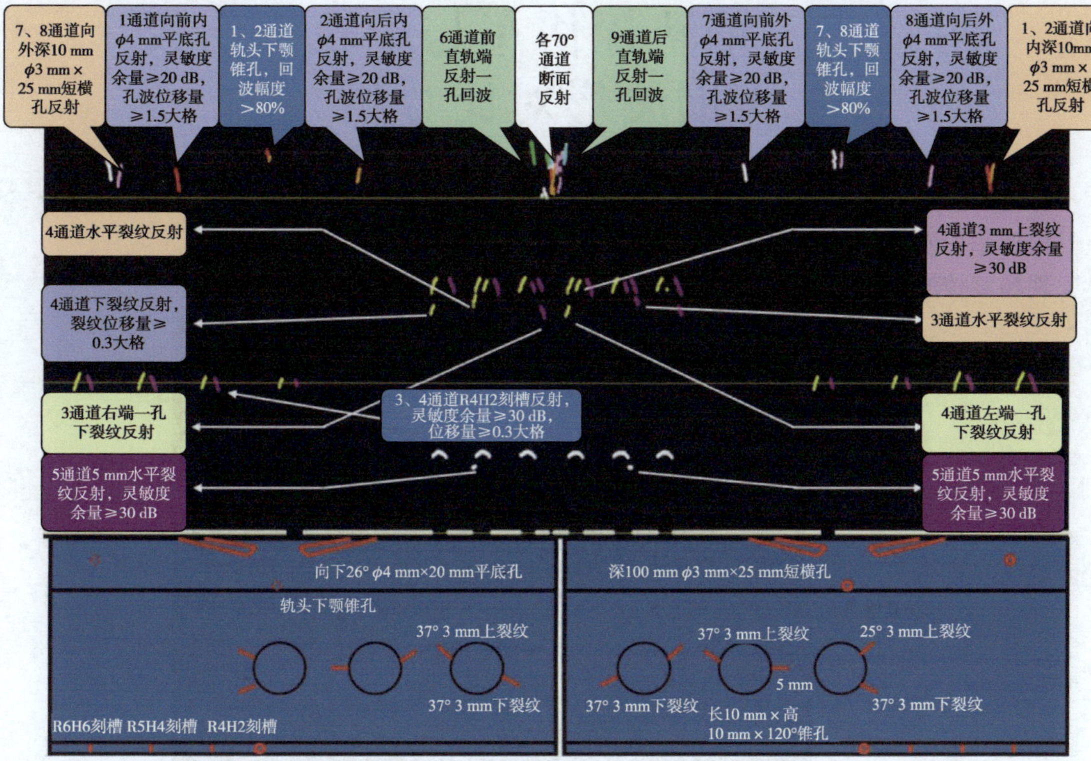

附图 1-2　GTS-60C 钢轨实物对比试块 B 超图谱(JGT-6M 型单轨探伤仪)

附录二　钢轨探伤车与单轨探伤仪伤损波形对比分析

1. 工厂闪光焊轨头核伤(附图 2-1)

探伤车下发二级报警波形:厂焊轨头部位显示轨头内、中部伤损波形。

现场复核波形:现场复核时无焊筋回波显示,前直 70°通道显示伤损波形。

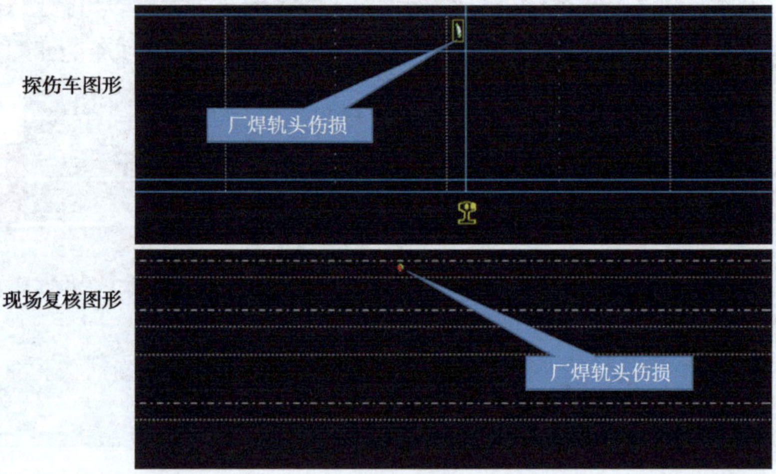

附图 2-1　工厂闪光焊轨头核伤波形对比

2. 焊缝轨头颚部伤损(附图 2-2)

探伤车下发二级报警波形:铝热焊焊筋部位显示位置错误的伤损波形。

现场复核波形:现场复核时前直 70°通道在本侧焊筋部位显示伤损波形,为铝热焊颚部伤损。

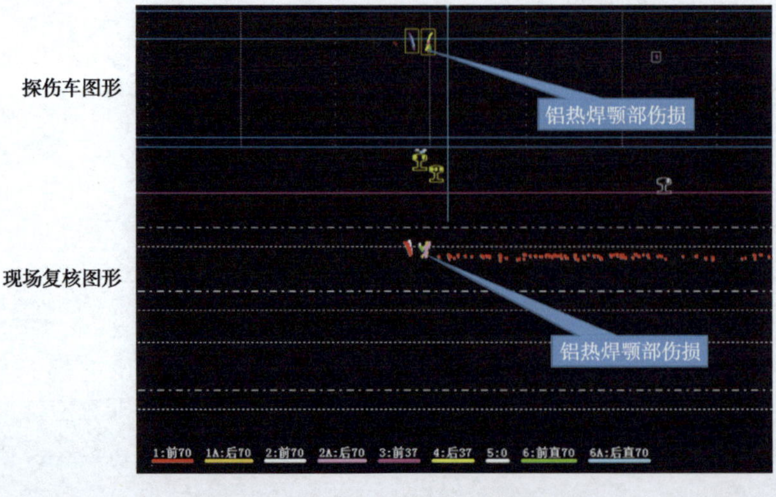

附图 2-2　焊缝轨头颚部伤损波形对比

3. 钢轨母材轨头核伤(附图 2-3)

探伤车下发一级报警波形:轨头部位显示伤损波形。

现场复核波形:现场复核时前内 70°通道显示有明显伤损波形。

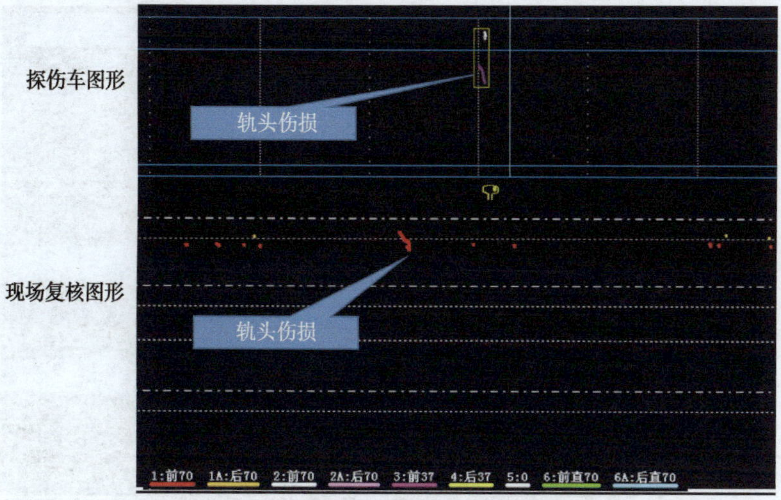

附图 2-3　钢轨母材轨头核伤波形对比

4. 轨头水平裂纹(附图 2-4)

探伤车下发一级报警波形:轨头内部显示多个通道的 70°伤损波形和 0°伤损波形。

现场复核波形:现场轨面正常,无表面外观伤损,探伤仪 0°通道有清晰、连续的回波波形显示,多个 70°通道均有波形显示,因此判定其为轨水平裂纹。

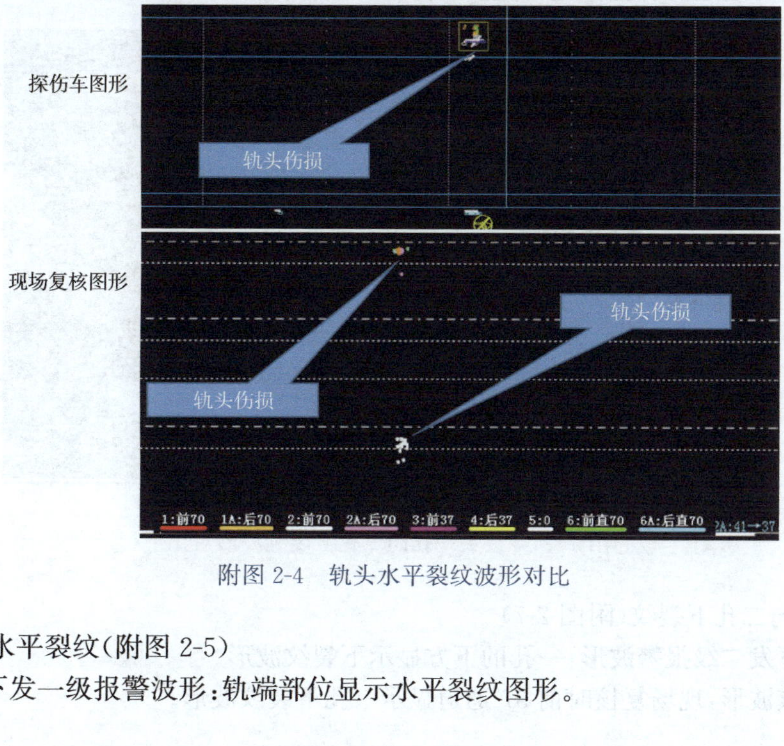

附图 2-4　轨头水平裂纹波形对比

5. 轨端水平裂纹(附图 2-5)

探伤车下发一级报警波形:轨端部位显示水平裂纹图形。

现场复核波形:探伤仪前 37°、0°通道在同一深度位置显示水平裂纹图形,由于探伤车图形未采取分区显示,导致伤损图形之间互相重叠,相比之下,钢轨探伤仪分区显示更利于伤损图形的观察和分析。

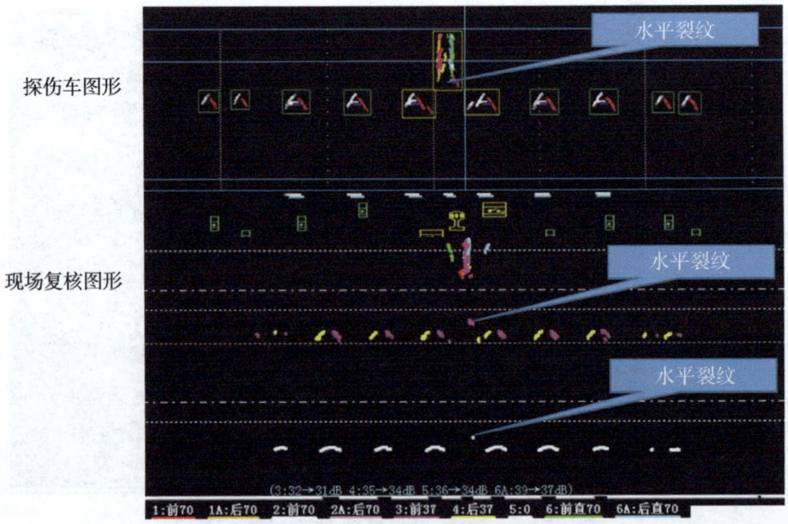

附图 2-5 轨端水平裂纹波形对比

6. 一孔向二孔上裂纹(附图 2-6)

探伤车下发一级报警波形:一孔位置显示上裂纹伤损波形。

现场复核波形:现场复核时一孔未显示正常的前 37°通道半孔波形,仅显示上裂纹波形,应注意前、后 37°通道的拼孔位置,防止现场复核时漏判。

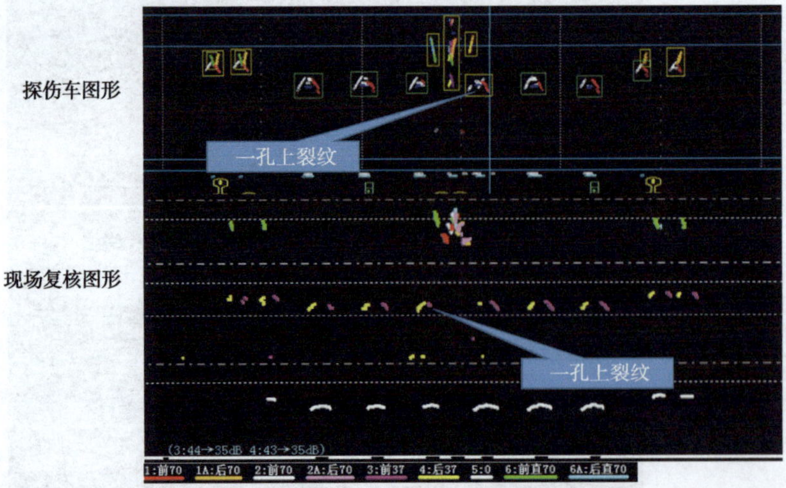

附图 2-6 接头一孔向二孔上裂纹波形对比

7. 一孔向二孔下裂纹(附图 2-7)

探伤车下发二级报警波形:一孔的下方显示下裂纹波形。

现场复核波形:现场复核时前 37°通道显示一孔下裂纹波形。

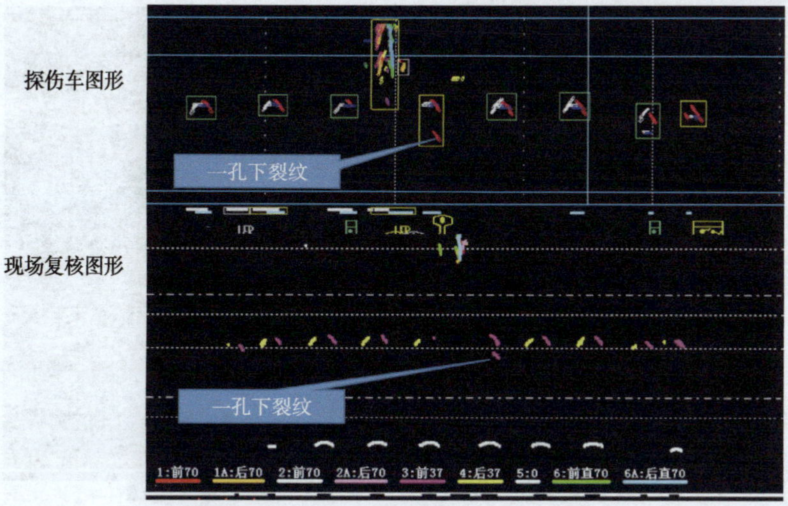

附图 2-7　一孔向二孔下裂纹波形对比

8. 一孔向轨端上裂纹(附图 2-8)

探伤车下发一级报警波形:一孔显示伤损波形。

现场复核波形:现场复核时在前 37°通道探伤灵敏度稍高的情况下显示较小伤损波形。

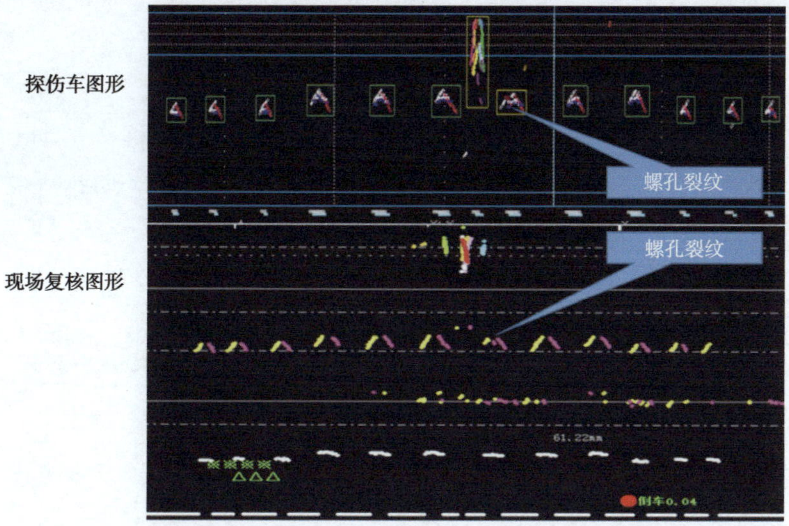

附图 2-8　一孔向轨端上裂纹波形对比

9. 一孔向轨端下裂纹(附图 2-9)

探伤车下发二级报警波形:一孔下方显示下裂纹伤损波形。

现场复核波形:现场复核后 37°通道显示一孔倒打螺孔裂纹波形。

探伤车图形

现场复核图形

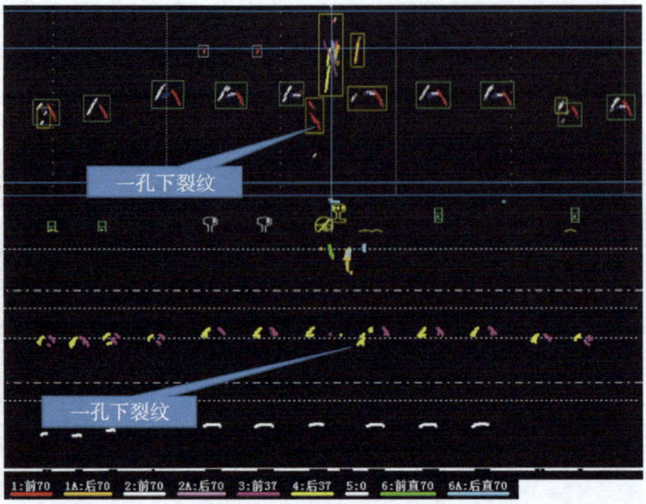

附图 2-9　一孔向轨端下裂纹波形对比

附录三　伤损判定标准

本附录仅介绍钢轨探伤常用伤损判定标准，其他伤损判定标准请参阅《普速铁路线路修理规则》和《高速铁路线路维修规则》。

一、普速铁路

1. 普速铁路钢轨轻伤和重伤标准

普速铁路钢轨伤损达到附表 3-1 所列限度之一者。

附表 3-1　普速铁路钢轨伤损轻伤和重伤标准

伤损项目	伤损程度						备　注
	轻　伤			重　伤			
	$v_{max}>$ 160 km/h	160 km/h≥ $v_{max}>$ 120 km/h	$v_{max}\leqslant$ 120 km/h	$v_{max}>$ 160 km/h	160 km/h≥ $v_{max}>$ 120 km/h	$v_{max}\leqslant$ 120 km/h	
轨端或轨顶面剥离掉块	长度超过 15 mm 且深度超过 3 mm		长度超过 15 mm 且深度超过 4 mm	长度超过 25 mm 且深度超过 3 mm		长度超过 30 mm 且深度超过 8 mm	
钢轨顶面擦伤	深度超过 0.5 mm		深度超过 1 mm	深度超过 1 mm		深度超过 2 mm	
钢轨表面裂纹	—	—	—	有	有	有	包括螺孔裂纹、轨头下颚水平裂纹（透锈）、轨腰水平裂纹、轨头纵向裂纹、轨底裂纹等（不含轮轨接触疲劳引起轨顶面表面或近表面的鱼鳞裂纹）
钢轨内部裂纹	—	—	—	有	有	有	包括核伤（黑核、白核）、钢轨纵向裂纹等
钢轨变形	—	—	—	有	有	有	轨头扩大、轨腰扭曲或鼓包等，经判断确认内部有暗裂

2. 普速铁路钢轨折断标准

钢轨折断是指发生下列情况之一者：

(1)钢轨全截面断裂;

(2)裂纹贯通整个轨头截面;

(3)裂纹贯通整个轨底截面;

(4)允许速度不大于 160 km/h 区段钢轨顶面上有长度大于 50 mm 且深度大于 10 mm 的掉块,允许速度大于 160 km/h 区段钢轨顶面上有长度大于 30 mm 且深度大于 5 mm 的掉块。

二、高速铁路

1. 高速铁路钢轨轻伤和重伤标准

高速铁路钢轨伤损达到附表 3-2 所列限度之一者。

附表 3-2 高速铁路钢轨伤损轻伤和重伤标准

伤损项目	伤损程度		备注
	轻伤	重伤	
钢轨表面裂纹	—	轨头下颚水平裂纹(透锈)、轨腰水平裂纹、轨头纵向裂纹、轨底裂纹等	不含轮轨滚动接触疲劳引起轨顶面表面或近表面的鱼鳞裂纹
钢轨内部裂纹	—	探伤发现横向、纵向、斜向及其他裂纹和内部裂纹造成的踏面凹陷(隐伤)	包括核伤(黑核、白核)
焊缝缺陷	在役焊缝缺陷未达到超声波探伤判废标准,但与判废标准差值小于 6 dB	在役焊缝缺陷达到超声波探伤判废标准	判废标准执行《钢轨焊接 第 1 部分:通用技术条件》(TB/T 1632.1)
钢轨擦伤、剥离掉块	0.3 mm<深度≤1 mm	深度>1 mm	
钢轨硌伤	0.3 mm<深度≤1.5 mm	深度>1.5 mm	

2. 高速铁路钢轨折断标准

钢轨折断是指发生下列情况之一者:

(1)钢轨全截面断裂;

(2)裂纹贯通整个轨头截面;

(3)裂纹贯通整个轨底截面;

(4)钢轨顶面有长度大于 30 mm 且深度大于 5 mm 的掉块。

附录四　探伤仪器故障处置实例

一、单轨探伤仪部分

1. 开机无显示

解决方法：

检查保险丝是否熔断，电源开关是否良好，电池电压是否低于额定电压，电池插头电极是否氧化，仪器的电池接口接插件是否变形。以上均正常时，属仪器故障，请专业维修人员维修。

2. 电池使用时间短

解决方法：

检查充电器是否正常，如果正常可能是电池老化或是电未充满。

3. 某一通道无回波

解决方法：

可将其他正常通道的探头接入该通道验证，若有回波，可判断探头、探头连接电缆或接插件损坏。若无回波，检查探头位置及探头与轨面耦合是否良好。若仍无回波，可判断仪器的该通道发射接收单元故障，需要送交专业人员修理。如果是 GCT-8C 型仪器 A 通道无回波，应首先检查校对开关的位置是否正确。

4. B 超检测不正常

解决方法：

检查编码器插头是否与插座连接良好，电缆是否有断裂，编码器轮是否转动灵活，如果有另外一台正常的同型号探伤仪，可将本台主机安装到正常仪器的小车上，若 B 超检测正常，可判断为编码器故障；反之可判断为仪器故障。

5. 仪器面板所有按键无效

解决方法：

检测仪器手推把上的标记开关及连接线是否有短路现象，如果标记开关良好，检查主机键盘是否进水受潮，若无受潮可判断为仪器内部故障，需要送交专业人员修理。

6. 耦合水路不畅通

解决方法：

检查耦合水是否充足，水阀是否打开，检查主水管处过滤器、水阀是否被污物阻塞，供水软管有无破裂及折弯。

7. 仪器在正常推行中总是偏离

解决方法：

检查钢轨走行轮轮缘是否磨损严重，如果正常，调节钢轨走行尼龙轮倾角，使尼龙轮轮沿与钢轨成 1°左右夹角，可以保证小车在钢轨推行中不掉道。仪器尼龙轮偏角过大示意如附图 4-1 所示。

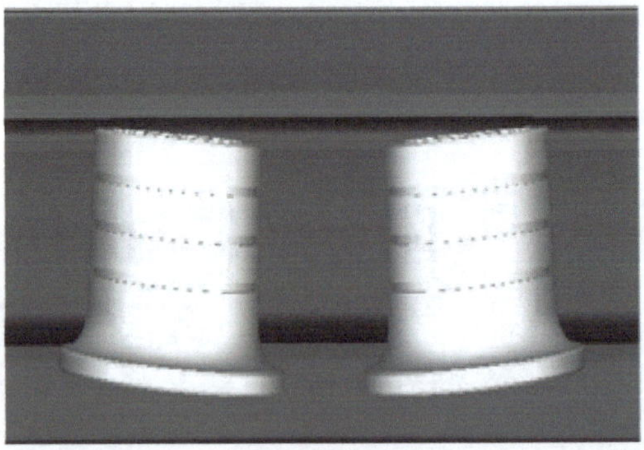
附图 4-1 仪器尼龙轮偏角过大示意

二、双轨式钢轨超声波探伤仪部分

1. 水路问题

(1)探伤仪不出水

解决方法:

在有电源和前车体右侧航插连接正常的情况下,打开前水泵或后水泵等待多时未发现后车体透明水管有水流经过时:

①在耦合水量充足,各部分水管连接正常的情况下,检查水路上分水器接头处是否有漏气的现象以及水阀是否打开,重点检查四个水桶和水路分路器。仪器水管如附图 4-2 所示。

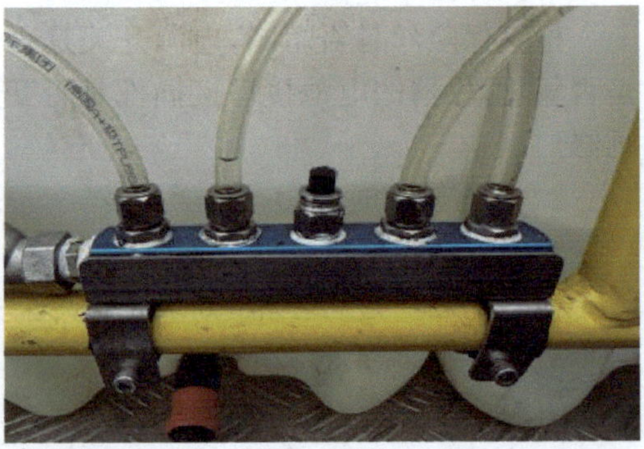
附图 4-2 仪器水管

②查看水桶摆放是否合适,有无水管弯折,仪器水管弯折如附图 4-3 所示。应保证水桶摆好,水管插正。

③拔出后座椅上直角位置主水管口,向主水管内增加负压,观察是否有水从接水桶口的水管流出,如果没有,可能是分水器堵塞(附图 4-4)或漏气,需更换分水器。

附图 4-3 仪器水管弯折

附图 4-4 仪器水管堵塞

④依次打开前后水泵并用手触摸,感觉有无振动。若均感到振动,则重复①、②或用针疏通喷嘴口;若有一个振动另一个无振动,根据当时温度判断有无结冰冻住的可能,若无结冰可能是该水泵损坏,需更换水泵;若两个水泵都不运作,根据当时温度判断有无结冰冻住的可能,检查出水口是否有水垢或异物堵塞,若有,用细铁丝进行疏通,若无则是电路问题。仪器水泵故障如附图 4-5 所示。

(2)出水断断续续

解决方法:

①检查各水管接插部位是否插紧,水管未插紧则漏气严重。

②查看水桶摆放是否合适,有无水管弯折,应保证水桶摆好,水管插正。

附图 4-5 仪器水泵故障

③在水路分路器的接水管处涂上防水胶(如“704”胶)。

2. 对中导向轮作业时有异常响声

解决方法:

①拆卸导向轮,检查导向轮是否损坏。仪器对中导向轮故障如附图 4-6 所示。

②检查轴承是否损坏,加润滑油或更换轴承。

附图 4-6 仪器对中导向轮故障

3. 对中操作系统不能正常工作

解决方法:

①检查左右航插头是否正常连接。仪器对中系统插头故障如附图 4-7 所示。

②检查 32 芯电源线是否接触不良。

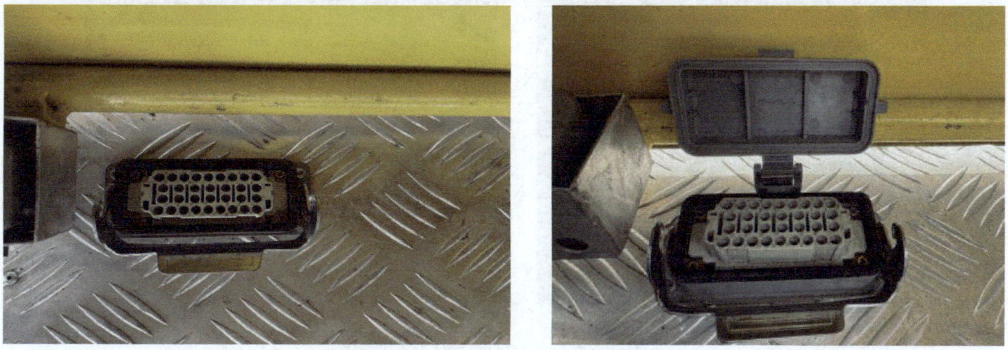

附图 4-7 仪器对中系统插头故障

③检查是否该方向移动到头。

④打开电控柜,用万能表检测对中操作系统的操纵杆(以下简称操纵杆)与继电器接触是否良好。

⑤推动操纵杆,查看对应的继电器是否亮,如果不亮,则更换继电器,如果亮,则进行下一步。

⑥检查 19 芯插头针是否有缩进(附图 4-8),如有缩进,用工具将 19 芯插头针拔出来,如果拔出来再装上去还是缩进去,用电烙铁做更换处理。

⑦车体通电并开启驻车,打开对中机构上的小铁盒,推动操纵杆,再测量控制盒连接操纵杆处的连接线是否有电压显示,如果有,则说明该电推杆损坏(附图 4-9),更换对应位移电推杆。

附图 4-8　19 芯插头

附图 4-9　仪器电推杆故障

4. 对中机构的滚针轴承易锈蚀,造成放置困难

解决办法:

使用除锈剂和清洗剂进行除锈和清洗,以便进行润滑和保养。对中机构故障如附图 4-10 所示。

附图 4-10　对中机构故障

5. 对中机构固定探轮支架有晃动现象

解决办法:

固定探轮支架上下端,增设压缩弹簧,既可保证动平衡,又不影响探轮的上下调节。电机上的定位销可加工两种以上外径尺寸,配装后保证无晃动。

6. 探伤车体动力问题

(1)小车需要外力才能启动

解决方法:

先检查小车的脚刹是否太紧，再检查动力电路是否接线不够牢固以及是否为动力电源，以上都正常则需更换电机。

(2)探轮或车体行进时有异响

解决方法：

此情况多是由导向轮或走行轮多轴承损坏造成的，在探伤检查时仔细观察和倾听，判断出具体位置，更换损坏轴承。

(3)刹车失灵，刹车无力

解决方法：

此问题是由刹车泵的下泵进气或者刹车油不足造成的，排空泵内空气，重新加注刹车油即可。仪器刹车泵故障如附图 4-11 所示。

附图 4-11　仪器刹车泵故障

(4)小车行进无力，声音沉闷，行进一段距离产生焦皮味道。

解决方法：

此问题是由刹车片被抱死造成的，用脚踩着刹车板不要松，把下泵的放油口螺栓拧开(附图 4-11 脚刹右下方螺栓)，再拧紧，松开刹车片即可。放油时刹车板要一直踩住，操作不当会造成刹车失灵或刹车力度不够，需重新加注刹车油。

(5)小车行走时振动过大

解决方法：

此情况可能是由于齿轮内键销磨耗过于严重造成的，应更换新键销。

(6)小车不能启动

解决方法：

①检查驻车是否打开。

②检查电池电量是否足够，启动时可查看电压指示数以避免被虚电误导。低于 46 V，则表示电量不足。

③检查脚刹是否卡住不能回位或电刹进水不灵。

(7)刹车问题

解决方法：

①过松：调长刹车杆的长度，查看刹车油泵内的油是否不够，添加微量刹车油。

②过紧：调短刹车杆的长度，查看刹车油泵内的油是否过多，放掉微量刹车油。(无论添加还是放掉刹车油，都必须压紧脚刹。)

7. 仪器运行过程中出现软件故障死机或无波形数据

解决办法：

①偶然情况，重启电脑和探伤仪，检查数据是否丢失。

②检查电脑和探伤仪的网线是否连接正常。仪器主机故障如附图 4-12 所示。

③无波形数据，检查编码器转接线是否松动。仪器编码器故障如附图 4-13 所示。

④清理 Data 文件夹内的多余数据文件。

⑤短时间多次出现软件故障(死机或闪退)，拔下鼠标的蓝牙接收器。

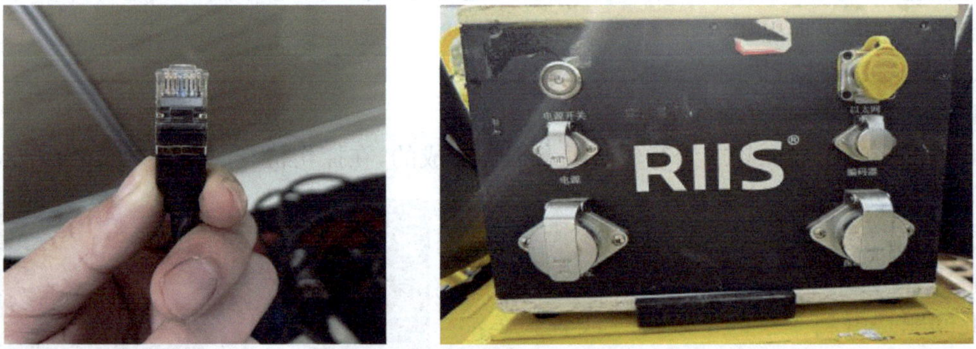

附图 4-12　仪器主机故障

附图 4-13　仪器编码器故障

8. A 显界面正常显示,B 显界面无速度、无里程、无波形数据

解决方法:

①检查编码器连接线是否松动以及测量连接电缆的通断。仪器编码轮连接线故障如附图 4-14 所示。

附图 4-14　仪器编码轮连接线故障

②打开探伤仪主机,测量电路板是否有输出电压。

③更换编码器。

9. A 显界面上某通道没有波形

解决方法：

对调左右探轮电缆线，若该通道仍无波形，则确定是连接电缆、接插件问题；若有波形，则检查主机箱接插件是否正常完好，如完好可确定是主机箱内部问题。

10. 电脑显示速度与操作台显示屏速度差距较大

解决方法：

先确认电脑显示速度是否正确，可以通过时间和里程计算，若不正确，可能是编码器损坏；若正确，应是电控柜内的 plc 设置问题，需重新写入程序。

11. B 显启动以后各通道没有颜色

解决方法：

删除 config 文件夹内的 color 文件。

12. A 显界面是正弦波

解决方法：

①探伤主机过热，做冷却处理。

②配置文件出错，更新配置文件。

13. 探伤软件打不开

解决方法：

①弹出连接失败对话框，检查 IP 地址设置。

②停滞在探伤主界面，确定是否多开软件，否则重启电脑。

14. 轨面监控打开后不工作

解决方法：

①相机未连接，右下角处点击相机图标连接。

②相机 IP 地址冲突，更改地址。

15. 作业过程中数据记录断断续续

解决方法：

可能由于编码器连接的插头松动造成，应重新连接再测试。

16. 单次作业数据量过大

解决方法：

可能由于轨底拉线或者轨底杂波多造成，调节 37°闸门范围缩进少许(不应低于 323 mm)。

17. A 显界面没有闸门线

解决方法：

更换 config 配置文件。

参考文献

[1] 铁路职工岗位培训教材编审委员会. 铁路探伤工：钢轨探伤[M]. 北京：中国铁道出版社，2014.

[2] 钢轨探伤管理规则[S]. 北京：中国铁道出版社，2009.

[3] 钢轨伤损分类：TB/T 1778—2010[S]. 北京：中国铁道出版社，2012.

[4] 机车车辆车轮轮缘踏面外形：TB/T 449—2016[S]. 北京：中国铁道出版社，2016.

[5] 钢轨　第 1 部分：43 kg/m～75 kg/m 钢轨：TB/T 2344. 1—2020[S]. 北京：中国铁道出版社有限公司，2020.

[6] 双轨式钢轨超声波探伤仪管理办法：TG/GW 279—2017[S].

[7] 钢轨超声波探伤仪：TB/T 2340—2012[S]. 北京：中国铁道出版社，2012.

[8] 钢轨焊接　第 1 部分：通用技术条件：TB/T 1632. 1—2014[S]. 北京：中国铁道出版社，2014.

[9] 钢轨焊接　第 2 部分：闪光焊接：TB/T 1632. 2—2014[S]. 北京：中国铁道出版社，2014.

[10] 钢轨焊接　第 3 部分：铝热焊接：TB/T 1632. 3—2014[S]. 北京：中国铁道出版社，2014.

[11] 普速铁路线路修理规则[S]. 北京：中国铁道出版社有限公司，2019.

[12] 普速铁路工务安全规则[S]. 北京：中国铁道出版社有限公司，2023.

[13] 高速铁路线路维修规则[S]. 北京：中国铁道出版社有限公司，2023.

[14] 高速铁路工务安全规则：试行[S]. 北京：中国铁道出版社，2014.